KB200945

세계를 속인 거짓말

세계를 속인 거짓말 문명과 전쟁편

초판 1쇄 발행 2010년 1월 11일
초판 3쇄 발행 2016년 8월 26일

지은이 이종호
펴낸이 고영은 박미숙

펴낸곳 뜨인돌출판(주) ㅣ 출판등록 1994.10.11(제406-2011-000185호)
주소 10881 경기도 파주시 회동길 337-9
홈페이지 www.ddstone.com
대표전화 02-337-5252 ㅣ 팩스 031-947-5868

ISBN 978-89-5807-274-4 03900
(CIP제어번호 : CIP2010001795)

세계를 속인 거짓말

문명과
전쟁편

이종호 지음

뜨인돌

거짓말이라는 붓으로
역사를 쓰다!

상식이란 누구나 당연하게 생각하는 사실을 말한다. 이것은 역사적인 상식도 마찬가지다. 흔히 상식은 책이나 언론매체 등을 통해 자주 접하는 것은 물론, 일상생활에서 당연시하기 때문에 그것이 사실이라는 데 별다른 의심을 품지 않는다. 그런 탓에 이러한 상식이 때론 교묘하게 꾸며진 연극이고, 또 때론 후세 사람들의 입맛에 맞게 고쳐진 거짓이라는 것을 알게 되면 누구나 깜짝 놀라게 된다.

'역사가 항상 진실만 말하는 것은 아니다'라는 것은 잘 알려진 명제다. 실제로 역사는 승리자가 자신을 위해 기록한 것으로 사실과 달리 왜곡되어 전해지는 경우가 많다. 그래도 역사에 어느 정도 진실이 가미되어 있을 거라고 믿는 우리는 승자의 변, 즉 거짓말에도 귀를 기울인다. 물론 그 안에는 역사적 사실이 아닌 인간의 발칙한 상상력에 의한 포장도 포함되어 있다.

왜 이런 일이 발생하는 것일까? 그것은 인간에게 물질적으로는 설명할 수 없는 신비한 '마음'이 있기 때문이다. 로봇이 실생활에 접목되고 있는 오늘날에도 일부 과학자는 진정한 의미에서 인간과 똑같은 로봇을 만드는 것은 불가능하다고 단언한다. 이는 로봇이 인간이 갖고 있는 어떤 요소, 즉 마음을 가질 수 없기 때문이다.

어떤 일을 결정할 때 우리는 종종 "내 마음이야", "내 마음대로 할 거야"라고 말한다. 그렇다면 이 마음(정신)이라는 것은 과연 무엇일까? 마음은 어디에 있는가? 인류는 고대로부터 이런 의문을 품어 왔다.

일부 학자들은 동물 중에서 유일하게 침팬지에게 인간의 특성이라고 할 수 있는 특이한 지능이 약간 존재한다고 인정한다. 진화론을 고려하면 이는 그다지 놀라운 일이 아니다. 예를 들어 침팬지는 다른 침팬지가 무엇을 볼 수 있는지, 그리고 무엇을 볼 수 없는지 안다. 나아가 침팬지는 장애물이 있으면 볼 수 없다는 것도 안다. 하지만 학자들은 침팬지에게 눈으로 들어오는 영상을 처리하는 '마음'이 있다고 여기지는 않는다.

이에 따라 대다수 학자들은 인간과 침팬지의 공통 조상에게는 다른 개체와 마찬가지로 마음이론(Theory of mind)이 없었을 것으로 추정한다. 이들은 인간의 조상인 호미니드(hominid)가 기후가 변하면서 아프리카 초원의 나무 위에서 내려와 살게 된 이후부터 마음이론을 진화시켰다고 생각한다.

학자들이 주장하는 마음이론의 진화 과정은 다음과 같다.

초원으로 내려온 호미니드는 사자나 표범처럼 덩치 크고 무서운 포식자들과 마주치게 된다. 그런데 초원에는 위험을 피해 뛰어 올라갈 나무가 거의 없다. 이로 인해 호미니드들은 조상보다 더 많은 개체가 모여 집단을 이룬다. 점점 무리가 커지면서 사회적 지능이 더욱 발달했고 이 과정에서 남의 마음을 읽을 줄 아는 능력을 진화시켰다.

이렇게 해서 호미니드는 다른 호미니드의 눈을 통해 상대방이 무슨 생각을 하는지 알아낼 수 있었다. 이어 신체언어를 이해하고 과거에 다른 사람이 자신에게 했던 행동도 기억할 수 있게 되었다. 아이러니한 것은 이런 과정을 통해 호미니드가 서로 속이거나 동맹을 맺는 일, 혹은 남의 행동을 추적하는 일을 더욱 잘하게 되었다는 점이다.

일단 호미니드에게 마음이론이 자리 잡기 시작하자 진화는 걷잡을 수 없이 빠른 속도로 진행되었다. 보다 뛰어난 마음이론을 갖고 태어난 호미니드는 집단 구성원들을 더 잘 속일 수 있었고 번식에 성공할 확률도 높았다. 위튼은 이렇게 말했다.

"갈수록 호미니드의 모든 개체는 거짓말을 알아내는 능력을 개발하는 쪽으로 진화했다. 거짓말을 알아낸다는 것은 다른 사람의 마음속에서 어떤 일이 일어나는지 알 수 있게 된다는 것을 의미한다. (……) 동시에 인간은 지구상의 어떤 종보다 더 야비한 동물이 될 수 있었다."

거짓말 능력은 인간이 지구상의 패자로 등장하는 요소가 되었다는 얘기다. 물론 이러한 거짓말은 계속 진화해 현대인의 한 속성으로 자리 잡았다.

지금까지 거짓말을 한 번도 하지 않았다고 자신할 수 있는 사람이 있으면 나와 보라. 어린이는 숙제를 하지 않았으면서 선생님께 숙제를 했는데 깜빡 잊고 노트를 챙겨오지 못했다고 거짓말을 한다. 청소년은 도서관에 간다고 거짓말을 하고는 밖에서 실컷 놀다가 집으로 돌아간다. 성인은 늦잠을 자느라 출근시간을 지키지 못하고는 교통체증으로 지각했다는 빤한 거짓말을 한다. 갑자기 아파서 결근해야 한다는 거짓말도 그리 어렵지 않게 찾아볼 수 있다.

거짓말과 관련해 인터넷에 실린 네티즌 'whitemy37'의 이야기는 그래서 더욱 공감이 간다.

"어렸을 적에 작은 거짓말 한번 해보지 않은 사람이 어디 있겠는가. 거짓말은 살아가면서 어쩔 수 없이 하게 되는 하나의 필수요소가 되어 버린 것 같다. 장사꾼들의 '저희는 남는 거 없습니다'에서부터 연예인들의 '저 하나도 안 고쳤어요'까지. (……) 부끄럽게도 나 역시 오늘까지 살아오면서 많은 거짓말을 했다. 거짓말을 해본 사람은 누구나 알겠지만 거짓말이라는 것은 좋고 나쁨을 떠나 해놓고 나면 왠지 기분이 찜찜하다. 그러다 시간이 흐르면 결국 지난번에 했던 거짓말 탓에 톡톡히 대가를 치르게 된다. 이것은 역사에도 똑같이 적용된다. 어떤 식으로든 진실은 밝혀진다는 게 세상의 순리다."

이 책에 등장하는 「적벽대전」, 「아틀란티스」, 「진시황제」, 「마르코 폴로」는 모두 인간의 탁월한 능력, 즉 거짓말을 통해 태어났다. 물론 이들 거짓말이 태어나게 된 동기는 각각 다르다.

「적벽대전」은 불충분한 사료를 토대로 붓을 휘두른 천하의 글쟁이 나관중의 부실한 저술이 빚어냈다. 「아틀란티스」는 인간의 호기심과 기대감, 상상에 의한 물욕에 힘입어 태어났고 「진시황제」는 승자의 기록을 통해 왜곡되었다. 하지만 「마르코 폴로」는 다르다. 학자들은 마르코 폴로가 처음부터 끝까지 다른 사람의 여행담에 기초해 자신의 탁월한 상상력과 언변으로 『동방견문록』을 기록했다고 믿는다.

그렇다고 이들 기록을 온전히 거짓말로 치부할 수는 없다. 그중에는 분명 진실한 부분도 있을 것이다. 어쨌든 커다란 틀에서 보면 이것은 모두 인간의 탁월한 거짓말을 통해 탄생했다. 어떤 이유로 그런 거짓말이 시작된 것인지는 모르지만 이를 옳은 선택으로 볼 수는 없다. 진실이 아무리 아프고 힘겨울지라도 거짓으로 가려져서는 안 되기 때문이다.

이 책은 바로 그러한 생각을 하는 독자들을 위해 세계를 속인 거짓말을 들춰냄으로써 과거가 어떻게 전개되었는지 돌아볼 수 있는 기회를 제공하는 데 의미를 두고 있다. 『세계를 속인 거짓말』을 읽어 본 독자라면 이 책이 그 후속편이라는 것을 짐작할 수 있을 것이다. 당연한 얘기지만 단편적인 주제를 설명하는 형식이라 주제 선택에 많은 어려움이 있었다. 그래도 전편과 달리 많은 부분을 수정 및 보완해 깊이를 더했다. 각각의 책에 대한 평가는 독자들의 몫으로 남겨 둔다.

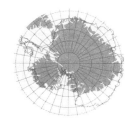

1

적벽대전
赤壁大戰

적벽대전은
없었다?

잘못 붙여진 이름 〈적벽가〉

"한국에서 대단히 놀라운 오페라를 보았습니다. 한국의 오페라는 두 사람이 하는데, 한 사람은 부채를 들고 노래를 부르며 다른 한 사람은 북을 칩니다. 한국에 오페라가 있다는 것도 생소하지만 공연시간이 8시간이나 되는 것이 무엇보다 놀랍더군요."

프랑스에 머물다 라디오를 통해 어느 프랑스 기자의 얘기를 듣고 깜짝 놀랐다. 그의 칭찬은 여기서 끝나지 않았다.

"부채를 든 가수가 8시간 동안이나 쉬지 않고 노래를 부르는데 관객 중 자리를 뜨는 사람이 한 명도 없었습니다. 저 또한 끝까지 한국의 오페라를 들었고요. 그 독특한 문화에 흠뻑 빠져들었죠. 정말 매력적이었습니다."

그가 체험한 것은 바로 우리의 판소리였다. 당시 나는 한국의 판소리 공연이 한 외국인에게 그처럼 잊을 수 없는 감동을 안겨 주었다는 사실이 무척 반가웠다. 또한 그가 판소리를 '한국의 오페라'라고 소개하는 대목에서는 가슴이 벅차오르기까지 했다.

우리의 판소리가 프랑스인뿐 아니라 전 세계인에게 깊은 감동을 준다는 사실은 그것이 2003년 11월 7일 유네스코 제2차 회의에서 '인류구전 및 무형유산 걸작'으로 선정된 데서도 알 수 있다. 세계 무형유산으로 등록되려면 문화적 기준으로 뛰어난 가치가 있는 무형문화유산의 집합체이자 역사적, 예술적, 민족적, 사회학적, 인류학적, 언어학적, 문학적 관점에서 뛰어난 가치가 있으면서 대중성을 가진 문화적 표현이어야 한다. 우리나라의 판소리가 이러한 기준을 거뜬히 통과했음은 물론이다.

이처럼 자랑스러운 유산인 판소리의 대표작 중 하나가 〈적벽가〉라는 사실을 모르는 사람은 없을 것이다. 그런데 최근 일부 학자들은 적벽대전이 적벽(赤壁)에서 일어난 것이 아니라 오림(烏林, 현재 하북성 홍호현 동북쪽 장강 북쪽 연안)에서 일어났다고 주장한다. 판소리로 〈적벽가〉가 아니라 〈오림가〉가 만들어졌어야 했다는 것이다.

판소리를 문학으로 표현하자면 '이야기를 노래로 부르는 구비서사시(口碑敍事詩)'로 여기에는 서사민요, 서사무가(徐事巫歌, 본풀이), 그리고 판소리가 있다. 서사민요는 내용이 단순해 누구나 부를 수 있다. 서사무가는 무당이 굿을 하면서 부르는 것으로 서사민요보다 복잡하고 길지만 판소리에 비해 단순하고 짧은 편이다. 또한 서사무가는 신의 내력을 다루고 초경험적 원리를 제시하며 청중의 관심을 끄는 반면, 판소리는 평범한 인물을 등장시켜 일상생활에서 일어나는 문제를 다룬다.

구비문학 중에서 판소리만큼 변화와 다양성이 두드러진 것도 드물다. 이야기의 줄거리는 단순해도 표현과 수식은 가사나 소설에서 볼 수 있는 유려한 문체를 사용하기 때문이다. 여기에다 가사 및 소설에서 차용할 수 없는 일상생활의 구체적이고 발달된 소재를 특징으로 한다. 그런 의미에서 판소리의 작자는 매우 창의적인 사람이라고 할 수 있다.

모든 구비문학이 그렇듯 판소리도 원칙적으로 공동작이다. 하지만 판소리 광대는 이미 이루어진 전승을 받아들이는 한편 자기 나름대로 창의력을 다채롭게 발휘한다. 따라서 학자들은 판소리를 탈춤과 함께 조선후기 민중예술의 가장 중요한 성과로 평가한다. 탈춤이 희곡문학에서 이룬 것이라면, 판소리는 서사문학이 이뤄 낸 성과라는 설명도 있다.[1]

판소리의 원리이자 묘미는 바로 최소의 인원, 최소의 도구로 최대의 표현을 해낸다는 데 있다. 그렇기 때문에 판소리는 음반으로 취입하면 그 흥취가 사라지고 창극으로 개편해도 마찬가지이므로, 반드시 직접 들어야 제 맛이 난다.[2]

본래 판소리는 열두 마당으로 알려져 있다. 열두 마당은 일반적으로 〈춘향가〉, 〈심청가〉, 〈흥보가〉, 〈수궁가〉, 〈적벽가〉, 〈변강쇠타령〉, 〈배비장타령〉, 〈강릉매화타령〉, 〈옹고집〉, 〈장끼타령〉, 〈왈자타령〉(무숙이타령), 〈가까신선타령〉(가짜신선타령)을 말한다. 이 중에서 지금까지 이어져 내려온 것은 〈춘향가〉, 〈심청가〉, 〈흥보가〉, 〈수궁가〉, 〈적벽가〉 다섯 마당뿐으로 이를 '오가(五歌)'라고도 한다.

판소리의 기본 골격은 전승설화다. 가객들이 전승된 이야기를 골격으로 그중 특히 흥미로운 부분을 확장시키거나 부연하는 방식으로 사설을 발전시켜온 것이다. 이렇게 전승된 내용에 첨가된 문학적이면서도 음악적인 창작 부분을 '더늠'이라고 한다. 현존하는 판소리는 이들 더늠이 무수히 변하고 집약된 결과다.

따라서 판소리는 이야기 전체의 흥미나 구성의 긴박성을 추구하기보다 각 대목과 장면을 확장해 흥미와 감동을 주는 극적인 효과에 치중하는 경향이 있다. 판소리에서 앞뒤의 내용이 잘 맞지 않거나 때로는 뚜렷이 모순되는 것도 이 때문이다.

오가 판소리 중에서 〈적벽가〉는 다른 판소리와 달리 특이한 점이 있다. 적벽가는 중국에서 실제로 벌어졌던 적벽대전을 묘사한 『삼국지』의 역사적 사실에 근거하기 때문이다. 이것은 연대와 작자는 미상이지만 〈화용도華容道〉, 혹은 〈화용도타령〉이라고도 불린다. 화용도는 조조가 적벽대전에서 패주할 때 관우(關羽. ?~219)와 만난 곳으로, 이때 조조는 관우에게 과거의 은혜를 생각해서라도 살려달라고 목숨을 구걸해 구사일생으로 목숨을 구한다. 바로 그 내용이 〈적벽가〉의 주제다.

하지만 판소리의 성격상 적벽의 전투 부분이 그대로 나타나는 것이 아니라 그 대목을 중심으로 몇몇 부분이 덧붙여지거나 빠진 소리 사설이다. 따라서 〈적벽가〉는 줄거리나 문체가 『삼국지』와 사뭇 다르다. 그럼에도 불구하고 〈적벽가〉가 많이 공연된 이유는 조선말기의 왕이나 사대부가 판소리 중에서도 가객의 목청이 당당하고 호령하듯 소리를 지르며 부침새를 잘 구사하는 〈적벽가〉를 특히

적벽석각 적벽대전에서 승리한 주유가 적벽산 절벽에 '적벽'이란 글을 검으로 새겼다고 하지만 이는 명백한 오류다. 왜냐하면 이 글씨의 서체가 삼국시대보다 후대인 당나라 때 만들어진 해서체이기 때문이다.

좋아했기 때문이다.

여기서 느닷없이 판소리 〈적벽가〉를 언급하는 이유가 궁금한가? 그것은 우리가 의심의 여지없이 분명한 후한 말기의 사실이라고 믿고 있는 적벽대전이 사실은 허구라는 사실을 설명하기 위해서다. 다소 의아하게 생각하는 사람도 있을 테지만, 역사상 중국을 세 나라로 분리시키는 데 결정적 역할을 한 적벽대전은 사실 적벽이 아닌 다른 곳에서 벌어졌다. 따라서 〈적벽가〉라는 이름은 잘못 붙여진 셈이다.

유독 적벽대전에 대한 기록만 제대로 남아 있지 않은 이유

중국 역사상 가장 유명한 전투를 딱 하나만 꼽으라면 말하기 어렵지만, 가장 흥미진진한 전투와 전쟁 시기를 꼽으라면 어렵지 않다. 한나라의 성립 과정에서 일어난 '초·한전'과 한나라 패망 이후의 '삼국쟁패'가 바로 그것이다.

초·한전은 진시황제 사망 후, 한나라라는 통일제국이 성립되기까지 초나라의 항우와 한나라의 유방이 천하를 두고 한판승부를 벌인 전쟁이다. 삼국쟁패는 초·한전의 승자인 유방이 세운 한나라의 패망에서부터 위·촉·오의 삼국시대를 관통하는 동안 벌어진 중원의 패권 다툼이다. 두 전쟁은 대중에게 가장 인기 있는 초미의 관심사 중 하나로 『초한지』와 『삼국지』라는 문학작품으로 자리매김하기도 했다. 특히 『삼국지』는 중국이 세 나라로 분열되면서 100여 년에 걸친 혈투를 벌이는 장대한 스케일 덕분에 더욱 흥미를 불러일으킨다.

전쟁에서는 승자와 패자가 분명하게 갈리고, 거의 예외 없이 영웅이 등장하지만 이 두 시대처럼 걸출한 인재가 많이 등장하는 경우도 드물다. 그만큼 두 시대의 전투가 박진감 있게 펼쳐졌다는 이야기도 되지만, 반면 그 시대의 전투가 중국 역사에 미치는 영향이 매우 컸다는 뜻도 된다. 덕분에 두 전투에 대해서는 비교적 자세한 자료가 많이 남아 있다.

물론 두 시대는 여러 가지 면에서 서로 뚜렷한 차이가 있다. 초·한간의 쟁패 시기에는 인재가 한쪽에 몰려 있어 곧바로 통일제국이 성립되었지만, 삼국시대의 인재들은 각각 세 집단으로 나뉘어 혈투를 벌였기 때문에 중원이 통일되지 못하고 결국 삼국으로 나뉘어지는 결과를 초래했다.

역사가들은 중국이 삼국시대로 들어설 수밖에 없었던 결정적 요인으로 적벽대전에서 조조가 손권·유비 연합군에게 패배한 사실을 든다. 특히 병력 수에서 압도적으로 우세한 조조가 손·유 연합군에게 패했다는 것은 특기할 '만한 일이다. 그런데 삼국시대에는 다른 어떤 시대보다 월등히 전투가 많았고, 그 내용이 비교적 상세하게 기록되어 있는 편인데, 이상하게도 유독 적벽대전에 대해서만은 제대로 된 기록이 남아 있질 않다. 이유가 무엇일까?

첫째, 중국의 정사인 진수(陳壽)의 『삼국지』에는 전쟁에 대한 기록이 사마천의 『사기』에서처럼 명료하지도 않을뿐더러 제대로 요약되어 있지도 않다. 둘째, 진수의 『삼국지』보다 나관중이 저술한 『삼국지』의 영향력이 엄청나게 커져 적벽대전에 대한 진위를 가리지 않은 채 그 내용을 진실로 믿어 버리는 것이다.

역사상 최고의 베스트셀러에 속하는 『삼국지』는 엄밀히 말해 정확하지 않은 사실과 허구를 교묘히 버무려 마치 실제로 있었던 사실처럼 쓴 소설이다. 한데 문제는 이 소설이 워낙 인기가 높다 보니 독자들이 그 이야기가 역사적 사실인지 아닌지 구분하지 않고 흥미 있는 내용에만 관심을 기울인다는 점이다.

베스트셀러란 책의 내용과 관계없이 많이 팔린 책을 의미한다. 또한 많은 독자가 읽었다는 것은 그만큼 그 책이 큰 영향력을 갖고 있음을 뜻한다. 베스트셀러 작가에게는 독자에게 기쁨과 만족감을 주는 상상력, 경험, 지식, 그리고 이를 이야기로 풀어내는 재주가 있다.

『삼국지』에서 다룬 내용이 모두 사실은 아니다. 더욱 안타까운 점은 『삼국지』에서 가장 중요한 전투로 알려진 적벽대전이 실제로 적벽에서 벌어진 전투가 아니라는 사실에 있다. 심지어 일부 학자들은 적벽대전이 아예 존재하지도 않았다고 단언하기도 한다. 다시 말해 적벽대전은 적벽이 아니라 다른 곳에서 벌어졌다는 얘기다.

삼고초려(三顧草廬)의 진실

『삼국지』 전반부에서 동탁과 원소를 제거한 조조는 명실상부한 후한의 실권자가 되었지만, 중원을 확보하려면 반드시 넘어야 할 큰 산이 남아 있었다. 바로 유비 세력이다. 유비는 당대의 군벌과 달리 특정한 거주지가 없고 출신도 돗자리를 만드는 한량에 불과했지만 항상 세간의 높은 지명도를 유지하고 있었다. 그것은 그가 한(漢) 제국의 황제와 같은 유씨로, 소위 족보가 좋았기 때문이다.

따라서 당대의 군벌들은 유비가 자신보다 높아지는 것만 견제할 수 있다면 그의 이름을 이용하는 것도 나쁠 것이 없다고 생각했다. 바로 이것이 그가 돗자리를 짜는 신세였음에도 많은 곳에서 예우와 환영을 받은 이유다. 원소가 무너진 후, 유비가 형주(荊州)로 나아가자 유표(劉表, AD 142~208년)가 직접 성 밖으로 나와 그를 맞이할 정도였다.

건안 12년(AD 207년), 조조가 북으로 오환(烏桓)을 정벌하러 나서자 유비가 유표에게 이 틈에 허현(許懸)을 습격하라고 말했지만 유표는 응하지 않았다. 이때 유비에게 큰 행운이 따른다. 유비가 삼고초려의 형식을 빌려 그에게 가장 중요한 참모라 할 수 있는 제갈량(諸葛亮, 181~234년)을 얻었던 것이다. 이때부터 『삼국지』는 온통 제갈공명의 무대가 된다. 실제로 『삼국지』의 주인공은 조조·유비·손권이 아니라 제갈공명이라는 말이 있을 정도다.

어쨌든 조조는 북방의 기마민족 오환을 격파해 휘하에 편입시킨 후 삼공(三公) 제도를 폐하고 유비를 제거하기 위해 하후돈(夏候惇, ?~220년)을 총대장으로 하여 박망성(博望城)으로 진출했다. 조조가 먼저 유비를 격파하려 한 것은 자신보다 명성이 높은 유비가 계속 성장하면 자신이 그리고 있는 큰 그림에 방해가 될 것이라고 생각했기 때문이다.

조조의 이러한 생각은 중국 고사에서도 읽을 수 있다. 항우와 유방 간에 벌어진 전투를 보면 대개 승자는 항우였고 유방은 주로 도망 다니기에 바빴다. 그럼에도 결국 중국을 통일한 사람은 유방인데, 그 이유는 유방이 항우보다 백성들에게 평판이 더 좋았기 때문이다. 이러한 사실을 염두에 둔 조조는 유비가 자신을 넘보기 전에 꺾어야 한다고 생각했고, 결론을 말하자면 조조의 생각은 옳았다.

조조가 유비를 공격하려 할 때 유비를 공격하는 것에 반대하는 부하들은 없었지만 그들은 유비에게 새로운 무기가 생겼다고 조언했다. 그가 얻은 무기는 바로 제갈공명이다. 조조가 제갈량의 친구이자 뛰어난 전략가인 서서(徐庶, ?~230년경)에게 제갈량의 재주가 어떠냐고 묻자 천하의 서서도 이렇게 말했다.

"저 같은 사람은 비교가 되지 않습니다. 제가 반딧불이의 형광

(螢光)이라면 제갈량은 호월천리(晧月千里)의 밝은 달입니다.”

이처럼 나관중은 『삼국지』에서 제갈량을 주인공 중 한 명으로 설정하고 서서의 입을 통해 그를 지나치다 싶을 정도로 찬양했다. 서서는 영천(潁川) 사람으로 제갈량의 ‘융중(隆中) 문화살롱’에서 교류했던 매우 각별한 친구다. 융중은 제갈량이 유비에게 발탁되기 전에 기거했던 곳으로, 그는 그곳에서 당대의 쟁쟁한 지식인들과 교류하며 자신의 명성을 높이고 있었다.

제갈량에 앞서 유비에게 먼저 발탁된 서서는 곧바로 제갈량을 천거했다. 이때 서서는 “제갈량은 절대 부른다고 달려올 사람이 아니므로 직접 찾아가야 한다”고 말했다. 이것이 유비가 제갈량을 세 번 찾아가 겨우 만났다는 삼고초려가 태어난 배경이다.

『삼국지』에 등장하는 삼고초려는 대략 다음과 같다.

“서서의 말을 들은 유비는 제갈량을 청해 천하를 얻기 위해 관우, 장비(張飛, ?~221)와 함께 그의 초가집을 찾아갔다. 그러나 제갈량이 집에 있지 않아 빈손으로 돌아올 수밖에 없었다. 며칠 후 제갈량이 돌아왔다는 말을 들은 유비는 다시 관우, 장비와 함께 눈보라를 맞으며 찾아갔지만 마침 제갈량이 외출해 다시 한 번 허탕을 쳤다. 세 번째에야 비로소 제갈량을 만났는데 이야기를 나누던 유비는 제갈량이 천하의 형세를 매우 예리하게 분석하는 데 탄복했고, 제갈량도 유비가 세 번이나 자신의 초가집을 찾아온 것에 감동해 산을 내려가 돕겠다고 했다.”

유비는 제갈량을 군사(軍師)로 데려온 다음 관우, 장비에게 이렇게 말했다고 전해진다.

"나에게 공명이 있으니 물고기가 물을 만난 격이다."[3]

그런데 『위략偉略』은 삼고초려에 대해 다음과 같이 적고 있다.

"유비가 형주에 있을 때 제갈량이 북쪽으로 유비를 찾아갔지만, 유비는 제갈량과 안면이 있는 사람도 아닌 데다 나이도 많이 차이가 나 서먹서먹하게 대했다."

이것은 삼고초려를 근본적으로 부정하는 기록이지만 『위략』의 다음 글을 보면 유비가 제갈량을 계속 박대한 것이 아니라 상당히 우대한 것은 사실인 것 같다.

"처음에는 둘 사이가 서먹했지만 서로 대화를 나눈 뒤에는 신임하고 존경하는 사이가 되었다. 나중에 유비가 제갈량의 계책을 따르자 많은 사람이 반발했지만 유비는 제갈량에게 뛰어난 계책이 있음을 알고 극진히 예를 갖추었다."

이 설명만 보면 삼고초려와 크게 다르지 않다. 따라서 일부 학자들은 『위략』의 기록을 볼 때 제갈량이 북쪽으로 유비를 찾아간 것도 사실이고, 이후 유비가 제갈량을 세 번 찾아가 초빙한 것도 사실이라고 믿는다. 제갈량이 유비의 책사가 되었을 때 유비의 나이는 마흔일곱, 제갈량은 스물일곱 살이었다. 결국 유비가 처음에는 마음을 주지 않다가 나중에 제갈량의 명성을 듣고 약간 삐친 제갈량을 초빙하기 위해 세 번이나 찾아가지 않을 수 없었다는 얘기다.[4]

그런데 『삼국지』는 제갈량을 더욱 부각시키기 위해 서서를 다시한 번 극적으로 활용한다. 서서는 208년 조조가 형주를 치자 유비를 따라 남쪽으로 달아나다가 어머니가 조조 군사에게 사로잡혔다는 말을 듣고 할 수 없이 조조 수하로 들어간다는 것이다. 하지만 서서의 어머니도 강골이라 서서가 유비를 섬기기를 바라며 자살하고 만다. 어쨌든 서서는 조조에게로 갔지만 마음이 항상 유비에게 있었던 터라 조조에게 결정적인 조언을 하지 않았다고 한다.

하지만 『삼국지』를 평역한 이문열은 『사기』에서 서서 어머니의 자살 얘기를 끌어낸 원형을 발견했다. 엉뚱하게도 나관중은 다른 이야기를 끌어다 풍부하게 상상력을 발휘했던 것이다. 그것은 항우가 유방의 휘하에 있던 장수 왕릉(王陵)의 어머니를 잡아 회유하는 장면으로, 이 부분에서 왕릉의 어머니는 아들에게 유방이라는 좋은 주인을 만났으니 항우에게 가지 말라며 목을 찔러 자살한다. 이는 나관중이 『삼국지』를 저술하면서 동시대의 이야기만 고려한 것이 아니라 중국의 전체 역사를 아우르며 상상력을 발휘한 작품임을 다시 한 번 알게 해준다. 그러나 그런 문학적 성공이 역사를 마음대로 각색한 책임까지 면제해 주지는 못한다.[5]

서서가 조조의 진영으로 들어간 후 결정적 계책을 내놓지 않고 계속 유비에게 충성했다고 했지만 이것 역시 사실과 다를 가능성이 크다. 만약 서서가 계책을 내놓지 않았다면 그는 위나라에서 우중랑장(황제의 시종관)과 어사중승(전국의 지방관들을 감찰하고 탄핵하는 직책)에 임명되지 못했을 것이다. 물론 두 관직은 제갈량에 비해 높지도 낮지도 않은 것으로 제갈량조차 서서의 품계가 너무 낮다고 아쉬워했다. 228년, 북벌을 추진하던 제갈량은 서서의 벼슬이 높지 않은 것을 알고 이렇게 말했다.

"위나라에 인재가 그토록 많은가? 어찌하여 서서와 석광원(石廣元) 같은 사람이 중용되지 않는가?"[6]

유비는 왜 '굴러 들어온 복' 형주를 접수하지 않았을까?

제갈량은 유비의 삼고초려 끝에 세상에 나오자마자 조조의 대군이 몰려왔을 때 박망파(博望坡) 전투에서 화공으로 대군을 격파한다. 하지만 이 역시 사실이 아니다. 『자치통감資治通鑑』에 따르면 박망파 전투는 건안 7년(202년)에 벌어졌는데, 제갈량이 초야에서 나온 것은 건안 12년이기 때문이다. 유비도 박망파 전투는 자신이 직접 지휘했다고 적었다. 유비의 몇 안 되는 승리 중 하나인 것이다.

어쨌든 유비가 유표에게 의지하고 있을 때 제갈량은 유비에게 유표를 공격해 형주를 취하라고 건의했다. 유비는 차마 그럴 수 없다며 거절했는데, 제갈량이 유비에게 유표를 공격하라고 한 것은 매우 놀라운 일이다. 형주자사 유표는 『삼국지』에서 무능한 사람의 대표주자로 거론될 만큼 유약한 사람으로 표현된다. 그러나 유표는 실제로 190년 형주자사 왕예(王叡, ?~189년)가 장사태수 손견(孫堅)에게 피살되자 형주자사로 임명된 사람으로 상당한 재주를 가진 사람이다.

당시 형주는 매우 불안정해 각지에서 반란이 일어나고 도적이 활보하는 소위 무법지대였다. 유표는 남군 사람 괴월(蒯越, ?~214년), 양양 사람 채모(蔡瑁) 등을 통해 강남 3군의 반란을 평정하고 점차 형주 8군을 통일해 당대 중국에서 가장 중요한 할거세력이 되었다. 형주가 지형 상 삼국의 중심부에 해당하기 때문이다. 사실 천하통일을 이루려면 형주는 반드시 확보해야 할 지역이었다. 조조는 남으로 세력을 넓혀야 천하를 도모할 수 있고 동오의 손권도 이곳까지 세력을 확장해야 패권다툼에서 유리한 고지를 확보할 수 있었던 것이다.

그럼에도 형주가 비교적 안정을 유지했던 것은 유표의 남다른 정치력 덕분이다. 그런데 왜 나관중의 『삼국지』에서는 유표의 역할이 보잘 것 없는 것처럼 묘사된 것일까? 그것은 그가 당대의 영웅과 호걸에 비해 유표는 담력과 재간이 다소 부족하다고 평가했기 때문이다. 유표도 자신의 능력을 잘 알고 있던 터라 중국의 패권다툼에 끼어들지 않고 형주만 안전하게 지키면 된다고 생각했다.

하지만 이것은 당대의 상황을 잘 이해하지 못해 생긴 발상이다. 형주가 삼국의 패권에서 가장 중요한 요충지라는 것은 언젠가 삼국의 누군가로부터 공격을 받을 수 있다는 것을 의미한다. 그가 형주를 보호하기 위해 어떤 방법으로든 비상대책을 세웠어야 한다는 얘기다.

형주의 상황을 가장 잘 꿰뚫어 보고 있던 사람은 조조였다. 그는 형주의 중요성을 간파했고 당대의 패권을 차지하는 데 중요한 지형을 확보하고도 이용하지 못하는 유표만 제거하면 삼국은 저절로 통일될 수 있을 거라고 생각했다. 더욱이 유표에게는 조조가 반드시 제거해야 할 유비가 의탁하고 있었으므로 형주를 접수한다는 것은 곧 유비의 세력도 무력화시킨다는 것을 의미했다.

이것이 바로 적벽대전이 일어난 배경이지만 뜻밖에도 상황은 전혀 엉뚱한 방향으로 흘러갔다. 건안 13년(208년) 7월, 조조가 엄청난 대군을 동원해 본격적으로 남정에 돌입한 순간 유표가 갑자기 사망하고 만 것이다. 그때 유표의 뒤를 이은 사람은 큰아들 유기(劉

琦, ?~209년)가 아니라 차남 유종(劉琮, ?~208년 이후)으로 그는 곧바로 조조에게 형주와 양주를 바치겠다며 항복 의사를 밝혔다. 나이 어린(14세) 유종은 형주를 지키겠다는 생각을 할 만큼의 재목이 아니었다.

이처럼 형주를 조조에게 헌납한 사람은 유표가 아니라 그의 아들과 형주의 집권세력이었다. 어쨌든 이 일로 유표는 '삼국시대를 통틀어 가장 무능한 사람'의 대명사로 거론되고 있다. 그가 절대적으로 유리한 지형을 확보하고 있었음에도 자식농사를 제대로 짓지 못해 그동안 쌓아 놓은 공(功)을 모두 날려 버렸기 때문이다.[7]

제갈량이 유비에게 유표의 형주를 접수하라고 조언한 것은 이러한 정황을 꿰뚫고 있었기 때문이다. 유표는 제갈량의 장인인 황승언(黃承彦)의 누이동생과 결혼했던 터라 제갈량은 유표의 자질을 정확하게 알고 있었다. 사실 제갈량은 애초에 유표에게 갈 수도 있었지만 그는 유표를 그다지 좋아하지 않았다. 유표가 백성을 아끼고 인재양성을 위해 노력하는 등 어느 정도 명망이 있는 것은 사실이었으나 아쉽게도 너무 보수적이고 성격이 흐리멍덩하다는 단점이 있었기 때문이다. 한마디로 제갈량이 자신의 웅지를 펼치는 데 결정적인 흠이 있었던 것이다.

한편, 제갈량의 조언을 들은 유비로서는 선뜻 형주를 접수할 수가 없었다. 왜 그랬을까? 그것은 유비가 그때까지 얻은 명성은 유씨라는 족보 때문인데 자신이 직접 유씨를 공격할 수는 없다는 이유에서였다.[8]

결론을 따지자면 유비의 말도 맞고 제갈량의 말도 맞다고 할 수 있다. 나중에 유비는 형주를 접수하지만 그 대가로 많은 고초를 겪었다. 만약 유비가 초창기에 제갈량의 건의를 받아들였다면 삼국, 더 나아가 중국의 역사는 다르게 전개되었을 것이다.

조조군이 퇴각한 것은 장비가 무서워서가 아니라 매복을 두려워했기 때문

형주의 유종이 조조에게 항복할 때 유비는 당시 번성(樊城)에 주둔하고 있었는데, 그는 타의 추종을 불허할 만큼 뛰어난 생존본능을 가진 사람이었다. 조조가 남하했다는 사실을 모르고 있던 그는 조조가 완성에 도착했다는 소식을 듣자마자 곧바로 수십만 부대를 이끌고 당양(當陽)으로 퇴각했다. 이때 유종이 있는 양양(襄陽)을 지나치게 된 유비에게 제갈량은 양양을 취하라고 간했지만, 유비는 이 역시 거절하고 뒤를 따르는 백성들과 함께 강릉(江陵)으로 향했다.

조조는 기병 5,000명을 이끌고, 백성들과 함께 후퇴하는 유비와 그의 군대를 쫓았다. 조조군의 공격이 거세지자 유비는 꼬리를 과감히 끊어 가며 줄행랑을 쳤는데, 이것은 그가 가진 탁월한 장기 가운데 하나였다. 심지어 그는 처자식까지 내팽개치고 제갈량, 장비, 조자룡(趙子龍) 등 기병 수십 명만 이끌고 도주했던 것이다.『삼국지』에서는 당시의 상황을 매우 극적으로 묘사하고 있다. 즉, 장판파(長板坡)에서 조조군에 의해 포위된 조자룡은 유비의 아들 아두(阿斗)를 가슴에 품고 혈투를 벌이면서 겨우 탈출한다. 이어 장비가 장판교(長板橋)에서 혼자 버티고 서서 우레와 같은 목소리로 덤

비라고 소리치자 겁에 질린 조조군이 퇴각했다는 것이다.

이 두 가지 사건은 대체로 사실로 보인다. 진수의 『삼국지』「조운전」에는 다음과 같이 적혀 있다.

"유비가 당양 장판파에서 조조에게 추격을 당해 처자식을 버리고 남쪽으로 달아날 때 조운은 유비의 어린 아들을 안고 있었다. 그가 바로 훗날 후주(後主)가 된 유선(劉禪)으로, 곁에는 후주의 생모인 감부인(甘婦人)도 있었다. 이들은 모두 조운의 노력으로 재앙을 면할 수 있었다."

진수의 『삼국지』「장비전」에도 이렇게 기록되어 있다.

"유비는 조조가 갑자기 추격해 온다는 말을 듣고 처자를 버리고 달아나면서 장비에게 기병 20여 명을 거느리고 후방을 막게 했다. 장비는 강물을 이용해 다리를 끊고는 눈을 부릅뜨며 창을 꼬나쥐고 말했다. "나는 장비다. 나에게 덤비는 놈들은 모두 죽음을 각오하라." 적들은 감히 가까이 다가오지 못했고, 유비는 가까스로 재앙을 피할 수 있었다."

장비가 대갈일성(大喝一聲)으로 다리를 끊어 물이 거꾸로 흘렀다는 설도 있는데, 이것은 그야말로 전설에 지나지 않는다. 어찌 됐든 장비의 큰소리에 조조의 대군이 놀라 공격하지 않았다는 것을 보면 장비의 목소리가 얼마나 컸는지 궁금하지 않을 수 없다.[9]

인간이 들을 수 있는 가장 큰소리의 세기는 들을 수 있는 가장 작은 소리 세기의 1,000,000,000,000배다. 하지만 소리의 크기 차이는 이보다 훨씬 작다. 귀가 듣는 상대적인 소리의 크기를 음량이라 하는데, 이는 데시벨(db) 단위로 측정한다. 데시벨은 '로그(log)

눈금'을 사용하며 10데시벨은 우리가 들을 수 있는 가장 작은 소리인 0데시벨의 10배, 20데시벨은 100배다. 일반적으로 집에서 듣는 라디오 소리는 40데시벨, 대화는 65데시벨, 귀에 장애를 주는 소리는 85데시벨, 매우 혼잡한 교차로는 90데시벨, 공사를 할 때 굴착기의 소음은 100데시벨이다. 가장 큰 소음은 제트기가 이륙할 때 나는 소리로 140데시벨로 본다.

인간은 120데시벨에서 고통을 느끼기 시작하고 140데시벨에서 고막에 통증을 느끼며 일시적으로 방향감각을 잃는다. 140데시벨이 얼마나 높은 수치인가는 일반 소음계(sound level meter)의 측정범위가 30~130데시벨인 것으로도 알 수 있다. 하지만 인간은 남에게 고통을 줄 정도로 큰 목소리를 낼 수 없다. 그럼 조조군은 왜 퇴각한 것일까? 장비가 기세 좋게 큰소리를 치자 뒤에 복병이 있을 것으로 알고 퇴각한 것이다.

얼마 후, 관우와 만난 유비는 유표의 큰아들로 1만여 명의 군사를 거느리고 있던 유기와 연합해 하구(夏口)에서 2만여 명의 연합군을 구성했다. 하지만 이들은 전쟁을 하는 것이 아니라 어디로 도망을 쳐서 근거지를 확보할 것인가를 고민해야 하는 딱한 처지였다.

한편 형주를 접수한 조조의 생각은 단순했다. 여세를 몰아 오나라의 손권을 격파하고 더불어 유비의 잔존세력도 제거하겠다는 계획이었던 것이다. 유비로서는 진퇴양난이 아닐 수 없었다. 조조에게 항복하게 되면 그동안 쌓아 온 명성을 한꺼번에 잃는 것은 물론 패배자로서 목숨을 부지하는 것조차 쉽지 않을 것이 불을 보듯 뻔했다. 유비로서는 어떤 식으로든 조조에게 대항해야 했는데 마침 오나라의 손권이 있었다.

　사실 강동의 손권은 적벽대전이 벌어지기 전까지만 해도『삼국지』에서 그다지 중요한 세력이 아니었다. 당대의 패권은 원소, 조조 등 강북의 실권자들 사이에서 벌어진 데다 전력 면에서도 강동은 상대적으로 열세였기 때문이다. 더욱이 강동을 침공하려면 반드시 거쳐야 할 형주가 방패막이 되었던 터라『삼국지』초반에는 비교적 안정된 세력을 유지하고 있었다. 그런데 그동안 방패막이 되어 준 형주가 조조에게 항복하자 손권과 조조 사이의 완충지대가 사실상 사라져 버린 셈이었다.

　유비는 이 점에 착안했다. 조조와 손권은 언젠가 전면전을 치러야 할 것이고, 만약 자신이 손권에게 힘을 실어 주면 조조와 대항할 수 있다는 계산이 섰던 것이다.[10]

손권, 유비의 손을 잡다

　결론적으로 유비는 손권과 연합해 조조를 막아냈지만 당대의 정황을 볼 때 이들이 서로 연합하는 것은 말처럼 그리 간단한 일이 아니었다. 『삼국지』에서는 제갈량이 오나라의 군진을 종횡무진 오가면서 탁월한 정세를 논해 오나라 수뇌부를 설득했다고 설명하고 있다.

　그러나 전혀 예상치 못한 상황에서 형주를 접수하고 자신의 취약점인 수군을 확보하자 동오 공격에 자신감을 얻은 조조는 손권에게 협박의 어조로 초항서(招降書)를 보냈다.

"최근에 나는 조정의 명을 받들어 죄를 지은 자들을 정벌하고 있소. 군대의 깃발이 남쪽으로 향하자 유종은 곧바로 투항했고 형양(荊陽)의 백성들도 모두 귀순했소. 이제 나는 다시 80만 명의 수군을 동원해 오나라 땅에서 그대와 함께 사냥이나 하면서 유비를 치고 영토를 나눠 다스리며 동맹관계를 맺고 싶소."

여기서 80만 대군이라는 것은 허장성세에 지나지 않았다. 그럼에도 조조의 초항서가 도착하자 대부분의 신하들이 손권에게 항복하기를 권했다. 당시 강북의 세력은 육군이 주력이라 지금까지는 오나라가 수군으로 이들을 충분히 막을 수 있다고 생각했지만, 조조가 형주의 수군을 접수하는 바람에 근본적으로 상황이 바뀌어 버린 것이다. 이에 따라 손권의 신하들은 전투가 벌어지면 오나라가 백전백패할 것이므로 사전에 항복하는 것이 최선의 방책이라고 건의했다. 오나라의 건국공신으로 손책이 죽은 뒤 손권의 정신적 고문의 역할을 한 장소(張紹, 156~236년)조차 이렇게 말했다.

"조조가 천자의 이름을 빌려 사방을 정복하는 상황에서 이를 막는다면 불순(不順)이 됩니다. 더욱이 오나라가 지금까지 조조에게 항거할 수 있었던 것은 장강(長江) 때문이었는데, 이제 조조가 형주를 얻었으니 장강의 험한 요새를 우리와 공유하게 되었습니다. 조조의 대군과 대적하기는 어려우니 항복하는 것이 합당합니다."

이후 손권과 장소의 사이는 벌어지고 말았다. 그렇다고 오나라의 모든 중신이 조조에게 항복하자고 청한 것은 아니었다. 유표가 죽자 노숙(魯肅, 172~217년)은 손권에게 유비와 협력해 조조와 대적한다면 천하를 도모할 수 있을 것이라고 말했다. 『삼국지』에서 매

주유동상 적벽공원에 세워진 주유 동상. 나관중의 「삼국지연의」에서는 주유가 제갈량의 보조 역할로 등장하지만 사실 적벽대전의 진짜 주인공은 주유다.

우 중요한 역할을 하는 노숙을 추천한 사람은 바로 주유(周瑜)다. 주유가 손권에게 노숙을 추천한 서신으로 판단해 볼 때 그는 대단한 인물이었음에 틀림없다.

"노숙은 자를 자경(子敬)이라고 하며 임회군 동성현 사람입니다. 모든 병서를 두루 공부했고 지략과 무용이 뛰어날 뿐 아니라 재산도 많습니다. 제가 옛날 거소(居巢)의 현장(縣長)으로 있을 때 수백 명의 부하를 이끌고 행군하던 중 임회군에서 군량미가 떨어져 어려움을 겪고 있었습니다. 그때 노숙에게 부탁했더니 쌀 창고 한 채를 전부 제공해 주었고, 그 후 지금까지도 저는 그를 최고의 벗으로 여기고 있습니다. 그는 인품도 훌륭하고 부모에 대한 효심도 지극한데, 다른 사람이 그를 차지하기 전에 신속하게 교섭해 우리 편으로 영입해야 할 것입니다."

노숙은 당대의 재력가로 상당한 신망을 얻고 있었으며 소호(巢

湖)의 정보(鄭寶, 2세기 말~220년대)로부터 벼슬자리를 권유받았지만 응하지 않고 주유의 추천을 받은 뒤 손권 쪽으로 마음을 돌렸다. 노숙은 손권의 진영에 합류한 즉시 한 사람을 추천했는데, 바로 제갈량보다 다섯 살 위 친형인 제갈근(諸葛瑾, 174~241년)이다.[11]

적벽대전이 벌어질 때 제갈근은 오나라, 동생인 제갈량은 유비 측에서 싸웠으므로 사실 두 형제가 힘을 합해 조조에게 대항했다는 설명도 틀린 말은 아니다.

교묘한 방법으로 손권을 설득하는 제갈량

손권은 노숙의 건의를 받아들이고 그를 형주로 파견했지만 조조의 진군이 더 빨라 유종이 이미 조조에게 항복한 후였다. 따라서 다른 대비책을 세울 수밖에 없었는데 유비의 세력은 유기와 연합을 했음에도 형주를 손에 넣은 조조에 전혀 비할 바가 못 되었다. 결국 손권은 유비와 연합하는 것이 자신에게 유리할지 불리할지 확신할 수 없었다. 그때 누구보다 다급했던 유비는 제갈량을 파견해 손권을 설득하게 했다.

제갈량이 오나라 집권자들을 설득하는 방법은 아주 간단했다. 한마디로 자존심을 건드렸던 것이다.

"조조는 본래 호색지도(好色之徒)라 오래 전부터 강동 교공(喬公)에게 두 딸이 있는 것을 알고 이들을 차지하려 했습니다. 큰딸의 이름은 대교(大喬)요, 작은딸의 이름은 소교(小喬)인데⋯⋯(중략) 조조는 극히 화려하고 장려한 동작대(銅雀臺)를 짓고 맹세하기를, '내 사해를 소탕하고 천하를 평정해 제업(帝業)을 이루게 될 때 강동의 이교(二喬)를 얻으면 죽어도 여한이 없겠다'라고 했습니다. 조조가 100만 대군을 거느리고 강남으로 내려오는 것은 이 두 여자를 노리기 때문입니다. 교공을 찾아가 천금으로 두 여자를 매수해 조조에게 보내면 조조는 반드시 군사를 이끌고 돌아갈 것입니다."

주유가 솔깃해서 물었다.

"조조가 이교를 손에 넣겠다는 증거가 있습니까?"

"조조는 어린 아들 조식(曹植)에게 명해 「동작대부銅雀臺賦」를 지었는데, 글 속에 천자가 되어 맹세코 이교를 취한다고 지었습니다."

이 대목에서 나관중은 조식이 지은 동작대 원문에는 '연이교어동서해(連二橋於東西兮)'로 되어 있는데, '이교(二橋)'를 음이 같은 아름다운 여인의 이름인 이교(二喬)로 고쳐 불러 '남이교어동남혜(攬二喬於東南兮)'로 말했다고 적었다. 동작대부의 원문을 모르는 주유가 공명의 말을 듣고 발끈하며 크게 노하자 공명은 그의 화에 불을 붙였다.

"옛적에 흉노 선우가 자주 국경을 침범하자 한나라 천자께서는 공주와 혼인하는 것까지 허락해서 화친한 일이 있습니다. 지금 민간의 두 여자를 조조에게 보내는 것이 무어 그리 아깝다고 하십니까?"

공명은 손권의 부인이 대교이고 주유의 부인이 소교인 것을 알고 그들의 분노에 기름을 부은 것이다. 이 일화는 극적인 효과를 보여 주긴 하지만 역사적인 사실과는 상당히 거리가 있다. 실제로 동작대는 적벽대전 이후 2년 뒤에 건축되었고, 「동작대부」는 그로부터 2년이 더 지난 뒤에 지어졌기 때문이다. 제갈량이 아무리 신

묘할지라도 4년 후에 조식이 지은 「동작대부」를 읊을 수는 없는 일이다.[12]

이때 노숙은 또다시 손권에게 조조와 일전을 겨루는 것이 유리하다고 설득했다. 노숙은 동오의 모든 사람이 조조에게 항복할지언정 손권만은 불가하다고 말했다.

"만약 제가 조조에게 항복한다면 조조는 저를 고향으로 돌아가게 하거나 자사(刺史) 등의 벼슬을 주어 금의환향하도록 할 수 있습니다. 그러나 장군이 항복한다면 갈 곳이 어디 있겠습니까? 잘해야 후(候)로 봉해질 것이며, 시종도 겨우 두어 명에 불과할 겁니다. 신하들이 항복하자는 것은 다 자신을 위해서입니다."

제갈량도 손권을 다음과 같이 설득했다.

"해내(海內)에 대란이 일어나 장군(손권)이 병사를 일으켜 강동을 장악하고, 유예주(유비) 역시 무리를 이끌고 한남을 수복해 조조와 함께 천하를 다투고 있습니다. 지금 조조가 대란을 평정해 그 위세가 사해를 진동하고 있는 것은 사실이며, 그 바람에 유예주도 이곳까지 도망쳐 왔습니다. 장군이 만약 오월의 무리로 중국과 대항할 수 있으면 일찌감치 그와 단절하는 것이 순리이며, 만일 당해 낼 수 없다고 생각된다면 병기를 버리고 갑옷을 묶어 둔 후 조조에게 항복하는 것이 당연한 일입니다. 지금 장군이 밖으로는 복종의 명분을 내세우고 속으로는 망설이며 계략을 세우지 못하니, 사정은 급하되 결단하지 못함으로 인해 장차 화가 닥칠 날이 멀지 않았습니다."

제갈량은 손권을 설득하면서 두 가지를 강조했다.

첫째, 유비가 하구로 도망쳐 왔다는 사실을 감추지 않았다. 즉,

제갈량목우유마 적벽공원의 조형물이지만 학자들은 아직도 목우유마의 실체를 복원하지 못하고 있다.

손권이 유비보다 주도권이 있음을 인정해 유비가 손권을 이용해 스스로를 구하려 한다는 주장이 설득력이 없음을 강조했다. 둘째, 손권에게 결단력이 없음을 암시했다. 사실 머뭇거리며 결단을 내리지 못하는 사람은 용기가 없다는 비난을 가장 싫어하는데 제갈량은 바로 그 약점을 정확히 꼬집으며 자극했던 것이다.

이때 손권은 제갈량에게 "만약 그대의 말이 옳다면 유비는 왜 조조에게 투항하지 않는가?"라고 물었다. 제갈량은 기다렸다는 듯 또다시 손권의 자존심을 건드렸다.

"전횡(田橫, ?~기원전 202년)은 제나라의 장사에 불과함에도 의를 지키고 욕되게 하지 아니하였습니다. 하물며 유비는 황실의 자손으로 그 재명(才名)이 세상에서 으뜸가고, 수많은 사내가 앙모(仰慕)해 바다로 물이 돌아가는 것과 같습니다. 만일 일이 이루어지지 못한다면 이는 하늘의 뜻일 뿐 어찌 한낱 조조 따위의 밑으로 들어갈 수 있겠습니까?"

제갈량이 유비가 조조에게 항복할 수 없는 이유를 이렇게 설파한 것은 고도의 심리전이라고 볼 수 있다. 제갈량의 말은 손권이 유비와 비교할 수 없을 만큼 우위에 있지만 유비는 항복하는 것이 허용되지 않는 사람이고 손권은 항복해도 되는 사람이라는 것을 암시한다. 영웅으로 자처하고 있던 손권에게 제갈량의 말은 매우 모욕적이었다. 손권은 발끈해 조조와의 결전을 다짐하면서도 작전가다운 질문을 했다.

"동오는 조조에게 대항한 경험이 전혀 없으므로 유비에게 의지해 조조와 대적한다는 것은 이해할 수 있다. 그런데 유비는 조조에게 이미 패했으므로 나와 연합할 병력은 물론 군사들의 사기도 떨어졌음이 분명하지 않은가?"

이에 제갈량은 손권의 입맛에 딱 맞는 대답을 했다.

"유예주가 장판파에서 조조에게 패하긴 했지만 현재 관우군과 유기의 병사를 합하면 수만 명은 됩니다. 조조는 장거리 행군으로 매우 지쳐 있으므로 이들을 격파하는 것은 그리 어려운 일이 아닙니다. 또한 북방인은 수전을 잘 모르는 데다 그에게 항복한 사람(형주 수군)들은 조조의 힘에 눌려 그의 휘하에 있을 뿐 진심으로 복종하는 것이 아닙니다. 그러므로 유예주와 힘을 합치면 반드시 조조를 물리칠 수 있습니다."

이것이 전력상 현저한 열세에 있음에도 유비와 손권이 연합군을 구성해 조조군에게 대항한 적벽대전이 벌어지게 된 배경이다.

적벽대전은 없었다?

적벽대전이 『삼국지』에서 중요하게 다뤄지는 이유는 이것이 장차 중국의 전체 판도를 좌우하는 중요한 전투이기 때문이다. 여기에서 적벽대전이라는 말이 의미하는 바를 알아보자. 중국인은 적벽대전을 '적벽지전(赤壁之戰)'이라고 부른다. '전'은 회전(battle)을 뜻하며 적벽은 회전이 발생한 장소다. 예를 들면 해하지전(垓下之戰)은 초·한 양군이 해하에서 한판 벌인 회전을 의미한다. 따라서 적벽지전은 적벽에서 발생한 한 번의 회전을 뜻한다.

이 상황을 좀 더 정확히 살펴보자. 우선 손권과 유비의 연합이 확정되자 곧바로 조조에 맞설 전투부대가 구성되었다. 손·유 연합군 5만여 명(7~8만 명으로 기록된 곳도 있음)은 장강을 따라 서진해 장강 남쪽 적벽에 주둔했다. 이때 대도독으로 주유가 임명되었는데, 그는 손권의 선친이 "나라 밖의 일은 주유에게 물어 결정하라"고 유언할 정도로 뛰어난 전략가이자 배짱이 두둑한 사람이었다. 주유는 손권에게 일단 결심이 섰으면 물러나서는 안 된다고 설득했다.

그는 북방의 조조가 말안장을 벗어나 선박에 앉아 오나라와 다투는 것은 자신의 주 무기를 버리고 싸우는 것이나 마찬가지라고 했다. 특히 조조가 끌고 온 수많은 기병의 기본 전투력을 이루는 말에게 먹일 여물이 충분하지 않으므로 기병이 제대로 활약할 수

없음을 강조했다. 무엇보다 조조군이 지형에 서툴러 악전고투하면
서 내려왔기 때문에 질병이 발생할 수도 있음을 지적했는데, 이는
적벽대전의 승패를 가르는 중요한 문제였다. 주유가 원정군의 문
제점을 원천적으로 이해하고 있음을 나타내는 설명이기 때문이다.

　손권은 주유의 말을 듣고 전의를 다졌는데, 『삼국지』에서는 적
벽대전의 모든 것이 제갈량의 의중대로 진행되었다고 설명한다.
이는 아마도 제갈공명에 의해 적벽대전의 승패가 갈리고 결과적으
로 삼국이 정립될 수 있었다는 것을 강조하기 위한 것으로 보인다.
하지만 당시 제갈량은 고작 스물여덟 살로 도략(韜略)과 병법에는
능통할지라도 실전에서는 아직 신출내기에 불과했다.

　결국 적벽대전이라는 영화에서 감독은 손권이었고 주연배우인
주유가 군대를 통솔하는 한편 유비·유기는 행동대원으로 참가하
고 제갈량은 조연에 머물렀다는 것이 정설이다.[13]

　참고로 적벽대전이 벌어졌을 당시 주인공들의 나이를 보면 조조
가 쉰넷, 유비가 마흔여덟, 손권이 스물일곱, 주유가 서른넷, 노숙
이 서른일곱 살이다.[14]

적벽대전이 아니라 오림대전

　진수의 『삼국지』는 사마천의 『사기』와 달리 여러 부분에서 간략
하게 서술한 것이 많은데 적벽대전도 예외가 아니다. 즉, 진수의
『삼국지』에서 가장 중요한 전투인 적벽대전에 대한 종합적인 설명
이 없어 전체 상황을 이해하는 데 어려움이 있다. 물론 '적벽'이란

말은 여러 번 등장한다.

1. 조조는 적벽에 도착해 유비와 싸웠지만 형세가 불리했다. 이때 역병이 크게 유행해 관리와 병사들이 많이 죽었다. 결국 조조는 군대를 이끌고 돌아갔으며 유비는 형주와 강남의 여러 군을 차지하게 되었다(『삼국지』 「무제기」).

2. 손권은 주유·정보 등 수군 수만 명을 보내 선주(유비)와 힘을 합쳐 조공과 적벽에서 싸워 크게 이겨 그 배를 불태웠다(『삼국지』 「선주전」).

3. 손권은 크게 기뻐하며 즉시 주유·정보·노숙 등 수군 3만 명을 보내 제갈량을 따라 선주를 뵙고 힘을 합해 조공(조조)에 대항하였다. 조공은 적벽에서 패해 군대를 이끌고 허도로 돌아갔다(『삼국지』 「제갈량전」).

4. 주유와 정보를 보내 선주와 힘을 합쳐 조공과 맞서 적벽에서 만났다. 그때 조공의 군대에는 이미 질병이 퍼져 있어 처음 교전으로 조공의 군대가 패퇴해 강북으로 후퇴하였다(『삼국지』 「주유전」).

5. 주유와 정보가 좌·우도독이 되어 각각 1만 명을 거느리고 유비와 함께 진격하였는데, 적벽에서 조조군을 만나 그들을 크게 격파했다. 조공이 남은 함선을 불태우고 병사를 이끌고 퇴각했다(『삼국지』 「오주전」).

6. 주유와 정보가 좌·우도독이 되어 조공을 오림에서 물리쳤다(『삼국지』 「정황한장주진동감영수번정전」)

오림 적벽대전은 사실 적벽이 아니라 이곳 오림에서 일어났다. 따라서 '오림대전'이라 불러야 한다.

　이것이 진수의 『삼국지』에 나오는 적벽대전에 관한 기록인데, 이 내용만 보면 대체 적벽대전이 어떻게 진행되었는지 잘 가늠이 되지 않는다. 그러나 「선주전」에서는 조조와 적벽에서 싸워 크게 이겨 그 배를 불태웠다고 적었고, 「제갈량전」에서는 조조가 적벽에서 패해 군대를 이끌고 허도로 돌아갔다고 적었다. 이 두 설명을 근거로 보면 회전지는 적벽이 틀림없으며 손권과 유비의 연합군에게 패배한 조조가 곧바로 북으로 돌아갔다는 것을 알 수 있다. 「주유전」에서는 쌍방이 적벽에서 만났지만 조조가 패퇴해 강북으로 후퇴하였는데 막상 강북이 어디인지는 설명하지 않았다.

　정사에 기록된 설명만 보면 적벽대전이 적벽에서 일어났다고 해도 문제될 것은 없다. 그런데 「정황한장주진동감영수번정전」에서는 조조를 물리친 지점은 적벽이 아니라 오림이라고 확실하게 적고 있다.

이처럼 설명이 분분하자 학자들이 문제 해결에 나섰다. 즉, 실제로 전투를 했다면 어디에서 했겠는가를 분석했던 것이다. 그 결과 많은 학자들이 적벽대전이 일어난 곳은 적벽이 아닌 오림이라고 주장했다. 다시 말해 적벽지전(적벽대전)이 아니라 오림지전(오림대전)인 것이다.

적벽대전이란 사실 한 판 전투가 아니라 적벽에서 일어난 모든 전투를 통칭하는 것으로서 전쟁인 것이다. 적벽에서는 실제로 수많은 전투가 벌어졌다. 첫째, 수전으로 형주에서 항복한 군사로 이뤄진 조조의 수군과 오나라의 수군 사이에 벌어진 전투다. 둘째, 육전으로 조조의 수군이 궤멸되자마자 유비와 손권의 연합군이 조조의 육군을 격파했다. 물론 그 와중에 수많은 전투가 벌어졌지만 결론은 간단하다. 조조가 수전과 육전 모두에서 패해 남정을 중단하고 퇴각한 것이다.

고대 전투에서는 수륙양진을 펼치면서 적을 공격하는 것을 매우 중시했으므로 조조의 육군은 강을 따라 행군하고, 조조가 접수한 형주의 수군은 이들과 보조를 맞추며 동진했을 것으로 보인다. 손·유 연합군은 이들에 맞서 수군은 수군으로, 육군은 육군으로 격퇴할 대책을 세워 전투에 임했다.

학자들이 각종 사료와 실제 전투가 벌어졌음직한 현장을 면밀히 검토한 후에 구성한 적벽대전의 전투 시나리오는 다음과 같다.

"조조는 초전에 패한 후 즉시 강북으로 후퇴해 잠시 오림에 주둔하며 부대를 정돈하면서 반격을 준비했다. 당시 주유는 강의 남쪽에 있었는데 주유의 부장 황개(黃蓋. 2세기 말~229년 이전)가 '지금 적이 많고 우리가 적으니 시간을 오래 끌기 힘들지만 조조의 군선을 불태우면 승리할 수 있다'고 말했다. 이 작전에 따라 황개가 수십 척의 배를 하나로 이어 장작에 기름을 칠한 후 천으로 두르고 조조에게 항복하겠다고 편지를 보냈다. 조조는 정말로 황개가 투항하는 줄 알고 황개가 길게 줄이어 몰고 오는 배를 관망하고 있는데 갑자기 황개가 배를 풀고 불을 붙였다. 마침 바람이 세차게 불어 조조군에게로 옮겨 갔고 수많은 조조군이 희생되었다. 조조는 즉각 후퇴를 명했고 남은 배들을 모두 불살랐는데 유비와 주유 등의 육군이 곧바로 상륙작전을 감행해 조조를 추격했다. 조조는 조인 등을 남겨 강릉성을 지키도록 하고 홀로 북으로 돌아갔다."

오림과 적벽 중에서 하나의 이름을 붙이는 데는 가장 중요한 전투가 어디에서 벌어졌는가가 관건이다. 그런데 적벽대전에서 중요한 육군의 전투는 조조의 주력부대가 오림에 주둔하고 있었고 손·유의 연합군은 조조의 수군이 격파되자마자 곧바로 상륙작전을 감행했으므로 이들 전투는 적벽에서 벌어지지 않았음이 틀림없다. 그렇다면 오나라 수군의 공격으로 완전히 불에 타 격멸된 조조의 수군이 어디에 있었을까?

진수는 『삼국지』에서 가장 중요한 적벽대전의 장소, 즉 회전 지점에 대해 엇갈리는 기록을 했다. 적벽에서 전투가 일어난 것처럼 설명하는 것은 물론 「정황한장주진동감영수번정전」에서는 조조를 오림에서 물리쳤다고 기록한 것이다. 학자들은 진수가 이처럼 부

적벽시 적벽시는 실제 적벽대전이 벌어진 오림의 강 건너편에 있으며, 적벽공원에 적벽대전을 주제로 한 적벽박물관이 있다.

실한 기록으로 중국 전쟁사를 오도했고 또한 웃음거리로 만들었다고 비난하고 있다.

현재 호북성 적벽시 인근의 적벽이라고 알려진 곳이 중요한 전략적 위치였던 것만은 틀림없는 사실이다. 적벽은 서쪽으로 가면 동정호와 파촉에 이르고 동으로는 오월과 소주·형주에 이르며 북으로는 한강유역의 천리 평야가 보인다. 남으로는 옛 성 포기가 있어 그야말로 강남의 지형 우세를 포괄하는 활동무대였다. 그 지형을 보면 주유가 조조의 대군과 싸워도 승산이 있다고 생각했던 것도 무리는 아니었다.

어쨌든 적벽은 중국 고대 10대 전쟁터 중 유일하게 온전히 보존

된 유적으로 적벽 절벽에 '적벽'이라는 글이 적혀 있다. 전해지는 말로는 주유가 조조 군사를 격파한 후 검으로 새긴 것이라고 한다.[15]

그런데 적벽대전을 엄밀히 검토한 학자들은 한결같이 조조와 손·유의 연합군이 그곳에서 격돌했다고 생각하기에는 장소가 너무 협소하다고 말한다. 반면 오림은 바다처럼 넓어 조조의 수군이 진주하기에도 적합하다.

결론을 말한다면 손·유 연합군이 주둔한 적벽은 장강 동쪽에 있고, 조조는 장강의 북쪽이자 적벽에서 다소 하류이자 장강의 서쪽인 오림에 주둔했다. 이들은 서로 장강을 마주보는 근접 지역에 위치하고 있으므로 적벽 또는 오림에서 대전이 벌어졌다고 말해도 문제가 없을지 모른다. 특히 오나라의 주력부대는 적벽에 위치하고 있었다.

그러나 전투 상황을 보면 얘기는 달라진다. 조조의 수군과 육군이 오림에 주둔하고 있었으므로 적벽보다 오림대전이라 부르는 게 마땅한 것이다. 기록에 따르면 조조의 수군은 연환계(連環計)에 빠져 배를 모두 철쇄로 묶어 두었는데 화공을 받아 수군의 선박들이 불에 탈 때 조조 육군의 진영에까지 불이 붙었다고 한다. 이는 조조의 육군도 적벽이 아니라 오림에 주둔하고 있었다는 것을 의미한다.

결론은 간단하다. 오나라의 주력부대는 적벽 지역에 주둔했고 위나라의 주력은 수군·육군 모두 오림에 주둔했다. 그리고 조조의 수군이 화공으로 격멸되자 손·유 연합군이 곧바로 상륙작전을 감행해 조조의 육군을 섬멸한 곳이 바로 장강의 서쪽인 오림 지역이

장강안개 적벽대전이 벌어진 장강은 자주 안개가 끼어 제갈량이 이를 절묘하게 이용했다고 전해진다.

다. 다시 말해 대전이 일어난 곳은 적벽이 아니라 오림이라는 얘기다. 이를 증명하듯 적벽대전의 증거물도 오림에서 발견되었다. 오림 고채(古寨)에서 인골과 말의 뼈는 물론 '건안 8년'이라고 적힌 구리로 된 등자가 발굴된 것이다. 학자들은 이것을 적벽대전 당시의 유적으로 추정한다.

조조군을 속여 화살 10만 대를 얻은 사람은 제갈량이 아닌 주유

『삼국지』에서 나관중은 적벽대전의 중요성을 감안해 대단히 많은 지면을 할애했다. 특히 적벽대전에서 공명의 역할은 그야말로 화려하다. 그는 유비와의 연합에 반신반의했던 손권을 설득해 조조에 대항하도록 했고 조조의 수군에게 화공을 날릴 때 절대적으로 필요한 동남풍이 불도록 했다.

정사인 진수의 『삼국지』에서는 적벽대전을 간략하게 적었지만 나관중은 적벽대전에 매우 공을 들였다. 사실상 『삼국지』에서 적벽대전은 유비가 제갈량을 초빙하는 삼고초려를 포함할 경우 그 내용이 거의 1/5에 달한다. 당연히 적벽대전에는 나관중이 허구로 적은 내용이 많이 포함되어 있다. 그렇다면 어느 부분이 사실이고 또 어느 부분이 허구일까? 여기에서는 나관중이 작가적인 관점에서 허구로 작성한 부분만 중점적으로 설명하기로 한다.

먼저 『삼국지』에는 제갈량의 능력을 간파한 주유가 장차 그가 손권에게 해가 될 것을 예측해 죽이려 한다는 내용이 나온다. 주유는 제갈량에게 3일 만에 10만 대의 화살을 만들어 달라고 요청한다. 그런데 제갈량은 안개를 이용해 서로 묶어 놓은 20척의 배가 조조군을 공격하는 것처럼 보이도록 위장했고, 이에 놀란 조조군이 화살 10만여 대를 쏘자 이를 회수해 주유에게 주었다. 이를 '초선차전(草船借箭)'이라고 하는데, 물론 이 이야기 자체는 완전히 꾸며낸 것이 아니다.

『삼국지』가 나오기 전의 베스트셀러였던 『삼국지평화三國志平話』에는 초선차전과 관련해 다음과 같은 이야기가 나온다.

"주유가 장막으로 배를 씌우라고 명했다. 조조군이 쏘는 화살이 모두 배의 왼쪽에 꽂혔다. 그러자 주유는 노 젓는 사람들에게 배를 돌리라고 명했다. 배가 방향을 바꾸자 이번에는 화살이 모두 배의 우측에 꽂혔다. 주유는 화살이 가득 박힌 배를 몰고 돌아왔다. 수십만 대의 화살을 얻은 주유는 '승상, 화살 고맙소'라고 외쳤다."

나관중은 이 이야기에 살을 붙이고 주인공을 제갈량으로 바꾸었다. 『위략』에 다음과 같은 이야기가 적혀 있기 때문이다.

"손권이 큰 배를 타고 적진을 정탐할 때 조조가 화살을 쏘라고 명령했다. 조조의 궁사들이 어지러이 화살을 쏘자 손권의 배 한 쪽에 집중적으로 화살이 꽂혀 배가 기울었다. 그러자 손권이 배를 돌리라고 명령해 반대쪽에 화살을 받아 균형을 잡은 후 무사히 돌아왔다."

이것이 '화살을 빌린' 이야기의 원본으로, 사실 애초에 화살을 빌리려는 목적이 있었던 것은 아니다. 화살을 얻은 것은 소가 뒷걸음치다가 쥐를 잡은 격이나 마찬가지다. 그런데 언젠가부터 이 내용이 주유가 화살을 빌린 것으로 각색되더니 급기야 나관중은 아예 주인공까지 바꿔 애초부터 화살을 빌리기 위한 작전으로 포장된 것이다.

어쨌든 『삼국지』에서 제갈량이 화살 10만 대를 갖고 돌아오자 노숙이 놀라 "제갈량은 과연 신인(神人)"이라고 말한다. 이에 제갈량은 다소 거만하게 다음과 같이 주유를 농락한다.

"장수 된 사람이 천문과 지리, 기문(奇門. 고대 미신의 술법 중 하나로 군사 행동의 성패와 길흉을 예측하는 일), 음양, 진도(陳圖)를 볼 줄 모르고 병세(兵勢)에 밝지 못하다면 용렬한 장수에 지나지 않습니다. 나는 3일 전에 오늘 크게 안개가 낄 것을 짐작했습니다. 주유가 열흘 동안 화살 10만 대를 만들지 못하면 나를 죽인다고 했으나 내 명은 하늘에 달려 있습니다. 주유가 어찌 나를 죽일 수 있겠습니까!"

그런데 학자들은 실제로 제갈량이 볏단을 잔뜩 실은 선대를 조직했다면 다음과 같은 상황이 벌어졌을 것으로 추정한다.

첫째, 화살을 얻기는커녕 모두 불에 타죽고 말았을 것이다. 조조 군에서 불화살 한 발만 쏘았어도 선대 전체가 불바다로 변해 버렸을 것이기 때문이다.

둘째, 강에 짙은 안개가 깔려 있었다면 선대는 길을 잃고 조조군 진영으로 돌진했을 가능성이 있다. 선대 자체가 조조군의 공격을 받아 속수무책으로 당했을 것이다.

셋째, 배마다 1,000개가 넘는 볏단을 싣고 거기에 5,000개의 화살이 박힌다면 배의 무게 때문에 속도를 낼 수 없으므로 뒤이은 조조군의 공격에 침몰했을 가능성이 크다.

천하의 제갈량이 이런 무모한 작전을 추진했을 리 없다는 뜻이다. 특히 조조군이 아무리 어리석다 쳐도 북 소리만 듣고 무작정 10만 대의 화살을 쏠 리 없으며, 안개로 아무것도 보이지 않는다면 손권의 배 역시 앞을 볼 수 없기는 마찬가지였을 것이다.[16]

허무맹랑한 제갈량의 동남풍

『삼국지』에서 가장 흥미를 자극하는 대목은 동남풍의 존재다. 화공전술로 모든 배를 묶어 놓은 조조의 수군을 공격하려면 바람이 조조 쪽으로 불어야 했기 때문에 동남풍이 절대적으로 필요했다. 나관중은 『삼국지』에서 제갈량이 제단을 쌓고 제를 지내 동남풍을 불게 했다고 설명한다.

나관중의 『삼국지』는 손권의 수군이 제갈량이 불러온 동남풍을 만나지 못했다면 결코 조조에게 이기지 못했을 것이라는 결론을 내리고 있다. 그런데 원래 제갈량의 동남풍 빌리기는 원나라 시절의 잡극 〈칠성단제갈제풍七星壇諸葛祭風〉에서 유래한다. 『삼국지평화』에도 "제갈량이 누런 옷을 입고 맨발에 머리를 풀어헤치고 왼손에 검을 들고 어금니를 부딪치며 술법을 행하자 곧 큰바람이 불었다"고 묘사되어 있다. 나관중의 『삼국지』는 여기에 살을 붙이고 보다 극적으로 각색한 것이다.[17]

어쨌든 학자들은 이 부분을 집중적으로 연구했다. 조조는 건안 13년(208년) 7월 남정을 시작해 9월 중에 형주를 점령하고 한 달간 손권의 태도를 예의주시했다. 그런데 조조의 예상과 달리 손권이 항복하지 않고 전의를 불사르자 조조는 계속 남진했다. 실제로 전투가 벌어진 시기는 음력 10월에서 11월 사이로 추정되는데, 진수의 『삼국지』 「무제기」에는 12월로 적혀 있다.

놀라운 것은 만약 적벽대전이 겨울에 벌어졌다면 제갈량의 동남풍 문제가 간단히 해결될 수 있다는 점이다. 겨울에는 장강유역의 지형적 원인 때문에 이곳에서 동남풍이 부는 것은 매우 정상적인 현상이기 때문이다. 『삼국지』에서처럼 공명을 통해 바람을 불러올 필요가 없다는 얘기다. 더욱이 조조의 함선들이 쇠사슬로 묶여 있었다면 쉽게 움직일 수 없기 때문에 화공을 위해 반드시 동남풍의 힘을 빌려야 하는 것은 아니다. 물론 어느 쪽에서든 바람이 불어준다면 좋겠지만 말이다.

결국 공명이 바람을 빌려 조조군을 격파했다는 나관중의 얘기는 처음부터 과장이라는 것인데, 그는 왜 그렇게 이야기를 부풀린 것일까? 이 부분에 대해 학자들은 나관중이 겨울에 장강유역에서 동풍이 분다는 것을 알고 그것을 소설의 소재로 사용했다고 보고 있다.

한 치 앞을 내다보기 힘든 전쟁터에서 기후의 변화는 긴박함과 통쾌한 반전이라는 흥미를 자아내기에 충분하다. 그러나 어찌 인간이 동남풍을 불러올 수 있단 말인가? 오죽하면 노신(魯迅)이 이 사건처럼 황당한 일은 없다며 "제갈량의 지혜를 그린다는 것이 거의 요괴를 그린 것처럼 보인다"라고 평했을 정도다.[18]

조조가 방통의 연환계에 속은 것이 아니라 스스로 배를 묶어 놓았다

『삼국지』의 백미는 적벽대전에서 조조의 수군이 완전히 궤멸되었다는 것이다. 유비·손권 연합군은 처음부터 조조의 수군, 즉 형주에서 접수한 수군을 격파하려면 화공을 사용해야 한다는 결론을 내리고 있었다. 그때 황개가 주유에게 화공으로 조조를 격파하려면 조조의 계책을 알아야 하는데 자신이 고육지계(苦肉之計)에 자임하겠다며 자원했다.

다음 날 황개가 전투를 계속 미루려면 차라리 항복하는 것이 낫겠다고 말해 주유를 화나게 하자 주유는 곧장 100대를 치라고 한다. 결국 신하들의 반대로 100대에서 50대로 줄었지만 황개는 끝까지 고집을 버리지 않고 주유를 욕하면서 동료들에게 끌려 나갔다. 이것이 고육지계임을 간파한 회계군 산음현의 감택(闞澤, ?~243년)은 조조에게 보내는 황개의 항복문서를 전달했다. 황개는 조조에게 다음과 같이 항복하겠다고 적었다.

"미욱한 저는 손씨 가문의 두터운 은혜를 입어 모반의 마음을 품을 수는 없습니다. 그러나 강동 6군의 미미한 세력으로 공의 100만 대군에 맞서려는 것은 객관적인 전력의 차이를 무시한 무모한 발상이라고 생각합니다. 군중에서도 저와 이러한 뜻을 같이하는 자가 대다수입니다. 그런데도 나이 어린 주유가 도독이라는 지위를 빌려 제 재간만 믿고 닭의 알로 돌을 치는 어리석은 수작을 부릴 뿐 아니라 참람하게도 권세로 사람을 눌러 죄 없는 사람에게 형벌을 주고 공 있는 사람에게 상을 주지 아니합니다.……(중략) 승상께서는 성심으로 사람을 대접하시고 허심탄회하게 선비를 받아들인다는 소문이 높기에 황개는 군사를 거느려 항복을 올린 후에 공을 세워 부끄러움을 씻으려 합니다. 또한 양초(糧草)와 거장(車仗)을 배편이 있는 대로 바치려 합니다."

처음에는 총명한 조조가 황개의 항복문서가 거짓이라 여겨 문서를 가져온 감택을 처형하려 했지만 구변이 좋은 감택은 결국 조조를 설득하는 데 성공했다. 물론 조조가 오나라군에 심어 놓은 첩자가 황개의 항복은 결코 거짓이 아니라는 보고서를 올렸기 때문이기도 하다.

이때 봉추(鳳雛. 178~213년)가 조조를 만나 전선을 흩어지지 않도록 한 군데로 단단히 묶는 연환계를 사주한다. 봉추는 '방통(龐統)'으로도 불리는데 스승인 사마휘(司馬徽. 3세기 초)가 제갈량과 함께 유비에게 천거한 사람이다. 방통은 조조에게 배를 쇠사슬로 한데 묶어 놓으면 큰 풍랑에도 견딜 수 있다는 이른바 연환지계를 주장했다.

"장강에는 조수간만의 차가 있어 파도가 잔잔해지는 때가 없습니다. 북방의 군대는 배를 타 본 적이 없으므로 날마다 파도에 흔들리면 병사들이 병에 걸리는 것이 당연합니다. 큰 배, 작은 배를 하나로 연결해 30척 또는 50척을 한 조로 하여 뱃머리를 쇠사슬로 연결하고 그 위에 넓은 판을 깔면 사람은 물론 말도 자유롭게 걸어다닐 수 있습니다. 그것을 타고 적진으로 쳐들어간다면 파도 따위는 문제가 되지 않습니다."

결국 이 말을 받아들인 조조는 배들을 모두 하나로 묶었고 위장 항복한 황개가 화선(火船) 20척을 준비해 항복하는 척하며 불붙은 짚더미로 조조의 배를 공격해 모든 배가 불에 탔다는 얘기다. 이것 역시 허구로 받아들여지고 있다.

학자들은 오히려 병사들이 배멀미로 고생하자 조조가 스스로 고안해 낸 방법으로 추정한다. 즉, 방통의 연환계에 속은 것이 아니라 조조군이 스스로 배를 묶어 놓았다는 것이다.

어쨌든 화공에서의 관건은 바람의 방향이다. 화공이 아무리 좋은 아이디어라고 해도 바람이 조조군이 아닌 연합군 쪽으로 분다면 화공은 실패할 수밖에 없을 뿐 아니라 오히려 더 큰 화를 당할 수 있다. 나관중의 『삼국지』는 제갈량이 칠성단을 쌓고 길일에 목욕재계한 다음 도복차림으로 하늘에 빌어 절묘한 시간에 동남풍이 불도록 했다고 기록하고 있다.

학자들은 대체로 조조의 함선이 모두 불탔다는 데는 공감하지만 제갈량의 동남풍에 대해서는 전적으로 부정한다. 왜냐하면 상식을 벗어난 주장이기 때문이다. 화공이 『삼국지』처럼 간단하지 않다는 것은 『손자병법』에 적힌 화공의 목표를 보아도 알 수 있다.

1. 인마 살상
2. 군수물자
3. 적의 치중(輜重, 수레 등의 운송수단)
4. 적의 창고
5. 적의 양도(糧道)

특히 화공의 조건은 매우 까다롭다. 『손자병법』에는 다음과 같이 적혀 있다.

"불을 사용할 때는 반드시 조건이 갖춰져 있어야 하며 불을 붙일 때도 적절한 도구와 장비가 있어야 한다. 불을 놓는 데는 때가 있고 불이 잘 타오르는 날이 있다."

이처럼 조건이 까다로운 이유는 함부로 쓰다가는 오히려 역풍을 맞을 수 있기 때문이다. 따라서 화공은 『삼국지』처럼 전형전투보다 상황에 따라 적절히 활용하는 것이 정상이다. 『무경총요武經總要』에 적힌 화공술을 보면 고대 전투에서 여러 가지 화공이 사용되었음을 알 수 있다.

첫째는 '작행(雀杏)'이다. 적의 성 안에 있는 새를 잡아 속이 빈 은행 안에 쑥을 넣어 만든 불씨를 새의 다리에 묶은 후 황혼녘에 둥지로 돌려보내 적군의 식량 창고를 불태운다.

둘째는 '행연(行煙)'이다. 성 바깥의 바람이 잘 부는 곳에 건초나

제갈량팔궤진 적벽시 적벽공원 안에 있는 팔궤진은 제갈량의 8진법을 재현해 놓았다.

장작을 쌓아놓고 불을 붙여 연기를 만든 후 연기 때문에 성 위를 수비하는 병사들이 자리를 피할 때 그 틈을 타서 성을 공격한다.

셋째는 '연구(煙毬)'다. 화약을 황호(黃蒿)에 싼 후 빨갛게 달군 송곳으로 찔러 불을 붙인 후 투석기를 이용해 적진으로 발사한다.

넷째는 '양진거(楊塵車)'다. 분말 형태의 석회 등을 뿌려 적군의 입과 코를 공격하는 방법이다.

『삼국지평화』에서는 적벽대전 직전에 주유와 제갈량이 각각 손바닥에 '화(火)'와 '풍(風)'을 썼고 『삼국지』에서는 제갈량이 주유에게 "조조를 섬멸하려면 화공을 써야 하는데 동풍이 없다"고 말한다. 결국 제갈량이 동풍을 빌려 오는 데 성공한다는 것이 주안점이지만 나관중의 의도와 달리 적어도 동남풍은 제갈량의 역할로 볼 수 없다. 실제로 제갈량에게 그만한 재주가 있었다면 삼국을 통일하지 못하고 오장원(五丈原: 산시성 메이셴 남서쪽)에서 사망했을 리 만무하다.[19]

아무튼 조조의 수군이 화공에 당한 이유로 두 가지 설이 팽팽하게 대치한다. 하나는 유비·손권 연합군의 화공 때문이라는 것이고, 다른 하나는 조조 자신에 의해 불태워졌다는 것이다. 진수의 『삼국지』「선주유비전」에는 다음과 같이 적혀 있다.

"손권은 주유·정보 등 수군 수만 명을 보내 선주와 힘을 합쳐 조공(조조)과 적벽에서 싸워 크게 이겨 그 배를 불태웠다. 선주가 오군과 수륙으로 진격해 남군까지 추격했다. 당시 역병이 창궐해 북군(조조군)이 대부분 죽게 되자 조공이 병사를 이끌고 퇴각했다."

그런데 진수의 『삼국지』「곽가전」에는 조조가 스스로 불태웠다고 적혀 있다.

"태조가 형주를 정벌하고 돌아오다가 파구(巴丘)에서 역병을 만나 함선을 불태웠다."

진수의 『삼국지』「오주전」에도 조조가 불태웠다고 적혀 있다.

"주유와 정보가 좌·우독이 되어 각각 1만 명을 거느리고 유비와 함께 진격하였는데 적벽에서 조조군을 만나 그들을 크게 격파했다. 조공이 남은 함선을 불태우고 병사를 이끌고 퇴각했다."

근래 학자들은 두 가지 주장 중에서 후자에 더욱 기울어져 있다. 조조가 직접 자신의 함대를 불태우고 철수했다는 것이다. 진수의 『삼국지』「주유전」 배송지의 주에서 인용한 「강표전江表傳」에서는 조조가 손권에게 다음과 같은 편지를 보냈다고 적혀 있다.

"적벽전투는 전염병으로 내가 배를 불태우고 스스로 물러난 것
인데 뜻하지 않게 주유가 이런 명예를 얻었다."

이중톈은 이 편지 자체를 전적으로 믿을 수는 없지만 조조가 역
병이 돌자 철수하면서 함선을 모두 불태웠다는 설을 지지했다. 조
조의 패배에는 역병이 큰 역할을 했고, 그는 형주에서 얻은 배들을
태우고 철수하지 않을 수 없었다는 것이다.[20]

관우는 화용도에서 조조를 살려 준 적이 없다

적벽대전은 조조의 의도대로 진행되지 않았다. 조조의 수군과
육군은 연합군에게 패해 도망가지 않을 수 없었는데, 제갈량은 이
런 상황을 예상하고 있었다. 제갈량은 조조의 도피로에 관우를 매
복시켜 조조를 격멸하라고 명령했다. 조조는 제갈량의 예상대로
화용도로 도주했고 이곳에 매복해 있던 관우에게 붙잡혔지만, 관
우는 옛정에 끌린 나머지 그냥 놓아주고 말았다. 이 장면은『삼국
지』에서 매우 중요하게 다뤄진다.

조조의 수군이 손·유 연합군의 화공에 완전히 궤멸되는 것은 물
론 조조의 영채까지 불이 붙자 곧바로 손·유 연합군이 오림에 상
륙해 조조의 육군을 공격했다. 조조가 퇴각하는 와중에 화용도에
서 결정적인 육전이 벌어졌던 것이다. 사실상 적벽대전은 화용도
에서의 패배로 막이 내렸다고 볼 수 있다.

판소리 〈적벽가〉에서도 이 대목에 큰 비중을 두고 다루고 있는
데, 판소리에서 조조는 비굴하게 목숨을 구하는 가련한 모습으로

나온다. 〈적벽가〉를 〈화용도타령〉 혹은 〈화용도〉라고도 부르는 이유는 이때의 일을 부각시키기 위해서다.

이 상황을 놓고 조조를 제거할 수 있는 좋은 기회를 놓친 관우의 어리석음을 탓하는 사람이 있는가 하면, 관우는 은혜를 갚을 줄 아는 의리 있는 사나이라고 말하기도 한다. 어쨌든 화용도 이야기는 조조가 참패해 곤혹스러운 처지에 놓인다는 것을 강조하고 있는데, 이런 이야기는 정사 『삼국지』에는 나오지 않고 나관중의 『삼국지연의』에만 등장한다는 점에 유의해야 한다. 특히 나이 어린 제갈공명이 군령을 어겼다는 이유로 관우를 참하려 할 때 유비의 청으로 못 이기는 척하며 관우를 살려주는 것도 화용도 사건의 핵심이다. 나관중의 『삼국지』에는 제갈공명이 관우의 사람됨을 알고 그가 조조와의 은원을 매듭지을 수 있도록 화용도에 매복하게 했다고 설정되어 있다. 하지만 이러한 사건은 일어나지 않았고 나관중이 작가적 아이디어로 삽입했다는 것이 통설이다.[21]

문제는 조조와 관우가 만나는 화용도 사건이 존재하지 않았다면 〈적벽가〉에서 가장 중요한 소재도 성립하지 않는다는 점이다. 물론 관우가 조조를 살려주는 사건은 일어나지 않았지만 화용도 전투는 적벽대전에서 매우 중요한 전투 중 하나다.

진수의 『삼국지』에서 배송지(裴松之 : 송나라 초기의 역사가)는 당시의 전투에 대해 이렇게 적었다.

"공(조조)의 군선이 불타자 군대를 이끌고 화용도를 통해 걸어서 퇴각했지만 진창길을 만나 지나갈 수가 없었다. 더욱이 큰바람까지 불어 닥쳤다. 허약한 병사들이 풀을 등에 지고 가서 진창을 메우고 나서야 가까스로 기마병이 지나갈 수 있었다. 허약한 병사들은 사람과 말에 짓밟히고 진창에 빠져 수없이 목숨을 잃었다. 군대가 탈출한 뒤에 공은 매우 기뻐했다. 여러 장군이 까닭을 묻자 공이 대답했다. '유비는 나와 동등한 무리지만 계략을 짜는 일은 나보다 조금 늦다. 그가 만일 불을 일찍 놓았다면 우리는 전멸했을 것이다.' 그 후 유비가 불을 놓았지만 때는 이미 늦었다."

사실 『삼국지』에서 관우와 조조의 만남은 각색된 것이지만 그 정황을 비교적 자세하게 그리고 있다. 조조가 퇴각할 때는 한겨울이라 말과 군사가 진군하는 데 어려움이 많았다. 더욱이 산이 굽이진 곳에 비가 와서 땅이 파이고 진흙 구덩이가 되자 말굽이 빠져 꼼짝하지 못했다. 결국 조조의 명에 따라 군사들이 흙을 나르고 섶을 깔아 구덩이를 메워 행군을 했는데 당시 이 일이 얼마나 어려웠던지 잔도(楼道)에서 죽은 사람이 부지기수요, 슬피 우는 소리가 골짜기에 메아리쳤다고 한다. 당시 조조군의 피해가 컸던 이유는 조조가 기마병에게 우선권을 주었기 때문이다.

그는 위급한 상황이 되자 기마병을 무사히 통과시키기 위해 수많은 보병을 희생시켰다. 조조는 자신과 함께 기마병이 모두 탈출하자 매우 기뻐했다. 그는 기마병만 무사하면 반드시 재기할 수 있다고 생각했던 것이다.

일본 작가 진순신(陳舜臣)은 적벽대전을 정확히 분석한 후 손권과 유비가 불을 질러야 했던 존재는 조조의 수군이 아니라 기마병이라고 적었다. 사실 적벽대전의 주력은 조조에게 귀속된 형주의 수군이었다. 한마디로 당시 조조의 수군 전체가 전멸한다 해도 조조에게는 치명적인 타격이 아니었다는 얘기다. 화용도에서 진창을 만나 고비를 넘기자 조조가 기뻐한 것은 그 때문이라는 설명이다.

학자들이 화용도가 어디인지 추적하지 않았을 리 없다. 근래의 연구에 따르면 화용은 장강 북쪽 기슭의 호북성 홍호시(洪湖市) 감리현(監利縣) 중부에 있는 약 10킬로미터의 도로로 알려져 있다. 감리현을 흐르는 변하(沔河)의 조편항(曹鞭港)에서 모시진(毛市鎭)의 방조파(放曹坡)에 이르는 좁은 길이다. 학자들이 추정하는 조조의 패주 경로는 다음과 같다.

"조조는 오림에서 장강 북쪽 기슭을 따라 수륙 양로로 서쪽으로 향했다. 나산(螺山), 양림(楊林)을 지나 백라기(白螺磯), 사자산(獅子山)까지 와서 수군의 배를 불태우고 상륙해 육군과 합류했다. 주하, 변하를 지나 화용을 빠져 나가 서북쪽으로 진로를 돌려 군량미가 집적되어 있던 강릉(江陵)을 목표로 진군했다."[22]

조조의 군대가 100만 대군?

조조는 과연 남정에 돌입하면서 100만 대군을 동원했을까? 학자들은 조조군 20만~25만 명, 손·유의 연합군은 유비군이 1만 명, 유기군 1만 명, 동오군 3~5만 명으로 추측한다. 주유는 전투 전에 조조의 군대를 17만 명 정도로 추정했다. 그 이유는 조조가 원소로부터 얻은 병사 10만 정도와 형주에서 흡수한 군사를 7~8만 명으로 보았기 때문이다.[23]

사실 당대에는 100만 명이라는 장병을 동원하는 것이 거의 불가능했다. 이에 부속되는 지원군이 적어도 1.5~2배가 있어야 하는 까닭이다. 특히 기마병의 경우 기사가 말에게 먹일 건초를 직접 해결할 수 없으므로 항상 하인이나 지원부대가 뒤따라야 한다. 결국 장병 100만 명을 동원하려면 총인원은 적어도 250만 명이 되어야 하는데, 이는 현실적으로 불가능하다.

중국인의 과장이 심하다는 것은 널리 알려진 사실로 중국인 스스로도 이를 인정한 대목이 있다. 기원전 119년, 흉노와의 전투에서 기병 5만 명과 보병 수십만 명을 동원했다고 알려져 있다. 그러나 이러한 사실을 적은 『한서』조차 "한 번 원정에 동원된 병력은 모두 4만 명이었으나 10만 명으로 불렀다"라고 적었다. 이것이 중국인이 말하는 엄청난 규모의 병력을 실제 숫자로 볼 수 없는 이유다.[24]

물론 100만 대군은 아니었지만 조조군은 손·유의 연합군에 비해 압도적으로 많은 병력이었다. 학자들은 조조군이 손·유의 연합군보다 적어도 3~4배는 많았을 거라고 추정한다. 그런데 일반적으로 고대 전투에서 병력이 2배 이상 차이가 나면 병력의 열세로 승리하기 어렵다고 본다. 그럼에도 불구하고 역전의 용사인 조조가 3~4배의 병력을 동원했음에도 불구하고 손·유 연합군에 패배했기 때문에 적벽대전이 더욱 유명해진 것이다.

나관중의 『삼국지』에는 조조가 주유와 어렸을 적 친구인 장간(蔣幹, 3세기 초)을 보내 주유가 항복하도록 설득하게 하는 장면이 나온다. 그런데 이를 간파한 주유가 오히려 장간을 역이용해 형주의 호족으로 조조에게 항복한 후 조조 수군의 대도독이 된 채모(蔡瑁, ?~208년 이후)와 장윤(張允, 3세기 초)을 죽이게 한다.

이것은 전혀 근거가 없는 이야기다. 진수의 『삼국지』에 보면 장간은 회수 일대의 실력자로 주유를 설득하러 간 것은 적벽대전 이후의 일이다. 또한 채모는 자기 누이를 형주 유표의 후처로, 조카를 유표의 아들 유종에게 시집보낸 실력자로 제갈량과도 인척이다. 채모는 208년 유표가 죽은 뒤 모사 괴월, 부손(傅巽)과 함께 유표의 아들 유종을 설득해 조조에게 항복했는데, 이때의 공으로 조조 수군의 대도독이 된 것으로 추정된다.

사실 『삼국지』가 공전의 베스트셀러가 될 수 있었던 것은 이처럼 사실과 허구를 잘 버무려 놓았기 때문이다. 소설을 읽는 독자들은 『삼국지』의 내용이 100퍼센트 사실이든 아니든 나관중이 포장해 놓은 흥미로운 부분에 매료되지만, 역사적 사실을 토대로 분석하는 학자들로서는 그야말로 여간 곤혹스러운 일이 아닐 수 없다.

조조군을 궤멸한 1등공신은 주유도 제갈량도 아닌 전염병

전력 면에서 압도적으로 우세했던 조조가 패한 이유는 무엇일까? 당시 조조가 남정할 때 동원한 병사를 20~25만 명으로 추정한다면 조조의 수군, 즉 형주의 수군이 전멸했다 해도 조조의 주력부대인 육군은 그대로 존재했다는 것을 의미한다. 이 숫자는 손·유의 연합군을 합친 숫자보다 최소한 3~4배나 더 많은 엄청난 대군이다. 그런데 예상을 뒤엎고 조조가 패배한 이유가 뭘까?

오림에 주둔한 조조의 수군이 궤멸되자 손·유 연합군은 곧바로 상륙작전을 벌였다. 그런데 상륙작전을 펼치려면 조조군보다 최소한 5~10배 많은 병력을 투입하는 것이 상식이다. 물론 이런 병력을 투입한다고 해서 승리를 보장받을 수 있는 것은 아니다. 손·유 연합군이 조조 수군과의 전투에서 아무런 손실을 입지 않았다 해도 5만 명 정도의 병력이라면 조조의 군사가 1만여 명에 지나지 않아야 한다. 이는 상륙작전을 펼치는 공격군에 비해 수비군이 절대적인 장점을 갖고 있다는 뜻으로도 설명할 수 있다.[25]

그런데 오히려 전력에서 앞선 조조가 퇴각을 했다. 이는 조조의 수군에 이어 오림에 주둔하던 육군도 완전히 궤멸했음을 의미한다. 어찌된 노릇일까? 전투에 일가견이 있는 조조가 병력도 적은데다 상륙을 하는 군대에게 패했다는 것은 납득하기가 어렵다. 조조는 뛰어난 천재일 뿐 아니라 학습을 게을리 하지도 않았고 특히 병법에 능했다. 제갈량도 「후출사표後出師表」에서 "조조의 지모와 계략은 남다르며 그의 용병은 마치 손무(孫武), 오기(吳起) 같이 뛰어

제갈량사대 적벽공원의 제갈량이 적벽대전 당시 활 연습을 시켰다고 전해진다.

나다"고 적고 있다. 남다른 자부심을 갖고 있는 제갈량이 조조에게 탄복했다는 것은 그만큼 조조의 지략이 뛰어났음을 말해 준다.

그럼에도 적벽대전에서 조조가 패한 것은 부정할 수 없는 사실이다. 학자들은 그 이유를 몇 가지로 설명한다.

첫째, 조조는 손·유 연합군의 뛰어난 인재인 주유와 손권을 제대로 알지 못했고 제갈량의 능력도 과소평가했다. 사실 조조는 손권에게 항복하라는 문서를 보냈을 때 형주의 유종처럼 순순히 따를 것으로 예상했다. 당시 장소를 비롯한 동오의 신하 중에서 조조에게 항복하려는 자가 많았는데, 조조가 이를 알고 편안하게 항복받을 생각에 빠져 자만했다는 것이다. 따라서 황개가 항복한다는 것도 진실로 믿고 만약의 사태에 대비하지 않았다.

이는 조조가 동오의 상황을 전혀 알지 못했기 때문이다. 조조는 패해도 북쪽으로 돌아갈 수 있지만 동오는 조조에게 패하면 나라가 망할 처지에 있었다. 그러니 전투 초기부터 사기 면에서 조조군과 다를 수밖에 없었다. 결론적으로 손·유 연합군이 막강한 조조의 대군에 승리할 수 있었던 주요 원인은 기만과 기습 작전 때문이다.

둘째, 승리에 집착한 조조가 장병들의 사기를 전혀 고려하지 않았다. 전투에서 가장 중요한 것은 사기다. 그럼에도 불구하고 조조는 형주의 수군을 점령한 지 한 달밖에 지나지 않았음에도 역전의 용사인 손권의 수군과 성급하게 전투를 치르려고 했다.

물론 항복한 군사들을 그대로 받아들여 자신의 부대로 편성하는 것은 특별한 일이 아니다. 그러나 조조의 북방부대는 조조와 함께 동고동락한 병사라 그의 명령에 잘 따르지만, 형주군의 입장에서 조조는 겨우 한 달 전에 한솥밥을 먹기 시작한 새로운 정복자에 지나지 않는다. 형주의 수군에게 조조는 수전에 대해 전혀 아는 것이 없는 무능한 장군으로 비춰질 수도 있으므로 일사분란하게 명령을 따르지 않았을 가능성이 크다. 결과적으로 수군에 관한 한 주유가 이끄는 동오군이 조조군에 비해 훨씬 우위에 있었던 셈이다.

셋째, 조조에게는 겨울철 전투가 불리하다. 조조가 전투를 시작했을 때가 겨울이라는 것은 적벽대전 자체가 작전상 문제가 있었다는 것을 의미한다. 동계 전투는 장병들에게 만약 패배하면 고향으로 돌아가지 못할 수도 있다는 위기감을 심어 준다.

고대 전투에서 동장군(冬將軍)은 장병들의 사기를 저하시키는 치명적인 요소가 되곤 했다. 겨울철에는 무사히 회군하기가 매우 어렵다는 것을 장병들이 잘 알고 있기 때문이다. 사실 어느 전투에서든 진격보다 후퇴가 더 어렵고 사상자도 많이 생긴다. 이래저래 조조군의 사기는 전투 이전부터 땅에 떨어져 있었다.

마지막으로 학자들이 가장 주목하는 것은 진수의 『삼국지』 「무제조기」와 「주유전」에 있는 관련 기록이다. 조조가 적벽에 도착해 유비와 싸울 때 역병이 크게 유행해 관리와 병사가 많이 죽자 조조가 후퇴했다는 것이다. 한마디로 조조군의 사기는 전투가 벌어지기 전에 이미 땅에 떨어졌고 설상가상으로 질병까지 돌아 더 이상 전투할 여력이 없게 되었다는 얘기다. 진수의 『삼국지』 「가후전」에서 배송지는 이를 뒷받침하는 주석을 적어 두었다.

"적벽에서의 패배는 운이 나빴기 때문이다. 역병이 크게 유행해 맹렬한 기세가 꺾였고 따뜻한 바람이 남쪽에서 불어와 불길을 키였다. 실로 하늘이 그렇게 만든 것으로 사람의 탓이 아니다."[26]

학자들은 배송지가 역병이 크게 유행했다고 말한 대목에 주목했다. 《중화의학잡지》의 이우송(李友松)은 조조가 적벽에서 패배한 것은 장강유역에 만연한 풍토병에 걸렸기 때문이라고 적었다. 풍토병에 걸린 장병의 사망자가 너무 많아 조조가 직접 배에 불을 지르고 철수했다는 것이다.[27]

이중텐도 조조의 패전 원인은 제갈량의 지략보다 조조의 군대가 얻은 유행병 때문일 가능성이 크다고 지적했다. 그렇다면 그 유행병이라는 것은 과연 무엇일까? 학자들은 그 질병이 '급성흡혈충병'이라고 단정한다. 이는 중국에서 잘 알려진 병으로 『주역周易』에 '산풍고(山豊蠱)'라고 적혀 있다.

1972년 호남성 장사(長沙) 마왕퇴(馬王堆)의 한나라 시대 무덤에서 한 여성의 미라가 발견되어 세상을 놀라게 했다. 그것은 장사의 승상 대후의 미라로 2,100여 년이나 지났는데도 몸에 탄력이 있고 손발의 관절이 움직일 만큼 거의 완벽하게 보존되어 있었다.

그 미라를 철저하게 조사한 과학자들은 놀랍게도 장의 내벽과 간장 조직에서 흡혈충 알을 발견했다. 당시 최상층에 있던 대후 부인조차 이 풍토병에 걸렸다는 사실은 이 일대에 흡혈충병이 상당히 유행했음을 말해 준다. 위·촉·오의 전쟁은 대후 부인이 사망한 지 약 300년 후에 벌어진 것으로, 학자들은 당시 서민층 사이에 흡혈충병이 상당히 만연해 있었을 것으로 추정한다.

흡혈충병은 대개 여름에 유행한다. 물론 적벽대전은 겨울철에 벌어졌지만 조조군이 강남으로 들어간 것은 여름철이다. 즉, 조조의 수군들이 익숙하지 않은 수상생활을 하다가 감염되었을 가능성이 큰 것이다. 이 병의 잠복기는 약 한 달로 적벽대전의 결전 시기와 맞물리는데, 그렇다면 조조군은 싸울 여력조차 없었던 셈이다.[28]

반면 연합군의 주력인 오나라 군대는 장강유역을 활동범위로 삼고 있었던 터라 이 병에 대해 비교적 면역력이 있었다. 치료약도 제대로 없는 전염병과 싸운다는 것은 사실상 불가능한 일이다. 따라서 조조가 전염병이 돌자 곧바로 철수한 것이야말로 오히려 현명한 결단이었다고 볼 수 있다.

전염병이 돌면 제아무리 막강한 전투력을 지닌 군대라도 어쩔 수가 없다. 설사 황개의 거짓 투항이나 수군의 궤멸이 있었다 해도 전염병이라는 초유의 사태가 없었다면 손·유의 육군이 오림에 상륙해 조조군을 물리친다는 것은 거의 불가능했을 것이다.

적벽대전을 꼬집어 말한 것은 아니지만 당대의 전염병에 대해서는 비교적 자세한 기록이 있다. 『사서』에 따르면 동한 동가 원년(151)부터 건안 22년(217년)까지 67년간 8차례의 역병이 돌았다고 한다. 건안 22년에는 조비도 역병에 걸렸는데, 그는 훗날 오질(吳質, 177~230)에게 편지를 보내 그때의 고통을 털어놓았다.

"지난해에 역병이 돌았을 때 내가 직접 그 재난을 겪었소. 고통이 이루 말할 수 없었소."

조식도 집집마다 시체가 쌓여 갔고 방방마다 슬픔에 흐느끼는 사람이 있었다고 당시의 상황을 적었다. 건안 13년, 적벽대전 당시의 전염병이 조비와 조식이 보았던 것처럼 참담했다면 손·유의 연합군이 오림에 상륙하기 이전에 이미 조조의 전력은 치명타를 입었다고 볼 수 있다. 물론 발병 주기와 지역, 병사들의 면역력 등을 들어 이 주장에 의문을 제기하는 학자들도 있다.[29]

나관중이 『삼국지』에 전염병과 관련된 이야기를 적지 않은 이유가 무엇인지는 아직까지도 확인되지 않았다. 어쩌면 그가 조조군에 전염병이 돌았다는 것을 몰랐기 때문일 수도 있다. 그러나 일부 학자는 나관중이 의도적으로 제외했다고 생각한다. 『삼국지』 자체가 삼국시대의 영웅담인데 조조군이 전염병으로 무력해졌을 때 손·유 연합군이 승리했다면 영웅적인 행동이라고 볼 수 없지 않은가.

제갈량을 신임하지 않은 유비

여러 가지 정황을 감안할 때 적벽대전에 대한 기존의 생각을 수정해야 한다는 견해도 있다. 실제 적벽대전은 『삼국지』의 기록처럼 대단하지 않았을 가능성도 농후하다는 것이다. 일부 학자의 적벽대전에 대한 시나리오를 간략하게 살펴보자.

"적벽대전은 알려진 것과 달리 그다지 큰 규모의 전투가 아니다. 조조는 초기 소규모 전투에서 패배한 것은 물론 원정군에서 질병이 퍼지자 철군을 결심했다. 이때 선박이 적에게 넘어가는 것을 방지하기 위해 모두 불태우고 떠났다."

중국사에서 중요한 위치를 차지하는 적벽대전의 파급 효과는 광의와 협의로 구분해 설명할 수 있다. 먼저 협의의 결과를 보면 적벽대전은 군사적인 결정성을 갖지 못했다. 패배한 조조는 중원의 허도로 돌아갔지만 그의 권력 기반은 조금도 흔들리지 않았다. 조조의 군사력이 여전히 손권과 유비의 군사력을 앞섰다는 것은 이후 조조가 다시 오나라를 침공하는 것으로도 알 수 있다(213년). 적벽대전은 단기적으로도 남북간의 군사적 균형을 깨는 데 크게 도움이 되지 못했다는 얘기다.

반면 광의적 측면에서 적벽대전은 역사에 큰 영향을 미쳤다. 학자들은 만약 조조가 승리했다면 신속하게 중국을 통일하는 데 어떠한 장애도 없었을 것이라고 확신한다. 조조가 후한에 이어 새로운 제국을 설립할 수 있었다는 의미다.

물론 현실은 조조가 패해 제갈량이 손권을 설득할 때 예측했던 것처럼 유비와 손권의 세력이 조조를 견제할 수 있는 정족(鼎足)의 형세가 되었다. 즉, 400년간 이어온 한나라가 멸망하고 삼국시대가 열렸던 것이다.

『삼국지』에서 또 다른 의문은 손·유 연합군에서 유비의 역할이 무엇인가 하는 점이다. 진수의 『삼국지』든 나관중의 『삼국지』든 유비는 연합군에서 큰 역할을 못한 것으로 나온다. 특히 나관중은 제갈량을 주인공으로 부각시켰고, 그에 따른 실무 책임자로 주유를 다뤘으며, 작전에 동원된 군사도 대부분 유비군이 아닌 동오군이다.

당시 손·유 연합군은 5~7만 명으로 추정되는데 유비의 군사는 유기의 1만 명을 합해 2만 명에 불과했지만 이들의 역할은 상당히 컸을 것이다. 학자들은 수전(水戰)은 동오군이 담당했다 해도 유비와 주유의 육군이 공동작전을 펼쳐 조조를 추격하는 추격부대를 구성하지 않았다면 조조군은 궤멸되지 않았을 것으로 추정한다. 손권의 강점은 육군이 아니라 수군이며 유비의 군대는 육전으로 전장을 누빈 정예병이기 때문이다. 실제로 진수의 『삼국지』에는 적벽이라는 단어가 나오는 다섯 번의 설명 중에서 네 번이나 유비를 거론했고, 손권을 두 번 거론해 당시의 유비 역할이 만만치 않았음을 보여 준다.

어쨌든 나관중의 『삼국지』를 보면 가장 화려한 주인공은 제갈량이다. 그의 표현대로라면 적벽대전은 온통 제갈량의 작품이다. 심

적벽공원 안에 있는 제갈량정자

지어 수군의 공격에 절대적으로 필요한 동남풍도 빌려오고 조조
군을 속여 얻은 10만 대의 화살도 가져온다. 이러한 능력은 가히
신의 경지라고 볼 수 있는데, 나관중의 『삼국지』가 세기를 이어오
며 인기를 끄는 이유는 이러한 인물 설정 때문이라고 할 수 있다.
물론 제갈량이 실제로 그런 능력을 발휘했는지는 다른 차원의 문
제다.

　일부 학자들은 적벽대전에서 제갈량이 세운 가장 큰 공은 손권
이 전쟁을 결심하도록 유도한 것으로 보고 있다. 앞서 말했듯 제갈
량이 화공에 필요한 동남풍을 불게 했다는 것은 실제로 그의 역할
이 아니기 때문이다. 이중텐은 제갈량을 두고 '실질적인 직무를
제대로 얻지 못한 사람'이라고까지 평할 정도였다. 그는 유비가 제
갈량을 그저 친구나 손님으로 대했으며 실제 일등 책사는 방통이
었다고 주장했다. 물론 방통이 사망한 후에는 제갈량에게 전적으
로 의지했을 수도 있지만, 유비는 제갈량에 대해 끝까지 마음을 놓
지 못해 죽기 전 자신의 아들 유선을 부탁하는 자리에서도 다른 신
하인 이엄(李嚴, ?~234)을 배석시켰다.[30]

　이엄은 젊은 시절 형주의 유표 아래서 군과 현의 관원으로 있다
가 208년 조조가 형주를 차지한 뒤 촉으로 들어가 유장의 신하가
되었다. 213년에는 호군으로 면죽(綿竹)에서 유비를 막다가 항복해
비장군이 되었고 유비가 성도(成都)를 차지하자 건위태수, 홍업장
군이 되었으며 그가 사망하기 1년 전 중도호가 되어 그 지위가 제
갈량 다음이었다.

　이엄은 231년 제갈량이 북벌하면서 기산(旗山)에 주둔할 때 그

보급을 책임졌는데, 장마철이 되어 운송이 불가능해지자 조정의 명령을 위조해 제갈량이 퇴군하게 만든 장본인이기도 하다. 결국 그는 탄핵당해 귀향을 가야 했는데, 제갈량이 죽은(234년) 이후 그 역시 귀향지에서 병사했다.[31]

나관중이 쓴 『삼국지』의 적벽대전에서 제갈량은 모든 작전을 떡 주무르듯 좌지우지하고 주유의 살해위협에서 유유히 빠져 나온다. 나관중은 제갈량을 천하의 명장이요 거의 신과 같은 존재로 부각시키기 위해 그의 역할을 중심으로 적벽대전을 개작한 것이다. 여기에는 나름대로 근거가 있다. 실제로는 제갈량이 적벽대전에서 큰 역할을 못했지만, 결국 조조가 중국을 통일하지 못하고 삼국시대가 열리는 큰 그림을 그리는 데 그가 일조했다고 평가했기 때문이다.

유비를 만났을 때 제갈량은 유비에게 자신의 견해, 즉 중국을 통치하는 청사진인 '융중대'를 제시해 단번에 유비의 마음을 사로잡았다. 융중대의 기본은 소위 '천하삼분'론이다. 물론 동시대의 노숙과 감녕(甘寧)도 천하삼분론을 주장했다. 노숙은 손권에게 "한실은 부흥할 수 없지만 그렇다고 조조를 무너뜨릴 수도 없습니다. 강동에 기반을 두고 천하의 형세를 살피십시오"라고 말했는데 이는 조조, 유표와 함께 천하를 삼분해야 함을 의미한다.

어쨌든 제갈량의 융중대는 입사지망생이 최고경영자와의 면접에서 자신의 구상을 내놓은 일종의 소견서로 볼 수 있다. 융중대에서 제갈량은 유비가 대외적으로 직면한 위협과 내부의 핵심 경쟁력 등을 정확하게 분석했다. 이는 현대의 기업경영에서 활용되고 있는 SWOT분석(기업의 강점strength, 약점weakness, 기회opportunity, 위협 threat을 분석해 이를 토대로 마케팅 전략을 수립하는 기법)에 맞먹는 국가 경영도라고 할 수 있다.

사실 유비는 유씨라는 장점을 안고 부지런히 중국을 누볐으나 제갈량을 만날 때까지 뚜렷한 시장을 확보하지 못하고 있었다. 당시 중국은 전국적으로 시장이 분화돼 있었지만 조조와 손권이 선점한 시장은 함부로 건드릴 수 있는 대상이 아니었다. 그에 비해 형주와 익주는 상대적으로 시장구조가 취약했다. 제갈량은 유표가 자신의 이모부임에도 그릇이 모자란다고 생각해 유비에게 형주를 취하라고 건의할 정도였다.

적벽대전에서 제갈량이 손·유 연합이라는 큰 프로젝트를 성사시킬 수 있었던 것은 사전에 끈끈한 연이 있었기 때문에 가능했다. 제갈량은 친형 제갈근의 추천을 받아 손권 휘하에서 일할 수 있었다. 제갈량은 스무 살 되던 해에 형의 추천으로 손권을 만난 일도 있었는데, 이때 노숙과 함께 손권의 예우를 받았다고 기록되어 있다.[32] 이미 손권이 제갈량의 제안을 들을 분위기가 조성되어 있었던 것이다. 이렇게 해서 나관중은 제갈량을 적벽대전의 실무자로 보고 그를 중심으로 작품을 각색한 셈이다.

**오림대전이 적벽대전으로 잘못 불리게 된 것은
정사 『삼국지』의 저자 진수 때문**

지금까지의 설명을 종합해 볼 때 적벽대전은 오림대전으로 불러야 마땅함에도 불구하고 그동안 적벽대전으로 불려온 이유는 무엇일까? 가장 큰 의문은 최초로 적벽대전이라는 말을 사용한 사람이 누구인가 하는 점이다. 맥이 빠질지도 모르지만 결론은 아주 간단하다. 진수가 정사인 『삼국지』에서 애매하게 '적벽대전'이라고 기록한 탓에 후세인들이 당연히 적벽에서 전투가 일어난 것으로 알게 된 것이다.

적벽대전이 더욱 유명해진 이유는 나관중의 『삼국지』 때문이다. 진수는 『삼국지』에서 적벽대전에 커다란 비중을 두지 않은 반면 나관중은 『삼국지』의 가장 중요한 전투 소재로 적벽대전을 부각시켰다. 한데 나관중 역시 진수의 잘못된 표현을 그대로 따르는 바람에 오림대전이 아닌 적벽대전으로 알려진 것이다. 청나라 시대의 장학성(章學誠)은 『병신찰기丙辰札記』에서 아쉬움을 표했다.

"『열국지列國志』, 『금병매金甁梅』 등 유명 소설은 모두 상상력에 기반하여 만들어진 픽션이므로 작가가 소설의 내용을 어떻게 끌고 가든 큰 부작용이 없다. 그런데 『삼국지』는 70퍼센트가 역사적 사실이고 나머지 30퍼센트가 허구인 소설이다. 문제는 『삼국지』에서 가장 중요한 적벽대전을 허구에 기초해 전개했다는 점이다. 적벽대전이라는 단어만 보면 혼란스럽기 그지없다."

역사는 진실을 요구한다. 그런데 30퍼센트의 허구가 진실로 포장되면 그 폐해가 적지 않다. 나관중은 제갈량을 『삼국지』의 주인공으로 만들기 위해 천재적인 군신으로 묘사했지만 이는 역사적 사실과는 상당한 거리가 있다. 『삼국지』에서 주유가 제갈량을 여러 차례 살해하려는 것이나 제갈량이 주유의 화를 돋워 조조에게 대항하도록 사주하는 것 역시 사실이 아니다. 실제로 이런 상황이 연출되었다면 적벽대전은커녕 조조가 나타나자마자 제갈량도 도망가거나 항복했을 것이다.

일부 역사학자가 나관중을 성의 없는 작가로 비난하는 이유는 간단하다. 그의 역사왜곡이 마치 사실처럼 오도되었기 때문이다. 물론 그를 소설가로 본다면 그렇게 탓할 일만도 아니다. 소설의 본령이 바로 픽션이기 때문이다.

적벽대전에서 학자들이 궁금해 하는 것 중 하나가 전투에 참가했던 조조의 아들 조비가 남긴 말이다. 그는 "수군을 크게 일으키니 물 위에 뜬 전함이 무려 1만 척에 달했다"라고 했다. 전함이 1만 척이라니 과장이 심하기는 하지만 진용이 매우 장대했다는 것을 알 수 있는데, 당대의 수군은 과연 어땠을까?

당대의 전함 규모가 상상을 초월할 정도로 컸다는 것은 여러 가지 자료에서 나타나고 있다. 적벽대전이 끝난 지 약 70년 후 진(晉) 무제(武帝)가 오나라를 공격하려 할 때 익주자사 왕준(王濬)이 거대한 함선을 만들었는데, 가로 세로가 120보나 되고 2,000명을 태울 수 있으며 나무로 성을 만들고 말이 자유자재로 드나들 수 있었다고 적혀 있다.

2,000명이 탈 수 있다는 것은 다소 과장된 표현으로 보이지만 지리학자 역도원(酈道元)은 『수경주 水經注』에 "손권이 사병 3,000명을 실을 수 있는 큰 배를 번구(樊口) 북쪽의 만(灣)에 정박시켰다"라고 적고 있다. 진대의 문필가 좌사(左思)도 손권의 거함을 직접 보고 "비운(飛雲)과 개해(蓋海)가 예사 크기가 아니다"라고 적었다. 비운과 개해는 군함의 이름이다. 삼국시대에 실전에 사용된 선박 규모가 2,000~3,000명을 태울 수 있을 정도로 컸다는 것을 알 수 있다.

황개가 조조군을 공격할 때 사용한 몽충함(艨衝艦)과 두선(斗船)에 대한 이야기도 나온다. 동한의 유희(劉熙)는 『석명釋名』과 『석선釋船』에서 "좁고 긴 배를 몽동이라 하는데 적선과 충돌할 때 사용했다"고 적었다. 몽동이 바로 황개가 이끌던 돌격함으로 몽충은 소가죽으로 장갑을 둘렀다. 속도가 빠르며 갑판 위의 선창 사면에 노창(弩窓)과 모혈(矛血)이 있다.

전함에는 여장을 쌓았는데 그 높이가 3척에 달했다. 여장 아래로 노를 젓는 도공

삼국시대의 전함

(棹空)을 뚫었고 배 안에 5척 높이로 대를 쌓은 다음 그 위에 또 여장을 쌓았다. 이는

삼국시대의 함선이 거대한 것은 물론 수상에서 충분한 작전을 수행할 수 있었음을

보여 준다.[33]

2

아틀란티스
Atlantis

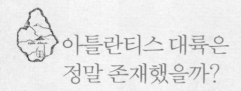

아틀란티스 대륙은 정말 존재했을까?

무한한 호기심의 원천, 사라진 대륙 아틀란티스

지각변동이나 빙하 등으로 지상에 새로운 산맥이 형성되고 육지가 바다 밑으로 침몰하는 것은 물론 바다가 육지가 되는 와중에도 인류의 역사는 계속 이어져 왔다. 재난이 발생하면 인류는 동굴에 숨거나 높은 산으로 피신함으로써 새로운 정착지에서 문명을 발전시켰다.

플라톤 청동상

지각변동으로 인한 변화 중에서 우리의 호기심을 가장 끌어당기는 것은 '사라진 대륙, 아틀란티스'라는 말이다. 그리스의 철학자 플라톤(기원전 427~347년)이 처음 이 말을 한 이후 아틀란티스 대륙에 대한 논쟁은 지금까지도 끊임없이 지속되고 있다. 무려 5,000권이 넘게 출간된 관련 서적은 사람들의 뜨거운 관심도를 단적으로 보여 준다.

대개는 아틀란티스 대륙이 대서양이나 지중해에 있었다는 주장이지만, 태평양 한가운데에 있었다거나 심지어 독일과 영국이 아틀란티스 대륙이라는 설도 있다. 자신들이 아틀란티스인의 후예라고 주장하는 민족도 무려 20개가 넘는다.

우리에게 가장 친숙한 아틀란티스의 이미지는 쥘 베른(Jules Verne)이 1869년에 발표한 소설 『해저 2만 리』에 잘 나타나 있다. 소설의 주인공 피에르 아로낙스는 노틸러스호 네모 선장의 안내를 받아 바다 밑을 탐사한다. 네모 선장은 아로낙스에게 두꺼운 해조류의 숲에 뒤덮인 웅장한 건물의 폐허와 줄지어 선 돌기둥을 보여 준다. 아로낙스는 선사시대에 존재했던 발달된 문명의 흔적을 보고 흥분하는데, 그 유적은 사라진 대륙이 있는 곳으로 알려진 대서양의 해저에 있었다.

문명이란 대체로 인간이 고도의 생산력을 바탕으로 만든 생활양식을 말한다. 이러한 문명이 사라진다는 것은 일반적으로 전쟁이나 질병, 기후 변화, 식량 결핍 등으로 기존에 유지되던 생활양식이 생명력을 잃었다는 것을 뜻한다. 이 경우, 문명은 사라질지라도 최소한 그들이 살던 대지와 흔적은 일부나마 남아 있게 마련이다. 하지만 거대한 섬이나 대륙 자체가 바다 속으로 잠겨 버리면 얘기는 달라진다.

하룻밤 사이에 대륙이 사라져 버리는 것이 가능할까?

그렇다면 단 하룻밤 사이에 대륙이 사라질 수도 있을까? 이런 극적인 사건이 언젠가 지구상에 일어났다면 그 대륙에 살고 있던 사람들은 어떻게 되었을까? 그들이 꽃피웠던 문명은 과연 어디에 있을까? 현대인이 만약 그런 문명을 발견한다면 그야말로 대박이 아닌가! 어쩌면 그 한탕주의식 매력에 이끌려 사람들이 '사라진 대륙의 문명'이라는 말에 솔깃해 하는 것인지도 모른다.

하지만 수많은 사람들에게 꿈을 심어 주고 상상력을 불러일으키는 아틀란티스 대륙은 독일의 기상학자 알프레드 로타르 베게너 (Alfred Lother Wegener, 1880~1930년)에 의해 여지없이 무너지고 말았다. 그가 제창한 '판 구조론'에 따르면 아틀란티스 대륙은 존재한 적도 없고 또한 존재할 수도 없다고 한다. 더욱이 판 구조론은 우

베게너

리에게 딱딱하기 그지없는 지각이 둥둥 떠다닌다는 믿을 수 없는 사실을 알게 해주었다. 쉽게 말해 우리가 스노보드를 타는 것처럼 움직이는 운동체 위에 살고 있다는 얘기다.

아틀란티스 전설은 왜 계속되는가

문제는 아틀란티스의 매력이 워낙 크다 보니 베게너 같은 과학자의 근거 있는 논박에도 사람들의 상상이 수그러들지 않고 있다는 점이다. 사람들의 그러한 욕구에 부채질을 하듯 혜성과 같은 이론이 등장했는데, 그것은 바로 아틀란티스 대륙이 현재 빙하로 덮인 남극이라는 설이다. 만약 남극이 아틀란티스라면 그동안 제기된 여러 가지 문제를 단숨에 해결할 수 있다. 아틀란티스가 전설이 아니라 실제로 존재하는 것은 물론, 사람들에게 꿈과 희망을 준 보물이 여전히 남극에 묻혀 있을 가능성을 높여 주는 것이다.

더욱이 남극은 현재 빙하 속에 묻혀 있어 얼음이 녹기 전에는 그 누구도 그 실체를 확인할 수가 없다. 남극설을 주장하는 사람들에게 이것은 그야말로 환상적인 아이템이다. 하고 싶은 만큼 마음껏 과대포장을 해도 발을 걸고넘어질 사람이 없지 않은가! 그렇다면 현대과학은 이 문제에 어떤 반응을 보일까?

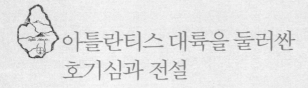
아틀란티스 대륙을 둘러싼
호기심과 전설

플라톤의 입에서 시작된 아틀란티스 전설

아틀란티스 대륙은 기원전 335년경 플라톤이 쓴 『대화편』 중
「티아미오스」와 「크리티아스」라는 철학 이야기에서 처음으로 언급
되었다. 하지만 이것은 플라톤이 직접 경험한 것이 아니라 아테네
의 정치가이자 시인인 솔론(Solon, 기원전 615~535년)의 기록을 인용

솔론

한 것이다. 솔론 역시 이집트의 사제 손
치스에게 들은 이야기를 기록했다고 전
해진다. 플라톤은 소크라테스의 이상국
가를 설명하면서 아틀란티스 대륙을 흥
미롭게 묘사하고 있다. 솔론이 이집트의
사이스를 방문하자 손치스 사제가 이런
이야기를 들려주었다.

"약 9000년(기원전 9570년) 전, 헤라클레스의 기둥(Pillars of Heracles, 『그리스 신화』에 나오는 헤라클레스 기둥은 지금의 지브롤터 해협 동쪽 끝에 솟아 있는 두 개의 바위를 말한다) 뒤편에 거대한 섬이 있었는데 이 섬을 아틀란티스 대륙이라고 불렀다. 이 섬을 지배한 나라는 리비아(아프리카)와 아시아(중동)를 합친 것보다 크고 거기에는 항해자들이 다른 섬으로 가는 해로가 있었다. 그 섬으로부터 시작해 진정 바다라고 부를 만한 대양을 육지가 둘러싸고 있는데, 지금 우리가 이야기하는 그 해역은 입구가 좁은 그야말로 하나의 만(灣)에 지나지 않는다. 그러나 다른 바다, 그것은 진정한 대양으로 그 대양을 둘러싼 땅은 대륙이라 불리기에 부족함이 없다.

모든 면에서 완전한 이상국가라 할 만한 이 강력한 고대국가는 당신의 나라(그리스)와 우리나라(이집트) 해협의 리비아(이집트 서쪽에 위치한 아프리카 부분), 그리고 티레니아(중서부 이탈리아) 지역도 점령하였다. 당신의 나라에서 지혜와 용기를 겸비한 지도자가 나타나 그리스 전체를 총괄하는 동맹군을 만들었지만, 서로간의 이해가 엇갈려 모두 자기 나라로 돌아가고 당신의 나라만 홀로 싸워 이긴 다음 승리의 기념비를 세웠다.

그 사건이 일어난 지 얼마 후 엄청난 지진과 해일이 일어나 하룻밤과 낮 사이에 당신 나라의 전사가 모두 땅 속에 묻혔고 아틀란티스 대륙도 바다 속으로 사라져 버렸다. 사라진 섬과 유적들은 아직 수면 바로 아래에 있기 때문에 이 지역에서는 항해가 불가능하다. 그것은 침몰한 섬이 남긴 많은 이토(泥土, 진흙)가 항해를 방해하고 있기 때문이다."

「크리티아스」에서 플라톤은 아틀란티스와 아테네의 관계를 보다 자세하게 설명하고 있다.

아주 오랜 옛날 신이 대지를 갈랐다. 그리스로 온 아테나 여신은 아테네인의 강력한 도시국가를 건설했고, 아틀란티스에서 국가를 건설한 포세이돈은 섬에 거주하고 있던 클레이토와의 사이에 10명의 아들을 낳았다. 이후 아틀란티스는 포세이돈의 큰아들 아틀란트(아틀라스)가 통치했고, 그 섬과 대양도 그 이름을 따라 아틀란티스라고 불렸다. 나머지 아들들은 모두 섬의 각지를 다스렸으며 최고통치자의 소집 명령이 내리면 부름에 응해 회의를 했다.

섬에서는 어떤 도시, 어떤 땅에서 생산된 것이든 모두 구할 수 있었다. 그중 대부분은 섬에서 생산되었지만 일부는 국외로부터 들어왔다. 특히 그곳에는 오리칼크(무지개 빛을 띠고 있었다는 전설적인 보석)가 많았고, 코끼리를 비롯해 여러 종류의 동물이 있었다. 그뿐 아니라 향료의 원료가 되는 다양한 종류의 식물이 자라고 있었다.

직경 22킬로미터의 원형으로 이뤄진 섬의 수도 중앙에는 포세이돈과 클레이토가 살았던 800미터 길이의 아크로폴리스가 있었다. 포세이돈과 클레이토에게 바쳐진 그 성스러운 곳에서는 항상 온수와 냉수가 나오는 목욕탕이 있었다. 또한 포세이돈에게만 봉헌된 신전도 있었는데, 그곳은 신전 전체가 금·은·오리칼크로 덮여 있었다. 신전 내부에 있던 금으로 된 원주들은 6마리의 말이 끄는 전차를 타는 신을 상징한다.

아틀란티스 섬 중심부는 폭 360미터의 환상운하(環狀運河)로 둘러싸여 있었고, 그 주위를 폭 360미터쯤 되는 육환대(陸環帶)가 에워쌌으며, 다시 그 둘레를 폭 360미터의 수로가 에워싸고 있었다. 이 수로는 또 한 번 폭 540미터의 육환대에 둘러싸이고 마지막으로 대형 선박이 드나들 수 있는 같은 폭의 수로가 이 땅을 에워쌌다. 그리고 독(dock)에 가득한 3단 노가 설치된 군선은 언제든 출동할 준비를 갖추고 있었다. 이렇게 도시를 둘러싼 여러 겹의 성벽은 주민과 해안에 정박하고 있는 상선, 그리고 전함들을 보호해 주었다.

아크로폴리스 주위에는 물이 채워진 같은 모양의 통이 세 개, 흙이 채워진 통이 두 개 있었는데 이것은 터널과 우물이 연결되는 통로에 놓여 있었다. 이 통들은 신전, 정원, 체육관, 경마장에도 있었다.

군대는 전시에 구역별로 징집이 행해졌고 한 구역의 인구는 6만 명에 달했다. 육군은 중전차 1만 대, 경전차 6만 대, 병사 백만 명이며 해군은 수병 24만 명이라는 대군이었다. 각 구역의 지휘관은 전쟁에 대비해 전차 한 대 비용의 6분의 1을 부담할 의무가 있었다. 또한 지휘관은 말 두 마리와 기병 두 명, 좌석이 없는 경전차 한 대, 작은 방패를 들고 전차를 따르는 보병 한 명, 경전차에 타서 말을 몰 전차병 한 명을 조달할 의무가 있었다. 여기에다 중무장병 둘, 사격수 둘, 투석기 조종병 둘, 투석병 셋, 소규모 전투를 수행할 투창병 셋, 그리고 1,200척의 함선에 태울 선원 넷도 조달해야 했다. 이들은 왕도(王都) 직속의 병사로 다른 아홉 왕국에도 군대가 있었다.

아틀란티스의 통치자는 모두 10명으로, 이들은 5~6년마다 포세이돈 신전에 모여 법을 위반한 자들을 재판하였다. 이때 최종선고를 내리기 전 신전에 있는 소를 금속도구는 전혀 사용하지 않고 매듭과

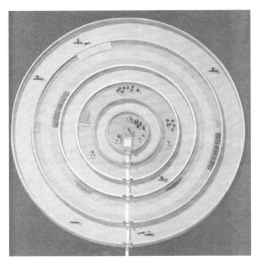

아틀란티스의 내부 배치도

몽둥이만으로 죽여 제물로 바쳤다.

아틀란티스 사람들은 지금의 아테네인과 유사한 수준의 높은 도덕성과 정치 이념을 갖고 있었다. 그러나 그들의 욕심이 지나쳐 제우스신은 이들을 징계하기로 결심하였다.

여기서 플라톤의 아틀란티스 대륙에 대한 이야기는 아무런 이유도 없이 중단되고 만다.

트로이 전설과 아틀란티스 대륙 전설의 결정적 차이

콜럼버스가 신대륙을 찾아 떠나기 전까지만 해도 사람들은 아틀란티스의 실존 가능성에 대해 그다지 심각하게 생각하지 않았다.

물론 일부 아틀란티스 신봉자들은 아틀란티스를 찾는 데 열중했지만 그들도 그 대륙의 존재 여부를 확신했던 것은 아니다. 대개는 플라톤이 자신의 철학을 설명하기 위해 등장시킨 상상의 대륙(이상향)으로 인식하고 있었다.

하지만 콜럼버스가 아메리카 신대륙에 발을 내딛으면서 아틀란티스 대륙이 사실일지도 모른다는 환상이 더욱 넓게 퍼져 나갔다. 게다가 새롭게 가시권으로 들어온 서쪽의 거대한 대륙이 아틀란티스 대륙일지도 모른다고 생각하는 사람이 급속도로 늘어나기 시작했다. 또한 서인도 제도나 아조레스 제도, 카나리아 군도, 그밖에 대서양에 흩어져 있는 섬들을 오리칼크와 원형들의 섬, 항구, 운하로 가득 찬 사라진 대륙의 잔재로 보기도 했다.

1553년, 프란시스코 로페스(Francisco Lopez)는 "신대륙은 아틀란티스로 재명명되어야 한다"고 주장하기까지 했다. 그는 고대의 아메리카 원주민이 분명 유럽 및 아프리카 사람들과 활발한 무역을 했을 것이고, 이집트인이 이러한 사실을 목격했을 것이라고 주장했다. 하지만 이러한 주장은 설득력이 약했다. 북아메리카 원주민이 수준 높은 문명인도 아니었고 유럽이나 아프리카와 교역할 만큼 항해술을 갖추고 있지 못했기 때문이다.

어쨌든 16~19세기의 이론가들은 성서와 문헌, 신화, 아마추어 고고학적 지식 등을 총동원해 대서양은 물론 스웨덴, 북해, 지중해, 심지어 사하라사막이 아틀란티스라고 주장했다. 특히 1871년에 독일의 거부 하인리히 슐리만(Heinrich Schliemann)이 트로이 유적을, 1901년에 아서 에번스(Arthur Evans)가 크레타 섬에서 미노아 문명을 발견하면서 아틀란티스 대륙에 대한 열기는 더욱 강해졌다.

슐리만의 트로이 발굴은 한 편의 드라마처럼 감동적이다. 호머의 서사시 『일리아드』에 기록된 내용이 사실이라고 확신한 슐리만은 주변의 반대에도 불구하고 고집스럽게 트로이 유적 발굴에 몰두했다. 학자들은 그가 고고학적 전문지식을 갖추지 않은 채 단지 호머의 서사시만 믿고 주먹구구식으로 발굴에 나선다고 곱지 않은 시선을 보냈다. 더욱이 슐리만이 무모하게 트로이라고 단정한 히살리크(터키어로 '성채'라는 뜻) 언덕은 학자들이 보기에 전혀 엉뚱한 장소였다. 학자들은 바닷가에서 세 시간 정도 떨어진 부나르바시 마을 근처를 트로이로 추정하고 있었다.

슐리만이 히살리크를 트로이라고 단정한 이유는 그곳에 노붐 일리움('새로운 트로이'라는 뜻)이라는 도시가 있었다는 것을 알고 있었기 때문이다. 특히 그곳에서 발견된 도기 파편들은 그곳에 사람이 살았다는 것을 입증했다.[1]

당시에는 발굴에 대한 모든 자금을 발굴 책임자가 부담한 뒤 그 일에 관계된 정부와 발굴된 유물을 적당한 비율로 나누는 것이 관례였던 터라, 위치를 잘못 선정하는 것은 도박보다 더 위험한 투기나 다름없었다. 하지만 결과를 놓고 보자면 조롱을 받아야 할 사람은 슐리만이 아니었다. 널리 알려진 '프리암(Priam, 트로이의 왕)의 보물'이 들어 있는 상자를 열자 팔찌, 브로치, 목걸이, 접시, 단추 등 금으로 만든 보물이 우르르 쏟아져 나왔다.

슐리만은 그곳에서 무려 8,700점이나 되는 보물을 얻었고 1만 6,000개의 순금 조각으로 된 금관도 발견했다. 이로써 호머의 이야

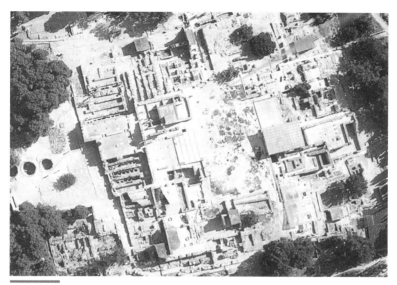

크노소스 조감도 크레타의 크노소스 유적의 조감도로 1,200~1,500개의 방이 미로처럼 연결되어 있다.

기는 상상력이 풍부한 작가가 지어낸 이야기가 아니라 트로이에서 실제로 일어났던 역사적 사실을 토대로 한 것임이 입증되었다. 미노아 문명의 황소 숭상도 전설로 알려져 있었지만, 에번스가 크레타 섬에서 찬란한 색채의 벽화 및 미로를 발견함으로써 그 역시 실존 문명이었음이 밝혀졌다.

이처럼 고대 신화로만 인식되던 전설들이 실제로 모습을 드러내자 아틀란티스 대륙도 실존했을 것이라고 주장하는 사람들이 점점 늘어났다. 그리스의 미카엘 공은 이렇게 말했다.

"호머를 믿었던 사람들의 결정적 승리는 비록 늦긴 했지만 호머의 명예회복과 아틀란티스의 실존을 의심하는 사람들에게 생각할 여지를 마련해 주었다."

하지만 아틀란티스 대륙 전설은 트로이 전설과 큰 차이점이 있다. 아틀란티스 대륙은 사람들의 입에서 입으로 전해져 내려오는 전설에 근거한 것이 아니라 플라톤이 최초로 언급한 것이다. 더욱이 이 대륙에 대해서는 플라톤이 살아 있을 당시에도 논란이 있었다.

무엇보다 플라톤에 앞선 연대기 작가와 역사가 등이 아틀란티스나 이와 유사한 이름에 대해 기록한 것이 전혀 없다. 『역사』를 저술한 헤로도토스(Herodotos)도 아틀란티스에 대해 기록하지 않았다. 『펠로폰네소스 전쟁사』에서 고대 아테네의 군사적, 정치적 갈등을 묘사하고 있는 투키디데스(Thukydides)는 아틀란티스의 존재를 부정하는 발언을 하고 있다.[2] 특히 플라톤의 제자 아리스토텔레스와 당시 유명한 지리학자이자 역사학자였던 스트라본(Strabōn)은 플라톤의 이야기가 상상에 의한 것이라고 말했다. 기원전 4세기의 고대 그리스 철학자 이소크라테스도 아틀란티스의 실체를 부정했다.

반면 플라톤과 플라톤의 증조부인 크리티아스는 아틀란티스의 이야기가 '틀림없는 사실'이라고 거듭 주장했고, 후대의 많은 로마인이 아틀란티스 대륙을 역사의 일부로 받아들였다. 지리학자 포세이도니우스는 자신의 저서 『지리地理』에서 아틀란티스의 실존을 기록했고, 로마의 역사학자 플리니도 기원후 77년에 발간된 『자연역사』에서 플라톤이 기술한 아틀란티스 대륙이 대서양 부근에서 사라졌다고 기록했다.

5세기의 철학자 프로클루스(Proclus)는 로마의 지리작가 마루셀루스(Marcellus)의 필사본 내용을 들어 아틀란티스 전설이 여행자들에 의해 수집되었으며, 이집트의 알렉산드리아 아카데미에서 아틀란티스의 진위에 대해 장시간 활발한 토론이 벌어졌다고 주장했다.

이집트의 중왕조시대(기원전 2000~1750년)에도 이와 유사한 이야기가 있다. 소련의 레닌그라드에 있는 파피루스에는 다음과 같은 이야기가 수록되어 있다.

"어느 날 파라오의 광산으로 향하던 배가 큰 파도를 만나 침몰하고 말았다. 그들 중 한 이집트 선원이 나무판자에 매달려 겨우 목숨을 건졌다. 그는 어느 낯선 섬으로 떠밀려 갔는데, 그곳에는 한 마리의 황금용이 살고 있었다. 용은 그를 자신의 거처로 데려갔다. 용에 따르면 지난날 그 섬에는 75마리의 용이 행복하게 살고 있었는데, 어느 날 그가 멀리 나갔다 돌아와 보니 하늘에서 별이 떨어져 용들이 모두 죽어 있었다고 했다. 이어 용은 미래를 예언했다. '당신은 이집트의 배가 와서 구해 줄 것이다. 하지만 이 섬은 바다에 잠길 운명이므로 당신은 두 번 다시 이 섬을 볼 수 없게 될 것이다.'"[3]

미국이 아틀란티스 제국의 후예이고, 고대 이집트 왕국이 아틀란티스의 식민지였다?

슐리만의 트로이 발견과 에번스의 크레타 문명 발굴로 아틀란티스 대륙에 대한 관심이 고조되고 있을 때 미국의 정치인 이그나티스 도넬리(Ignatius Donnelly, 1831~1901년)가 여기에 기름을 부었다. 스물여덟 살에 미네소타 주의 부지사로 당선될 만큼 정치적 역량이 뛰어났던 도넬리는 이후 국회의원으로 활동하며 의회에 소장된

도넬리 초상

방대한 자료를 수집했다. 특히 그는 『위대한 암호』라는 책에서 "셰익스피어의 모든 작품은 프랜시스 베이컨(Francis Bacon)이 저술한 것"이라고 주장해 파문을 일으켰다.

하지만 세상의 이목이 그에게 집중된 가장 큰 이유는 그의 저서 『노아의 홍수 이전의 아틀란티스 대륙』(1882)과 『신들의 황혼, 불과 돌의 시대』(1883)가 지금까지 50회 이상 재판(再版)됐을 만큼 베스트셀러가 되었기 때문이다. 그는 "아틀란티스가 심한 지진과 홍수로 하룻밤과 낮 사이에 사라졌다"는 플라톤의 이야기를 뒷받침하기 위해 전 세계에 흩어져 있는 전설을 수집 및 정리해 아틀란티스에 관한 13가지의 명제를 발표했다. 여기서는 일본의 초고대사 연구가 고이즈미 겐다로(小泉源太浪)의 설명을 인용하기로 한다.

1. 옛날에 지중해 저편 대서양에 큰 섬이 있었다. 고대인은 그 섬을 아틀란티스라고 불렀다.
2. 플라톤이 묘사한 이 섬은 오랫동안 우화로 취급되었지만 그것은 사실이다.
3. 미개 상태의 인류가 최초로 문명을 일으킨 곳은 아틀란티스다.

96

4. 세월이 흘러 아틀란티스는 많은 인구를 거느린 강국이 되었다. 인구가 많아지자 그들이 각지로 퍼져 멕시코 만, 미시시피 강, 아마존 강, 남미 태평양, 지중해, 유럽, 아프리카 서안, 발트 해, 흑해, 카스피 해 등의 주변에 문명국가를 건설했다.

5. 아틀란티스인은 대홍수 이전에 국가를 세웠다. 에덴동산, 헤스페리데스의 나라, 엘리시온의 들판, 알키누스의 나라, 올림푸스 등 전설상의 낙원은 먼 옛날 인류가 행복을 누리던 시절에 세워진 국가 중 일부에 대한 기억이다.

6. 고대 그리스인, 페니키아인, 인도인, 스칸디나비아인이 숭배하던 신과 여신은 아틀란티스의 왕이나 영웅들의 이름이다. 신화 속에서 이들 신과 여신이 한 일은 역사적 사건을 상징적으로 전한다.

7. 이집트나 페루의 태양 숭배 신화는 아틀란티스에서 기원한다.

8. 아틀란티스인이 건설한 가장 오래된 식민지는 이집트로 추정된다. 이집트 문명은 아틀란티스 섬의 문명을 그대로 답습했다.

9. 유럽의 청동기시대 기물은 아틀란티스에서 유래했다. 아틀란티스인은 최초의 철기 제조자다.

10. 유럽 알파벳의 기본이 된 페니키아의 알파벳은 아틀란티스의 알파벳에서 유래한다. 이 알파벳은 중앙아메리카의 마야인에게도 전해졌다.

11. 아리아계, 즉 인도 유럽어족, 셈어족, 투란계(우랄 알타이어족)의 발상지도 아틀란티스다.

12. 자연의 큰 변동으로 아틀란티스 섬 전체와 함께 주민들도 수

장되었다.

13. 배나 뗏목에 의지해 재앙을 피한 극히 일부 사람들이 아틀란
   티스의 상황을 동과 서에 알렸다. 이 이야기가 구세계와 신세
   계(동반구와 서반구) 각 지역의 대홍수 전설로 전해져 온다.

도넬리의 주장은 한마디로 아틀란티스는 인류 문명의 근원이며
모든 고대 문명은 아틀란티스로부터 '물려받았다'는 것이다. 아틀
란티스 대륙이 대서양 한가운데에 존재했다고 설파하는 그는 그 증
거로 각 대륙에 퍼져 있는 피라미드, 미라의 보존 기술, 태양력 등
을 제시했다. 특히 전 세계에 고루 분포된 대홍수의 전설에 주목한
그는 "홍수 전설이 세계인에게 각인된 이유는 아틀란티스가 멸망할
당시의 기억이 범세계적으로 전파되었기 때문"이라고 설명했다. 특
이한 점은 그가 흥미로운 생태계의 수수께끼를 증거로 제시했다는
것이다. 예를 들어 유럽에서 대서양을 가로지르는 길고 험난한 여
행을 한 뒤 사르가소 해에서 산란을 하는 뱀장어의 번식 습관은 아
틀란티스 대륙의 강에서 지낸 과거의 경험 때문이라고 주장했다.
도넬리는 아틀란티스제국의 국민을 세 인종으로 구분하고 있다.
첫째, 가장 개화된 인종으로 체격이 작은 적갈색 피부의 종족이다.
오늘날의 중앙아메리카나 인디언, 베르베르족, 이집트인과 약간
비슷하다. 둘째, 셈족의 후손으로 황색인 혹은 우랄알타이어족일
가능성이 크다. 셋째, 체격이 크고 피부가 흰 인종으로 오늘날의
그리스인이나 스칸디나비아인 혹은 켈트족과 비슷하다.

이들 세 인종은 한때 지배권을 차지하기 위해 다투기도 했지만

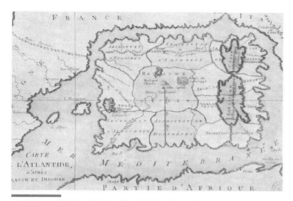

중세인들이 상상한 아틀라스 중세인들은 아틀란티스가 지중해 안에 있다고 믿었다.

곧 서로 협조해 세련된 청동기 문화를 창조해 냈다. 도넬리는 대재
난이 덮칠 무렵, 이들이 철기시대에 도달했다고 주장했다.

"여러 시대를 거쳐 아틀란티스는 인구가 많은 강력한 나라가 되
었다. 이들은 멕시코 만, 미시시피 강, 아마존 강 유역, 남아메리카
의 태평양 연안 지역, 지중해, 유럽의 서부지역 및 아프리카 등으
로 퍼져 나가 문명을 꽃피웠다."

신생 독립국가인 미국이 아틀란티스 제국의 후예라는 도넬리의
주장이 미국인의 폭발적인 지지를 받았음은 물론이다. 그는 가장
오래된 아틀란티스의 식민지는 이집트로 추정되며, 이집트 문명은
아틀란티스에서 번성했던 문명의 복제판으로 보인다고 했다. 다음
의 글은 그가 얼마나 아틀란티스 대륙의 존재를 확신하고 있었는
지 잘 보여 준다.

"오늘날 과학적 조사는 문지방을 넘어 거대한 진보의 물결 위를
걷고 있다. 지금으로부터 백 년 뒤에 세계의 유수한 박물관은 모두

아틀란티스로부터 전파된 보석과 조각, 무기 같은 유물을 전시하게 될 것이며, 세계의 도서관은 아틀란티스의 비문을 해석한 기록으로 가득 채워질 것이다."[4]

도넬리의 주장은 미국 전역을 아틀란티스 열기 속으로 몰아넣었고, 심지어 뉴올리언스에서는 아틀란티스를 주제로 한 사육제(Mardi Gras)가 기획되기도 했다(1883년).[5] 특히 그는 방대한 자료를 이용해 인류 문명의 근원이 된 대륙의 모습을 복원하려 했지만, 플라톤의 이야기에 너무 집착한 나머지 일반인이 수긍할 수 없는 비현실적인 내용을 많이 첨가해 신뢰를 잃기도 했다.

스코틀랜드의 신화학자 루이스 스펜스(Lewis Spence)는 도넬리의 가정에 좀 더 과학적인 근거를 첨가해 아틀란티스의 존재를 주장했다. 그는 『아틀란티스 대륙의 문제점』이라는 저서를 통해 북대서양의 가장 큰 부분이던 광대한 대지의 지형적 증거를 찾아냈다고 발표했다. 그 대지는 두 개의 다른 섬으로 분열되었는데, 그중 하나가 서쪽에 위치한 서인도 제도이고 나머지가 지브롤터 해협, 즉 스페인 반도 옆에 존재했을 아틀란티스 대륙이라는 것이다. 이는 아틀란티스 문명이 서인도 제도의 마야 문명에 도달했다는 것을 의미한다.

스펜스는 도넬리와 달리 아틀란티스가 여러 차례의 자연재해를 만나면서 멸망했다고 주장했다. 그 재앙 중 첫 번째는 2만 5,000년 전에 발생했는데 그곳은 초기 유럽인이 거주하던 곳으로, 이는 곧 아틀란티스인은 유럽 석기시대의 크로마뇽인이라는 얘기다.[6]

아틀란티스 대륙에 대한 열기가 고조되면서 마침내 UFO 신드롬까지 가세하게 되었다. 뒤에 설명하는 찰스 H. 햅굿(Charles Habgood), 랜드 플렘 아스(Rand Flem-Ath) 부부, 그레이엄 핸콕(Graham Hancock) 등이 대표적이다. 특히 찰스 벌리츠(Charles Berlitz)가 아틀란티스 대륙과 버뮤다 삼각지대의 수수께끼를 절묘하게 버무려 『아틀란티스의 미스터리』, 『잃어버린 세계의 미스터리』, 『버뮤다 삼각지대』 등의 베스트셀러를 출간하면서 아틀란티스가 실존했다는 것이 기정사실처럼 굳어져 갔다.

벌리츠는 재능 있는 이야기꾼이다. 그는 우선 이스탄불에서 발견된 터키의 해군 제독 피리 레이스(Piri Reis)의 남극지도를 들어 초고대문명의 흔적이 완전히 사라진 것이 아니라 희미하게 존재했다는 근거로 삼았다. 이 지도에는 현재 얼음 밑에 묻혀 있는 수천 미터의 남극 대륙 해안선이나 오지의 지형들이 그려져 있다. 그는 이 지도가 아틀란티스인의 작품이 아니면 불가능하다고 적고 있고, 과거에도 전기가 사용되었으며 확대용 렌즈, 톱니바퀴가 있는 태엽장치는 물론 기원전에 이미 화약 등을 사용했다는 분명한 증거가 발견되었다며 미세하나마 첨단지식이 세계 각

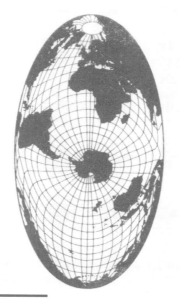

대양의 중심부에 남극을 배치한 미 해군의 세계지도

지에 남아 있다고 설명했다. 또한 그는 과거에 기록된 지식은 현재 그 1/10도 남아 있지 않으며, 그 이유는 광신적인 종교인들이 무자비하게 파괴하거나 첨삭 및 왜곡했기 때문이라고 몰아세웠다. 나아가 아틀란티스 후예들이 남긴 거석문화 유물이 완전히 사라진 것은 아니라고 말했다.

그는 이집트가 아틀란티스의 식민지였기 때문에 다른 지역보다 훨씬 앞선 문명을 도입할 수 있었다고 주장했다. 물론 이집트의 후예들이 영국의 스톤헨지와 아메리카 대륙의 마야 및 잉카 문명에 영향을 미쳤다는 것과, 이스터 섬의 석상이나 나스카 문양이 거석문화에 포함된다는 것도 빼놓지 않았다.

하지만 그는 스펜스와 마찬가지로 아틀란티스가 하룻밤과 낮 사이에 사라졌다는 플라톤의 말에 선뜻 동조하지 않았다. 그는 1만 2,000년 전에 최후의 빙하가 급격히 녹아 해수면이 상승하는 (120~160미터) 바람에 대륙 연안의 평지와 섬들이 물 속에 잠겼고, 이때 대홍수 이전에 존재했던 초고대문명이 사라졌다고 주장했다. 또한 그는 예언가 에드거 케이시(Edgar Cayce)가 예언했던 비미니 (Bimini, 바하마 군도) 섬에서 사라진 건축 구조물들이 갑자기 발견된 사실을 증거로 제시하며 이들 지역이야말로 아틀란티스 대륙의 일부라고 말했다.

히틀러의 나치친위대까지 뛰어든 아틀란티스 대륙 프로젝트
아틀란티스 대륙에 관해서는 말도 많고 탈도 많다. 1912년 10월

20일 미국의 일간지 《뉴욕아메리칸》에 놀라운 기사가 발표되었다. 기사 제목은 〈나는 어떻게 아틀란티스를 발견했는가?〉로 여기에서 '나'란 하인리히 슐리만의 손자 파울 슐리만이었다. 기사 내용은 매우 충격적이다.

내 할아버지 하인리히 슐리만은 1890년 나폴리에서 사망했는데, 사망하기 며칠 전 한 친구에게 봉인된 봉투 하나를 건네주었다. 그 봉투에는 '슐리만 집안사람으로 서류 내용에 언급된 연구사업에 평생을 바치겠다고 맹세하는 사람만 개봉할 수 있음'이라고 적혀 있었다. 나는 맹세를 한 후 신비의 봉투를 열었다. 또한 할아버지는 사망하기 1시간 전에 떨리는 손으로 다음과 같은 글을 남겼다.

"봉인된 봉투에 대한 부언(附言). 부엉이 머리가 달린 호리병을 깨뜨린 후 그 안에 들어 있는 것을 조사하라. 그것은 아틀란티스와 관계가 있다. 사이스 신전의 동쪽과 샤쿤의 묘를 발굴하라. 그곳에서 내 이론의 정당성을 알게 될 것이다."

러시아와 독일, 동양에서 수년간 공부한 파울은 1900년 비밀의 봉투를 개봉했다. 봉투 속에는 슐리만의 글이 들어 있었다.

"나는 아틀란티스가 아메리카와 서아프리카 및 유럽 사이의 광대한 영역을 차지하고 있었으며 인류에게 공통된 문화의 요람지였다는 결론에 도달했다."

봉투 속에는 트로이 유적에서 발굴한 부엉이 머리가 달린 호리병이 있었고, 거기에는 페니키아의 상형문자로 '아틀란티스 왕 크로노스로부터'라는 글이 새겨져 있었다. 또한 트로이와 남미의 티아우아나코(Tiahuanaco : 남아메리카 볼리비아의 수도 수크레에 있는 선사시대 도시의 폐허)에서 출토된 항아리가 서로 유사한 것으로 볼 때 틀림없이 아틀란티스가 그 유래지일 것이라는 서류도 동봉되어 있었다. 호리병을 깨뜨린 파울은 그 속에서 사각형으로 된 은색 금속판을 발견했다. 알 수 없는 문자와 페니키아 문자가 새겨진 금속판에는 '투명한 벽의 신전으로부터'라는 글이 새겨져 있었다.

파울은 할아버지의 유언에 따라 사이스 유적지를 조사해 호리병 속에서 나온 것과 똑같은 금속판을 발견했고, 멕시코와 페루에서도 동일한 금속판을 발견했다. 그뿐 아니라 마야의 사본과 티베트의 라사에 있는 사원의 문서에서 수수께끼의 무(Mu : 태평양 중부에 있던 상상의 대륙) 대륙에 대한 기록도 발견했다.

슐리만의 손자 파울이 발표했다는 것만으로도 기사의 진위는 의심받지 않았고 아틀란티스 대륙에 대한 관심은 폭발했다. 이 기사는 고전적 추리물의 요소는 물론 고대문명에 대한 신비적 요소까지 갖춰 더욱 충격적이었다. 하지만 파울이 주장한 봉투와 그밖의 다른 유물은 공개되지 않았고, 본인마저 행방불명이 되면서 결국 진상이 밝혀졌다. 그것은 한 신문기자가 만들어 낸 픽션에 지나지 않았던 것이다.

흥미로운 것은 히틀러의 나치친위대(게슈타포)가 아틀란티스 대륙을 발견하기 위해 대규모 탐사대를 조직해 '아틀란티스 대륙 프로젝트'를 수행했다는 점이다. 그들은 아틀란티스로 알려진 북유럽, 중앙아메리카, 베네수엘라 등으로 탐사대를 파견했다. 그 목적은 아리안족인 독일인이 전 세계에서 가장 능력과 자질이 있다는 생각에 우수한 민족의 선조로 아틀란티스인이 가장 제격이라고 여겼기 때문이다. 특히 이들은 초고대문명을 지녔다고 알려진 아틀란티스인의 유적을 찾으면, 그들의 초인적인 능력과 정신을 독일인에게 불어넣음으로써 세계를 정복할 수 있을 것이라고 믿었다.

그들은 히말라야에 살고 있다는 전설적인 설인(雪人)을 집중적으로 연구하기 위해 티베트에 산악팀을 파견하기도 했다. 설인의 선조는 네안데르탈인이고, 이들이 아틀란티스인이 되었으며, 이어 아리안으로 계보가 이어진다고 생각했기 때문이다.[7]

당시 설인에 대한 관심이 무척 높았던 유럽에서는 설인을 찾기 위한 히말라야 탐험에 수많은 독지가가 자금을 지원했다. 영국의 힐러리 경이 에베레스트 등정에 성공한 것도 사실은 설인을 찾는 데 힘쓰겠다고 해서 막대한 자금을 지원받을 수 있었기 때문에 가능한 일이었다. 어쨌든 영국은 물론 독일의 비뚤어진 목표도 성사되지 않았지만 전 세계로 파견된 독일의 탐사대는 과학 분야, 특히 고고학 분야에서 많은 성과를 올렸다. 아이러니하게도 설인이 인류의 조상인 네안데르탈인이 아니라는 것을 밝힌 것은 독일의 탐사대였다. 애초에 설인 자체가 존재하지 않았기 때문이다.

영화배우 브래드 피트가 주연한 〈티베트에서 7년Seven years in Tibet〉은 당시 독일에서 아틀란티스 대륙을 찾아 나선 탐험대원 하인리히 하러(Heinrich Harrer)의 이야기다. 산악인이자 작가, 인권운동가였던 하러는 실존 인물로, 독일의 탐험대 일원으로 히말라야를 등반하던 중 제2차 세계대전이 발발하면서 영국군에 체포되었다. 이후 포로수용소를 탈출한 그는 티베트에 7년간 머물며 열세 살에 종교지도자가 된 달라이 라마와 우정을 쌓았다.

그런데 새롭게 중국의 집권세력으로 등장한 모택동은 총칼을 앞세워 티베트를 점령했다. 이때 100만 명의 티베트인이 죽었고 6,000여 곳의 사원이 파괴되었다. 영화는 하러가 목격한 티베트 점령 당시의 정황을 묘사하고 있고, 역사의 산증인이던 그는 2006년에 사망했다. 그리고 1959년에 인도로 피신한 달라이 라마는 아직도 고향인 티베트로 돌아가지 못하고 있다.

한편 1973년 7월, 미국 캘리포니아에 본부를 둔 '고대지중해연구회'가 〈잃어버린 대륙 촬영에 성공, 아틀란티스 실재〉란 제목으로 바다 속에서 아틀란티스 문명의 유적을 찾아냈다고 발표하자 전 세계의 언론매체가 들썩거렸다. 그들은 스페인 대서양 연안의 카디스 만 해저에서 인공도로, 대원주, 나선형 장식 돌 등을 발견해 수중촬영에 성공했다고 했다. 알고 있다시피 카디스 만은 플라톤이 말하는 헤라클레스 기둥의 앞부분에 해당한다. 이 기사는 전 세계를 흥분의 도가니로 몰아넣었지만 그 증거물인 수중 사진은 끝내 발표되지 않았다. 나중에 기자들이 판매부수를 올리고자 근거 없는 가십거리를 만들어냈음이 밝혀졌다.

그런데 2004년 6월에 또다시 놀라운 발표가 있었다. 카디스 만 부근의 늪지대를 촬영한 위성사진에서 전설 속의 섬 아틀란티스로 보이는 지상 구조물이 발견되었다는 것이다. 독일 부퍼탈 대학의 라이너 쾨네 박사는 "플라톤이 지상낙원으로 묘사한 아틀란티스 섬은 사실 기원전 800년에서 500년 사이에 홍수로 휩쓸려간 카디스 부근 늪지대 마리스마 데 이노호스(Marisma de Hinojos) 일대"라며 두 개의 장방형 구조물이 보이는 위성사진을 공개했다.

사진에는 두 개의 정사각형 모양의 평평한 대지가 바다 속에 가라앉은 모습이 나오는데, 이것이 플라톤이 묘사한 아틀란티스인의 은의 신전, 그리고 금의 신전과 일치한다는 것이다. 이 두 유적의 면적은 대략 925제곱미터이며 플라톤이 말한 대로 동그란 원 모양의 구조물이 주변을 둘러싸고 있다.

원래 이 위성사진은 고대사 연구가인 독일학자 베르너 비크볼트가 처음 목격한 것으로 그는 "그리스인이 이 유적을 섬이라고 말했지만 그것은 해안선을 나타내는 이집트어를 섬으로 오해해서 생긴 것"이라며 "아틀란티스는 오늘날 스페인 남부와 연결된 대륙이었을 것"이라고 추정했다. 그 증거로 비크볼트는 "아틀란티스는 커다란 산맥이 연결된 지형이었고 그 산맥의 일부가 스페인의 시에라모레나 산맥과 시에라네바다 산맥까지 연결됐을 것"이라고 말했다. 또한 그는 "플라톤이 아틀란티스의 주산물로 구리를 꼽았는데, 오늘날 시에라모레나에서도 엄청난 양의 구리가 산출되고 있다"고 설명했다.

하지만 이들이 주장하는 유적은 기원전 800~500년 사이에 건설된 것으로, 기원전 1만 년경에 사라진 것으로 추정되는 아틀란티스 대륙과는 맞지 않는다.

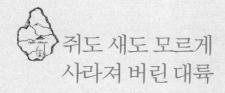

쥐도 새도 모르게
사라져 버린 대륙

사라진 땅 레무리아 대륙

아틀란티스 대륙이 '갑자기 사라졌다'는 가설은 사람들의 호기
심을 자극하지만 원래 '사라진 대륙'이란 말은 아틀란티스 대륙을
의미하는 것이 아니었다. 이것은 지질학의 발전 과정에서 학문적
인 연구로부터 나온 말이다.

17세기만 해도 사람들은 물활론(物活論, Hylozoism : 모든 물질은 생명
력이 있어서 생동한다는 철학적 학설)을 신봉했다. 심지어 땅에서 나오는
돌멩이조차 생물처럼 스스로 자란다고 생각했고, 광산에서 금을 캐
다가 더 이상 나오지 않으면 광산을 폐쇄하고 금이 다시 자랄 때까
지 기다리곤 했다.

당시 학자들을 가장 골치 아프게 만든 것은 도처에서 발굴되는
화석이었다. 산 정상에서 조개나 물고기 화석이 나오는가 하면 인

간이 살지 않는 사막에서도 화석이 발견되었던 것이다. 학자들은 화석이 '생물의 유해가 돌처럼 굳어져 만들어진 것'이라는 사실을 알고 있었지만 일반인은 이를 부정했다. 사람들은 화석이 동식물의 유해가 아니라 우연히 생물체의 모양을 닮은 돌에 지나지 않는다고 생각했다.

기독교적 세계관으로 똘똘 뭉친 중세유럽에서는 '과학은 신학의 시녀'라는 표현에 걸맞게 화석도 '성경 말씀'에 적합한 설명으로 풀이되어야 했다. 그들은 산에서 발견된 조개의 화석은 노아의 홍수 때 산까지 떠밀려 간 조개가 죽어서 남은 것이라고 해석했다. 또한 이미 멸종되고 없는 기이한 동물의 화석은 '하나님이 흙으로 빚어 창조하려다 실수로 생명을 불어넣지 않아 그렇게 된 것'이라고 주장했다. 일부 기독교인은 악마가 사람들을 혼란시키기 위해 화석을 만들었다고 믿었다.

그런데 1859년에 출간된 찰스 다윈의 『종의 기원』은 학자들에게 여러 가지 연구 과제를 던져 주었다. 그의 학설대로 서로 비슷한 종(種)이 공통의 조상으로부터 진화한 것이라면 그 증거가 어디엔가 남아 있어야 한다. 다윈의 진화론을 확신했던 독일의 동물학자 에른스트 H. 헤켈(Ernst H. Haekel)은 지구가 격심한 변혁기를 거쳐 현재처럼 되었고, 그 여파로 생물의 진화와

헤켈 헤켈은 다윈의 진화론을 근거로 마다가스카르부터 말레이시아까지 잇는 레무리아대륙이 존재했다고 확신했다.

적응에 큰 변화가 있었으며 지구는 계속 변하고 있다고 주장했다.

"지구의 여러 곳에서 때론 천천히 또 때론 격심하게 지표의 침강과 상승이 일어났으며 대륙이나 섬들이 함몰되고 새로운 산맥이 출현했다. 섬이 산맥이 되고 반도가 섬이 되는 것은 물론 섬이 대륙이 되는 경우도 있었다."

헤켈은 영장류의 분포 상태를 조사한 다음 각 대륙의 일부 생물이 유사한 것을 보고 생물이 자연적인 방법으로 인도양을 건널 수 없다는 결론을 내렸다. 그는 '생물이 인도양을 건널 수 없는데도 어떻게 여러 대륙에 존재하는가?'라는 의문에 이는 과거에 이들 지역이 육지로 연결되어 있었다는 것을 의미한다고 생각했다. 또한 그는 사람이 원숭이로부터 진화했다는 다윈의 진화론을 입증해 줄 만한 화석이 아무데서도 발견되지 않은 이유는 사라진 대륙과 아프리카 대륙에서 인류가 생겨났기 때문이라고 추정했다. 헤켈은 자신의 주장을 증명해 줄 원인(猿人) 화석이 두 대륙에서 틀림없이 발견될 것이라고 장담하면서, 사전에 그 원인을 피테칸트로푸스 에렉투스(직립원인, 直立猿人)라고 명명하기까지 했다.

영국의 동물학자 필립 L. 스크래터는 헤켈이 추론한 사라진 땅을 '레무리아 대륙(Lemuria Continent)'이라고 불렀다. 레무리아 대륙은 약 2억 년 전 현재의 아프리카, 남미, 오스트레일리아, 뉴질랜드, 남극 대륙을 한데 묶는 거대한 곤드와나(Gondwana) 대륙이 있었다는 지역과 거의 일치하므로 이후 레무리아 대륙으로 설명한다.

스크래터가 사라진 대륙을 레무리아 대륙으로 부른 이유는 여우원숭이, 즉 마다가스카르 섬에 살고 있는 레무르의 진화 과정을 조사한 결과 헤켈이 주장했던 대륙에 레무르가 살았음이 명확히 드러났기 때문이다. 스크래터는 레무르가 마다가스카르 섬에 인접한 아프리카(최근 아프리카에 레무르류의 원숭이가 서식한다는 사실이 발견되었다) 대륙에는 존재하지 않고, 인도양에서 멀리 떨어진 수마트라에는 서식하고 있는 점을 발견했다. 이를 통해 그는 마다가스카르에서 수마트라에 이르는 인도양을 가로지르는 큰 대륙이 있었을 것이라고 추정했다.

동식물의 분포를 보면 마다가스카르 섬의 동식물은 인도의 동식물과 놀랄 만큼 유사하다. 인도에서 마다가스카르 섬으로 동식물이 유입되었든, 그 반대가 되었든 그 이동에는 바다를 건너야 하는 문제가 따른다. 더욱이 마다가스카르 섬의 동식물은 오스트레일리아나 남미와 매우 유사하다. 스크래터는 이에 대해 아프리카와 아메리카 대륙 사이에 흔적도 없이 사라진 '육교'가 있어야 이런 현상을 설명할 수 있다는 가설을 제시했다.

스크래터의 주장은 고생물학자들로부터 전폭적인 지지를 받았다. 그 이유는 헤켈 등이 주장한 고생물의 진화 분포를 비교적 합리적으로 설명할 수 있었기 때문이다. 레무리아 대륙이 현재의 마다가스카르 섬, 모리셔스 제도, 세이셸 제도, 코모로 제도를 포함한다는 가설은 다윈과 진화론의 공동 발견자인 앨프리드 월리스 등의 지지를 받았다.

1972년 마다가스카르 섬의 남쪽 약 700마일에 걸친 해령(海嶺)을 조사한 학술탐사선 그로머챌린지호는 최근 2000만 년 사이에 이 지역이 1,600미터 이상 가라앉았다고 발표했다. 또한 세이셸 제도의 얕은 해양에서는 해저가 그 전 높이에서 2,000미터나 침하한 것이 발견됐다. 특히 마다가스카르 섬 북서부의 해저에서 10~11세기 것으로 보이는 아랍인의 건축물 폐허가 발견되었는데, 이는 수세기 전에도 육지의 침하가 있었음을 의미한다.

고대 인도의 전설은 해저에 가라앉은 몇몇 도시에 관해 이야기하고 있다. 인도의 가장 오래된 텍스트 중 하나인 『마하바라타』 등에는 신들의 적인 아르스가 살고 있던 도시 트리플이 "바다 속에 가라앉았으며 신들의 눈을 피해 모습을 감추었다"고 적혀 있다.

6,500만 년 전 멸종한 공룡이 100만 년 전에 나타나 레무리아인의 애완동물이 되었다고?

루이스 스펜스는 하나의 대륙이 인도양에서 태평양으로 뻗어 있고 또 다른 대륙이 비스듬히 태평양을 향해 뻗어 있는데, 이 두 대륙이 레무리아 대륙이라고 말했다. 그 증거로 그는 고대 하와이인의 전설을 지목했다.

전설에 따르면 하와이에서 뉴질랜드까지 연결된 하나의 대륙이 있었는데, 이 대륙은 카네 신의 지배를 받았다고 한다. 이스터 섬에도 서쪽에 있던 마라에 롱가라는 대륙이 홍수로 함몰되었다는 전설이 있으며, 뉴질랜드의 마오리족에게는 선조가 살던 땅 하와이키가 대분화(大墳火)로 순식간에 침몰했다는 전설이 있다.

영국의 인종학자 맥밀런 브라운은 『태평양의 수수께끼』에서 오스트레일리아 올레아이 섬의 주민은 섬으로부터 100마일 떨어진 작은 섬과 종속관계에 있었다는 것을 밝혔다. 그 중심에는 야프 섬이 있었고, 그들은 수백 마일 떨어진 작은 섬 주민들에게도 해마다 공물을 받았다. 주민들은 만약 공물을 제때에 바치지 않으면 야프 섬의 추장이 폭풍우나 지진의 신을 동원해 작은 섬을 뒤흔든다고 믿었다. 이러한 사실을 종합해 브라운은 폴리네시아 전 국토가 한 사람의 통치를 받았으며 지각 변동으로 땅이 가라앉았다고 주장했다.

과정이 어찌됐든 일단 레무리아 대륙이 인류의 문명권 안으로 들어오자 레무리아인에 대한 구체적인 설명도 등장하기 시작했다. 레무리아인은 금발에 하얀 피부를 가진 종족이라고 전해진다. 현재의 폴리네시아인은 대륙이 침몰할 때 겨우 재앙을 면한 사람들로 선주민(先住民)의 문화유산을 계승했다. 그들 중 일부 주민은 다른 대륙으로 피신해 아시아 대륙을 거쳐 스칸디나비아 반도에 이르러 북유럽 인종의 기원이 되었다.

신대륙으로 피신한 사람들은 티티카카 호 주변에 정착해 티아우와나코의 유적을 남겼다. 이 신대륙의 문화는 아틀란티스의 영향도 크게 받은 것으로 보이며 멕시코, 유카탄, 콜롬비아, 페루의 고대문명은 레무리아와 아틀란티스의 혼합 문명이라는 주장도 있다.

한편 레무리아인의 존재가 사람들의 호기심을 자극하자 신비주의자들은 아예 레무리아인이 인류의 조상이라고 주장하기도 했다. 러시아의 귀족 헬레나 P. 블라바츠키(Helena P. Blavatsky 1831~1891년) 여사는 신지학협회(神智學協會)를 창설한 후 자신의 저서 『비밀의 가르침』에서 인간은 일곱 종족의 조상을 거쳐 진화했다고 주장했다. 신지학이란 기독교 및 불교의 가르침에다 티베트에 사는 은자

아틀란티스 대륙의 침몰 아틀란티스는 단 하루 밤과 낮 사이에 바다 속으로 사라졌다. 그들이 가진 보물은 과연 어디에 있을까, 라는 의문점에서 아틀란티스 신화는 시작되었다.

들로부터 직접 전수받았다는 신비한 계시를 혼합한 것으로 그녀는 인류의 세 번째 종족이 레무리아인이라고 했다.

레무리아인은 남반구의 대부분을 차지하는 대륙에서 살았다. 모습은 거대한 원숭이와 유사하며 4개의 손이나 머리 뒤에 제3의 눈이 있는 레무리아인도 있었다. 언어는 없었으며 텔레파시로 의사를 전달했고 지능은 다소 떨어졌으나 의지가 강해 산도 움직일 수 있었다. 후일 레무리아는 붕괴되어 아틀란티스가 되었다. 레무리아인의 후예는 오늘날에도 살고 있으며 애버리지니(오스트레일리아 원주민)나 호텐토트(남아프리카 원주민), 파푸아인이 이에 해당한다.

황당한 이야기일수록 사람들의 흥미를 끌게 마련이다. 블라바츠

키의 주장은 영국의 신지학자 W. 스코트 엘리엇이 『아틀란티스와 레무리아 이야기』를 통해 더욱 구체화했는데, 주로 제니퍼 웨스트우드(Jennifer Westwood)의 『신비의 장소 지도』에 소개된 글을 인용하고 있다.

레무리아인의 키는 약 4.5미터로 갈색 피부를 지녔고 얼굴에는 이마라고 할 만한 데가 없으며 턱이 앞으로 돌출해 있었다. 눈은 양미간이 떨어져 있어서 새처럼 앞을 보는 동시에 옆도 볼 수 있었다. 기묘하게도 발뒤꿈치가 많이 튀어나와 앞으로 나아가는 것과 마찬가지로 뒤로도 쉽게 걸을 수 있었다. 파충류의 껍질을 벗겨 옷을 만들었고 한손에는 나무 창, 또 다른 손에는 애완용 공룡을 개처럼 끌고 다녔다.

레무리아인은 과거에는 알을 낳는 양성구유자(兩性具有者)였으나 이후 사람과 마찬가지로 성별이 생겨났고, 아틀란티스 민족은 무려 100~80만 년 전에 문명의 절정에 이르렀다고 한다. 6,500만 년 전에 멸종한 것으로 알려진 공룡이 100만 년 전에 나타나 레무리아인의 애완동물이 되었다니 인류학자들이 머리가 돌겠다고 말하는 것도 과언이 아니다. 어쨌든 제니퍼 웨스트우드는 레무리아인이 동물과 섞여 원숭이를 낳았을 때 진화를 도우러 왔던 신들은 그들을 돌보지 않았다고 주장했다.

"신을 대신해 그들을 도운 것은 금성에서 온 '불꽃의 왕'이었으며, 덕분에 레무리아인은 불사의 존재가 되었다. 하지만 그들이 문명을 이룩하고 사람과 비슷해졌을 때 레무리아는 바다 속에 잠기고 말았다."

스코트 엘리엇은 레무리아 대륙이 네 번에 걸쳐 사라졌으며 그 것은 80만 년 전, 20만 년 전, 8만 년 전, 그리고 아틀란티스의 이름으로 침몰한 기원전 9564년(솔론이 말한 연대)이었다고 주장했다. 이때 살아남은 아틀란티스의 후예들은 다섯 종족으로 나뉘게 되었다고 한다.

첫 번째 종족은 인도에 살았던 아리안족으로 이집트를 식민지로 만들 만큼 첨단 문명을 지녔다고 한다. 두 번째 종족은 바빌로니아와 아시리아를, 세 번째 종족은 이란과 페르시아를 건설했으며, 네 번째 종족은 셀틱족이고, 다섯 번째가 그리스인과 로마인이라고 설명한다. 그뿐 아니라 여섯 번째와 일곱 번째로 남북 아메리카인을 추가하고 있다.

그의 주장은 한마디로 아프리카와 아시아인을 제외하고 모든 민족이 아틀란티스인이라는 것이다. 이 무슨 말도 안 되는 얘기냐고 생각할 수도 있다. 아무튼 레무리아가 아틀란티스와 결합되든 아니든 그것이 매력적인 소재라는 것은 1932년 5월 22일자《로스앤젤레스타임스》에 게재된 에드워드 랜서의 다음과 같은 글을 통해서도 알 수 있다.

"오리건 주 포틀랜드로 향하는 밤 기차에 몸을 싣고 있던 나는 캘리포니아의 샤스타 산에서 붉은색과 초록색의 기묘한 빛을 발견했다. 승무원에게 물으니 그것은 레무리아인이 축제를 벌이는 것이라고 했다."

그 말에 흥미를 느낀 랜서는 샤스타 산을 찾았고, 워드라는 마을에서 그가 본 것과 똑같은 빛을 보았다는 사람들을 만났다. 그들은 산중턱에 신비의 마을이 있는데 이제까지 그곳에 가 본 사람은 아무도 없다고 했다. 랜서는 그들로부터 전해 들은 레무리아인의 특징을 기록했다.

레무리아인은 키가 크고 맨발로 다니며 짧은 머리에 하얀 옷을 입고 있다. 그들이 벌이는 빛의 축제는 잃어버린 고향 레무리아를 그리는 의식이다. 그들은 티베트에서 전래된 모습을 감추는 비술을 사용해 아무에게도 발견되는 일 없이 북미에서 수천 년간 살아왔다. 마을에도 보이지 않는 장벽이 둘러쳐져 외부인이 침입하는 것을 막고 있다.

랜서의 글에 자극을 받은 사람들이 샤스타 산을 조사했지만 레무리아인의 흔적은 어디에도 없었다. 결국 랜서는 1894년에 무명 작가가 발표한 『두 개의 행성 사람들』을 토대로 자신이 가공한 기사라고 실토했다.

이어 레무리아 대륙의 이야기가 너무 부풀려져 있다는 자성이 일면서 레무리아 대륙이 곧 아틀란티스 대륙이라는 얘기가 등장했다. 하지만 이들은 그 위치가 대서양이 아니라 인도, 말레이시아 반도와 인도네시아가 합쳐지는 태평양이라고 했다. 레무리아—인도는 모든 문명이 시작된 아버지 대지이며, 레무리아—인도네시아는 어머니 같은 지역이라고 설명했다. 또한 이들은 '레무리아'도

현대 문명과 인간의 원천지인 에덴동산, 즉 낙원과 같은 뜻으로 풀이했고 연대도 축소해 약 2만 년 정도로 결론을 내렸다.

이처럼 레무리아 대륙과 아틀란티스 대륙이 합해지자 아틀란티스 대륙은 보다 힘을 받게 되었다. 아틀란티스 대륙 발견의 기회가 그만큼 크게 다가왔기 때문이다.[8]

대륙이동설에서 실마리를 찾으려 한 베게너

지금까지의 설명은 대륙이 이동한다는 것을 암시한다. 하지만 상식적으로 딱딱하기 그지없는 대륙이 이동한다는 생각을 떠올리는 것은 쉬운 일이 아니다. 그것은 일상생활에서 대륙이 움직인다는 것을 실감할 수 없기 때문이다. 과학이 미지의 세계를 탐험하는 것이라고는 하지만, 과거의 지식에 반하는 새로운 이론을 처음으로 주장할 때 대부분의 학자들은 거부반응을 보인다. 다윈의 진화론 역시 마찬가지였다.

1908년, 미국의 아마추어 지질학자 프랭크 테일러(Frank Bursley Taylor)가 깜짝 놀랄 만한 가설을 발표했다. 그는 다른 사람들과 마찬가지로 아프리카와 남아메리카의 마주보는 해안들이 서로 닮았다는 사실에 주목하여 대륙들이 한때는 미끄러지며 제멋대로 돌아다녔다고 생각했다. 그는 나름대로 그럴듯한 이유도 제시했다. 1억 년 전인 백악기 무렵에 달이 지구에 가까이 접근해 지구의 중력장에 붙잡히게 되었다는 것이다. 그 결과 조수의 힘으로 대륙이 적도 쪽으로 끌려왔고 이 과정에서 히말라야나 알프스 같은 거대한 산

118

맥들이 형성되었다고 했다. 하지만 충분한 증거를 제시하지 못하는 바람에 학자들은 엉터리 가설로 간주했다.[9] 이와 비슷한 가설로 미국의 하워드 베이커(Howard B. Baker)는 수억 년 전 금성이 가까이 접근했을 때 지구의 암석을 끌어당겨 달이 생겼고 이때 대륙이 이동했다고 주장했다.

이러한 가설을 뒤집고 지각에 일어난 일을 설명하는 데 최초로 과학적 설명을 곁들인 사람이 베게너다. 그럼에도 불구하고 그는 당대에 말도 안 되는 주장을 하는 엉터리 과학자로 거명될 만큼 혹독한 비난에 시달려야 했다. 1909년에 마르부르크 대학에서 천문학과 기상학을 가르친 그는 서른한 살 되던 1911년에 운명의 해를 맞았다. 마르부르크 대학의 도서관에서 브라질과 아프리카 사이에 과거에 육교가 있었을 것이라는 스크래터의 논문을 우연히 발견했던 것이다. 두 대륙이 예전에 하나로 붙어 있었다는 육교설은 그에게 큰 충격을 주었다. 그는 곧바로 반문했다. 대체 어떤 육교란 말인가?

베게너는 육교가 아니라 대륙이 한때 붙어 있다가 떨어졌다는 것이 보다 합리적인 설명이라고 확신하고 자료를 수집하기 시작했다. 그는 이렇게 생각했다.

그린란드 빙원을 횡단하는 베게너

"이것은 마치 찢어진 신문지의 가장자리를 맞추며 인쇄된 부분이 일치되게 만나는지를 확인하는 것과 같다. 만약 그것이 일치한다면 두 곳이 실제로는 붙어 있었을 것이라고 결론을 내릴 수밖에 없다."

그는 유럽에서 잘 알려진 삼엽충의 일종이 뉴펀들랜드에서 발견되었는데, 이상하게도 섬의 한쪽 부분에서만 자라고 있다는 것을 알게 되었다. 유럽에서 3,000킬로미터나 떨어진 대양의 건너편에는 자라면서 폭이 300킬로미터에 불과한 섬의 반대쪽에는 퍼져 가지 못했던 것이다.[10]

가든 스네일(garden snail)의 일종인 헬릭스포마티아(Helix pomatia) 달팽이는 유럽 서부와 북아메리카 동부에만 서식한다. 상식적으로 지렁이나 달팽이 무리가 수천 킬로미터나 되는 대서양을 건너 대안(對岸)에 도달한다는 것은 불가능한 일이다. 따라서 이러한 생물의 분포를 감안하면 대서양은 예전에 서로 연결되어 있었지만 단열(斷裂)이 생겨 현재와 같은 모습이 되었다고 추측할 수 있다.

두 대륙이 붙어 있다는 가설에 대한 증거는 지렁이나 달팽이뿐만이 아니다. 지층 속에 묻혀 있는 수많은 고생물의 화석도 이러한 교류가 가능했음을 추정케 한다. 북극의 스피츠베르겐 제도에서는 양치류나 소철처럼 열대지방에서 사는 식물의 화석이 발견되었고 남극에서 석탄이 발견되기도 했다.

한편 남아프리카에서는 모래, 자갈, 둥근 돌, 점토가 뒤섞여 나왔는데 이는 빙하가 녹은 흔적으로 이 지역이 한때 베게너가 살던 시절보다 훨씬 추웠다는 것을 암시한다. 아이오와, 텍사스, 캔자스

주의 거대한 석고 퇴적층은 2억 5,000만 년 전인 페름기(Permian Period, 2억 7,000만~2억 3,000만 년 전)에 이 지역이 아주 덥고 건조한 기후였다는 것을 알려준다. 캔자스나 유럽처럼 서로 멀리 떨어진 지역의 소금 퇴적층에서도 모두 같은 결론이 나왔다. 특히 베게너는 만약 대륙이 지구의 둘레에서 움직인다면 지구에서 발견되는 여러 가지 모순점을 알기 쉽게 설명할 수 있다고 생각했다.

지구과학자들로부터 배척당한 기상학자 베게너

1912년, 프랑크푸르트 암마인에서 열린 독일 지질학회에서 베게너는 자신이 수집한 자료를 정리해 '대륙의 위치 이동'이란 말로 폭탄을 터뜨렸다. 이 용어는 이후 '대륙이동설'로 바뀌었다.

베게너는 하나의 판게아(Pangaea, 그리스어로 '모든 육지'라는 뜻으로 고생대와 중생대에 존재했던 초대륙을 말한다)가 존재해 식물과 동물이 서로 섞였고, 이후 대륙이 분열해 오늘날과 같은 각각의 대륙이 생겼다고 했다. 그는 자신만만하게 자신의 이론을 뒷받침하는 증거들을 제시했지만 학자들의 반응은 냉담했다. 어찌나 반발이 극심했던지 그의 편에 설 수 있었던 사람들조차 자신의 경력에 흠집이 갈까 두려워 몸을 사렸다.[11] 그가 얼마나 혹독한 비난을 받았는지는 다음과 같은 글을 통해서도 알 수 있다.

"지구가 자유자재로 움직인다는 이야기는 너무 비약적이고 구차스런 사실로 묶인 가설에 지나지 않는다. 이 가설은 연구자가 아니라 종교 맹신자가 주장하는 것과 다름없다."

베게너에게 가장 강력하게 반론을 제기한 사람은 지구물리학자들이었다. 베게너는 대륙 지각이 '시알(sial)'이라는 암석질로 이루어져 있으며, 이 물질은 밀도는 더 높지만 부드러운 하층인 '시마(sima)'를 따라 미끄러지고 있다고 주장했다. 그는 시마가 시알보다 낮은 온도에서 녹기 때문에(유체상태를 의미) 시마가 더 부드러운 상태라고 가정했다.

그런데 학자들이 실험한 결과, 시마의 녹는점이 그가 추측한 것과 다르게 나타났다. 또한 지진파를 관측하자 대양 밑은 부드러운 것이 아니라 딱딱한 것으로 드러났다. 한마디로 베게너는 과학적인 상식이 없었다.[12] 이에 따라 그는 "전문가도 아닌 기상학자가 쓸데없는 말을 한다"는 심한 비난까지 들었고, 일부 학자는 그가 지질학에 대해 논문을 제출한 것 자체에 분개했다.[13][14] 천문학자이자 기상학자였던 베게너는 지구과학자들에게 아웃사이더로 비춰졌기 때문이다. 기상학자였던 그의 장인조차 그에게 전공 분야를 벗어나지 말라고 조언했을 정도였다.[15] 당연히 베게너의 논문은 자신의 기대와는 달리 학계의 주목을 받지 못했고 더 이상 거론조차 되지 않았다.[16][17]

그 상태에서 베게너의 이론은 제자리걸음을 하고 있었다. 그런데 1914년, 제1차 세계대전이 발발했고 독일군 기상예보 장교로 복무하던 베게너는 머리에 탄환을 맞고 말았다. 다행히도 그의 상처는 치유되었지만 심장 이상으로 전쟁이 끝날 때까지 각지의 측후소에서 기상관계 업무에 종사하게 되었다. 이것은 대륙이동설을 보완할 수 있는 절호의 기회였다.

행운은 여기서 그치지 않았다. 대륙이동설이 학자들로부터 호평 받지 못하자 그는 1915년 『대륙과 대양의 기원』이라는 책을 펴냈는데, 이것이 상상을 초월할 정도로 엄청난 인기를 끌었다. 그는 자신의 책이 많은 비판을 받게 될 것을 예상해 다음과 같이 반박할 논거까지 마련해 두고 있었다.

지구의 초기상태를 해명하려면 지구에 관련된 모든 분야의 과학적 증거를 이용해야 한다. 그러나 과학자들은 아직도 이 점을 충분히 이해하지 못한 것 같다. 진실을 알려면 지구와 관련된 모든 과학 분야의 증거를 통합해야만 한다. 또한 우리는 새로운 과학적 증거를 발견하면 그것이 어떤 것일지라도 기존의 이론을 수정할 준비가 되어 있어야 한다.

어떤 책이 베스트셀러로 떠오르면 그 내용이 진실이든 아니든 사람들로부터 주목받고 있다는 것을 의미한다. 당연히 학자들은 그 책의 내용을 검토하지 않을 수 없었다.

베게너는 3억 년 전의 지구는 '판게아'라는 거대한 하나의 대륙이었지만, 점차 균열을 일으켜 이동함으로써 오늘날의 대륙이 만들어졌다고 주장했다. 그는 현재의 대륙이 당시 어떤 모양으로 붙어 있었는지를 보여 주는 지도를 만들기도 했다. 그의 주장에 따르면 약 1억 5,000만 년 전인 쥐라기에 남극 대륙, 오스트레일리아, 인도, 아프리카가 분리되기 시작했다. 그 다음의 백악기에는 아프리카와 남아메리카가 얼음덩어리가 갈라지듯 분리되었다. 마지막

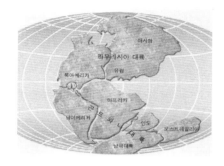

2억 년 전의 초대륙판게아 베게너는 지구의 모든 대륙이 하나라고 주장했는데, 이 대륙을 '판게아'라고 불렀다.

으로 스칸디나비아, 그린란드, 캐나다가 약 100만 년 전 빙하기가 시작될 무렵에 분리되었다.

또한 베게너는 아이슬란드나 아조레스 군도를 이루는 대서양의 중앙 해령이 지금 대서양 가장자리에 있는 양 대륙이 찢어질 때 남은 물질로 구성된 것이라고 주장했다. 캥거루와 주머니쥐 같은 유대류(有袋類, Marsupialia)가 오스트레일리아와 아메리카에만 살고 있다는 사실도 베게너가 오스트레일리아를 멀리 떨어진 남아메리카와 연결 짓는 근거가 되었다.

베게너는 옛 시대의 기후로부터 대륙이동을 증명하는 사실을 찾아내는 동시에 북극이나 남극이 이동한 증거도 발견했다. 그뿐 아니라 고생물의 분포 역시 대륙이동설을 증명한다는 것을 알아냈다.

판구조론은 판의 가장자리끼리 맞닿는 곳에 여러 가지 흥미로운 일이 일어날 수 있다는 것을 암시한다. 두 개의 판 중 하나가 맨틀 아래로 침강해 내려갈 수도 있고, 다른 쪽 판 위로 올라갈 수도 있다는 것은 지진이나 젊은 산맥이 생성되는 것을 자연스럽게 설명해준다. 특히 두 판이 만나는 곳에서는 마찰이 일어나 엄청난 열이 발생하는데, 이것은 아래층의 암석을 녹일 수 있을 정도로 강렬하다. 이로써 지구 내부의 거대한 압력이 마그마를 위로 분출시키면서 화산이 분화하고 용암이 흘러나오는 것도 말끔하게 설명된다.

레무리아 대륙의 사망선고 = 아틀란티스 대륙의 사망선고

미국 프린스턴 대학의 해리 헤스(Harry H. Hess) 교수는 제2차 세계대전 중 케이프존슨 호라는 공격용 수송선의 함장으로 복무했고, 이 배에는 음향측심기라는 최신형 수심 측정 장치가 설치되어 있었다. 그는 이 장치를 통해 많은 데이터를 확보했는데, 그 결과는 전혀 예상치 못했던 것이었다.

당대의 학자들이 믿고 있던 것처럼 바다 밑바닥이 오래 전에 만들어졌다면 강이나 호수의 바닥에 쌓인 진흙처럼 바다 밑에도 두꺼운 퇴적층이 있어야 하는 것이 당연했다. 그런데 헤스의 측정 결과는 전혀 달랐다. 거의 모든 곳이 깊은 계곡, 협곡, 크레바스로 가득했고 곳곳에 화산 활동으로 만들어진 산들이 있었다. 전쟁 중이라 자료를 분석하지 못하던 헤스는 전쟁이 끝나자마자 프린스턴 대학으로 돌아와 자료들을 검토하기 시작했다.

헤스를 비롯한 지질학자들이 가장 크게 놀란 것은 지구에서 가장 크고 거대한 산맥 대부분이 바다 밑에 있다는 점이었다. 산맥은 마치 야구공의 실밥처럼 전 세계의 바다 밑에 연속적으로 이어져 있었다. 아이슬란드에서 시작해 대서양의 한가운데로 이어지고 아프리카의 아래쪽을 돌아 인도양과 남대양(南大洋 : 남극을 둘러싸고 있는 바다)을 지나 오스트레일리아의 아래쪽을 돈 다음, 멕시코 북부의 바하칼리포르니아를 향해 태평양을 건너다가 갑자기 미국의 서해안을 지나 알래스카로 이어진다. 대서양의 아조레스나 카나리아 제도 혹은 태평양의 하와이 같은 섬과 군도들은 해저산맥 중의 높은 봉우리가 수면 위로 올라와 만들어진 것이다. 가지 친 부분까지 합치면 그 길이는 무려 7만 5,000킬로미터에 이른다.

특히 대서양 중심에는 산마루의 중간에 폭 20킬로미터, 전체 길이가 2만 킬로미터에 이르는 해구(海溝)가 있다. 그 모습은 마치 지구가 껍질이 터진 밤송이처럼 실밥을 따라 벌어진 것같이 보였다. 더욱이 대서양의 해저산맥은 최근에 생긴 것이고, 그곳으로부터 동쪽이나 서쪽으로 갈수록 더 오래 전에 만들어졌다는 사실이 밝혀졌다.

이 발견은 그야말로 특종감이었다. 헤스의 결론은 분명했다. 바다 밑은 해저산맥을 중심으로 해서 양쪽으로 새로운 지각이 만들어지고 있으며, 그 전에 만들어진 지각은 새로 만들어지는 지각에 의해 양쪽으로 밀려나고 있다는 것이다. 베게너의 대륙이동설이 결코 과장이나 공상, 혹은 헛된 이론이 아니라는 것을 뒷받침하는 이 발견을 그는 '해저확장설'이라고 불렀다.[18]

한편 케임브리지 대학의 란콘(S.K. Rancon) 교수는 여러 지질시대에 걸친 유럽의 암석을 측정한 결과 신생대 제3기 이전에 자극의 위치가 시간에 따라 점진적으로 변했다는 사실을 발견했다.[19] 열을 받아 녹은 암석이 표면으로 올라올 때 그 암석은 보통 철광석의 작은 알갱이들을 함유한다. 알갱이들은 아주 작은 나침반 같은 작용을 하면서 북극을 가리킨다. 이들 암석이 식어서 굳어지면 광물입자는 그 속에 갇히므로 암석은 북극이 어느 쪽인가를 기억하고 있다.[20]

그런데 여러 지질의 암석을 분석한 학자들은 자기 방향이 현재의 북극 방향과 다르다는 것을 발견했다. 지질시대의 대륙이 현재와 완전히 다르다는 것이 증명된 셈이다. 특히 유럽의 자기장 배열을 같은 시기의 아메리카 배열과 나란히 놓으면 마치 종이를 찢었다 붙인 것처럼 정확하게 들어맞는다는 사실도 발견했다.[21]

여러 가지 발견이 쏟아지는 가운데 해리 헤스는 동부 태평양에서 남북방향으로 연속되는 특이한 자장 이상대(고지자기―Paleomagnetism : 지질시대에 생성된 암석에 분포하는 잔류 자기―줄무늬)가 존재한다는 사실을 발견해 논문을 발표했다. 그의 이론은 간단하면서도 놀라운 것이었다. 이는 대양 한가운데의 해령에서 지구 내부로부터 뜨겁고 동적인 용암(마그마)이 솟아오르며 해저가 생겨난다는 것이다. 이를 통해 해저 바닥에는 수 킬로미터나 솟아오른 거대한 산맥이 형성된다. 또한 마그마는 해령에서 서로 반대 방향으로 퍼져 나가 새로운 대양저를 만드는데 그것은 나이가 2억 년을 넘지 않는다.

이러한 현상이 여러 해양에서 관측되자 바인(Frederick J. Vine)과 매튜스(Drummond H. Matthews)는 1963년 자장 이상대는 해저 확장의 결과라고 발표했다. 해양저가 확장하고 지자기의 반전이 일어나면 현무암질 마그마는 해령 축에서 상승해 암맥으로 변하는데, 이것이 축으로부터 떨어져 옆으로 확장된다는 것이다.

대륙이동설로부터 출발한 해저확장설은 판구조론(plate tectonics)이라는 새로운 지구과학을 유도한다. 기존 관점에서는 지구의 횡단면에 보이는 지구의 중심부는 용융된 납과 완전히 용해되지 않은 암석층에 둘러싸여 있고 그 표면을 얇고 견고한 지각이 감싸고 있다. 물론 지금도 이런 지각형태는 변하지 않았지만 과거 이론과 달리 지각 그 자체가 움직일 수 있다는 것이 판구조론이다.

대륙이나 거대한 섬 같은 지각층 윗부분의 지괴(地塊)는 지각층 아랫부분의 플레이트 같은 판상(板床) 위에 위치한 것으로 추정된다. 전 세계적으로 암석권으로 알려진 이런 지각판은 취약권이라 불리는 반 액체 상태의 광대한 맨틀 위에 떠 있다. 따라서 취약권을 뚫고 나온 용암이 두 개의 지각판을 갈라 놓는 틈새로 흘러들어가면서 이 지각판과 대륙이 분리된다.

판구조론에 따르면 대서양에는 중부 대서양 해령을 중심으로 동서 양쪽에 해저 분지가 존재한다. 이는 용암이 양쪽으로 흘러 응고되면서 분지가 형성됐다는 것을 의미한다. 북아메리카, 남아메리카, 아프리카의 거대한 지각판은 이런 광대한 분지의 점진적인 확대로 계속 이동하고 있는 셈이다.

판구조론은 레무리아 대륙의 존재를 믿는 연구자들에게 치명적인 사망선고를 내렸다. 결론은 대륙 규모의 땅덩어리가 대서양 해저 분지에 아예 존재할 수 없다는 것이다. 대서양에서 함몰지대는 카리브 해 근처의 작은 규모의 지대뿐인데, 그 역할은 남북 아메리카의 거대한 지각판의 장력을 조절하기 위한 것으로 추정되고 있다. 만약 대륙 규모의 레무리아가 실제로 존재했다면 그 또한 지각판 위에 있어야 하지만 거대한 지각판은 보이지 않는다.

더욱이 대륙이동은 2억 년 전으로 거슬러 올라간다. 2억 년 전이

라면 지구는 공룡들의 세상이며 인간이 속한 포유류는 지구상에 태어나지 않았을 때다. 레무리아 대륙의 사망선고는 아틀란티스 대륙의 사망선고나 마찬가지다. 대륙 자체가 성립하지 않는데 문명이 있었다는 것은 어불성설에 지나지 않기 때문이다.

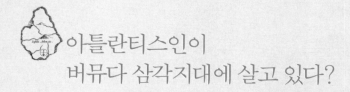

아틀란티스인이
버뮤다 삼각지대에 살고 있다?

기원전 1만 년경, 아틀란티스 대륙이 원자폭탄 폭발로 사라졌다고?

베게너의 대륙이동설로 아틀란티스 대륙에 사망선고가 내려질 즈음, 갑자기 아틀란티스 신봉자들에게 구세주와도 같은 사람이 나타나 세계를 놀라게 했다. 미국의 유명한 사진작가이자 예언가인 에드거 케이시가 아틀란티스의 존재는 말할 것도 없고 그 위치까지 정확하게 예언했던 것이다.

1877년, 켄터키 주 홉킨스빌에서 태어나 1945년에 사망한 에드거 케이시는 플라톤의 책을 읽어 본 적이 없지만, 초능력으로 아틀란티스 대륙을 목격했다고 주장했다. 그는 20대 중반부

에드거 케이시

터 사망할 때까지 43년간 8,000명 이상과 정신감응(투시)을 통해 대화한 내용을 1만 4,000개 이상의 문서화된 속기 기록으로 남겼다. 이를 '리딩(Readings)'이라고 부르는데, 진술 중 많은 부분이 아틀란티스 대륙 및 아틀란티스인의 전생, 아틀란티스에서 사용된 첨단 기자재에 관한 것이다. 그에 따르면 아틀란티스는 현대 문명보다 훨씬 앞선 기술을 보유하고 있었다.

1923년, 케이시는 죽은 뒤에도 삶이 있느냐는 질문을 받고 자기가 최면상태에서 본 것을 설명했다. 그에 따르면 자신은 루이 14세 시대(1638~1715년)에 프랑스에서 살았고, 그 전에는 알렉산드로스 시대(기원전 356~323년)에 살았으며, 그 전에는 고대 이집트, 또 그 전에는 아틀란티스에서 살았다고 했다. 그가 1933년에 최면상태에서 자신이 살았다는 아틀란티스 대륙에 대해 묘사한 부분을 살펴보자.

"아틀란티스 대륙은 현재의 사르가소 해에서 아조레스 제도에 걸쳐 있었다. 이것은 유럽 전체와 맞먹는 크기다. 파멸은 두 번에 걸쳐 발생했다. 처음에는 대륙이 여러 섬으로 분열되었고 차츰 더 잘게 쪼개졌다. 최후 멸망은 플라톤이 말한 것처럼 기원전 1만 년 경의 일이며, 원자폭탄 폭발로 사라졌다. 아틀란티스 왕국이 있었던 곳은 바하마 군도에 있는 조그마한 섬인 비미니 섬이다."

그가 말한 지역은 광대한 대서양에 속해 있으며 유명한 버뮤다 삼각지대를 포함한다. 또한 그는 1968년과 1969년에 '아틀란티스 대륙의 최초의 부분'이 바다 위로 솟아오를 것이라고 말했다. 그의 주장은 예언가들의 의례적인 예언으로 받아들여졌고, 1945년에 그가 사망하자 세인의 관심에서 곧 멀어져 버렸다. 그런데 놀랍게도 1968년 8월 16일, 케이시 연구회 회원인 비행사 로버트 브러시와 트릭 애덤스가 바하마 뱅크(바하마의 해저 퇴적 언덕)에 있는 안드로스 섬의 파인키 앞바다를 비행하다가 해저에 가라앉아 있던 사원의 유적이 해면 위로 솟아오른 것을 발견했다고 발표했다. 그들이 최초로 발견한 것은 직사각형의 건조물이었는데, 돌 칸막이로 모두 몇 개의 구획으로 나뉘어져 있었고 해초와 해면에 덮인 상태였다고 했다.

이처럼 케이시의 예언대로 수중 건축물로 보이는 유물이 발견되자 아틀란티스 신봉자들은 이것이 해저에서 융기한 아틀란티스 신전일 것이라고 생각했다. 여기에서 나아가 계속해서 더 많은 해저 유물이 발견되자 거대한 아틀란티스의 도시 유적이 틀림없다는 설이 뒤따랐다.

이후 미국의 동물학자이자 마이애미 과학박물관의 명예관장인 맨슨 밸런타인(J. Manson Vallentine) 박사와 해저사진 전문가 드미트리 레비코프(Dmitri Rebikoff)가 안드로스 지역을 정밀 탐사했다. 그들에 따르면 사원 유적은 그레이트 바하마 퇴적층의 동쪽에 있는 안드로스 섬의 북쪽 수심 90미터 부근에 있었으며 넓이는 세로 30미터, 가로 18미터, 벽두께는 90미터라고 발표했다. 사원 유적은 처음에는 해저에서 60미터 가량 솟아올랐다가 그 후 다시 가라앉았다고 보도되었다.

이어 밸런타인은 바하마의 낚시 안내인인 본피슈 샘을 길잡이로 삼아 비미니 북쪽 해안 바다 속 6미터 해저에서 네모진 돌이 늘어서 있는 거대한 길을 발견했다고 보고했다. 그 돌덩어리는 검고 단단했으며 크기는 길이 2미터, 폭 1미터, 높이 0.5미터로 무게는 1톤 정도의 베개 모양이며 약간 부풀었고 각과 변은 둥글었다. 그중에서 수십 개의 큰 돌은 무게가 5톤이나 나가기도 했다. 돌들은 두 줄의 평행 상태로 놓여 있었는데 총 길이는 600미터 정도였다. 이 줄은 직각을 이룬 두 개의 직선 날개를 갖고 있었고, 부두와 이중 방파제를 갖춘 구조물도 있었다. 너무 오래되어 모양이 뚜렷하진 않지만 지상에서 만들어진 것이 틀림없었다고 밸런타인은 부연했다. 이것이 바로 그 유명한 '비미니 로드'다.

그는 유적의 연대를 정밀 조사한 뒤 대략 6,000년에서 1만 2,000년 전의 것으로 잠정 발표했다. 밸런타인의 발견은 에드거 케이시의 예언이 틀리지 않았음을 확인시켜 주기에 부족함이 없었다. 1979년 캘리포니아 출신의 고고학자 존 스틸(Jon Steel)이 3개월간 정밀 측정한 후 제출한 보고서에 나타난 비미니 로드의 형태는 다음과 같다.

비미니 로드는 북동쪽으로 1,000미터가 넘었고, 길이 다시 꺾이는 남단은 'J'자를 이루며, 본래의 길에서 7도 가량 동쪽으로 치우쳐 있다. 구조는 몇 곳의 예외를 제외하면 1층으로 된 돌들로 볼 수 있는데 돌의 크기는 대체로 1.15미터 정도였다.

수중 유적이 물 위로 솟았다는 보고는 그레이트 바하마 뱅크 해역에서의 대대적인 조사를 촉발시켰고, 곧이어 근처 바다의 깊은 곳에서 해저 피라미드라는 가로 54미터, 세로 42미터의 대형 건조물이 발견되었다. 보다 큰 대형 건조물이 바다 속에서 발견되었다는 소식을 들은 아틀란티스 신봉자들은 그 건축물들이 잘린 피라미드이거나 신전의 기단이 분명하다고 기염을 토했다.

미 공군사관학교의 데이비드 징크 교수도 비미니 앞바다에서 수중 탐사를 계속해 몇 군데 해저 유적지를 새로 발견했다. 그는『아틀란티스의 돌들』이라는 책에서 자신이 발견한 다듬은 돌과 사람의 머리를 조각한 듯한 부식된 대리석, 석재의 축조에 나타난 기하학적 모양 등을 소개했다. 징크 교수의 발표는 학자들로부터 특별히 신임을 받았는데, 그 이유는 그가 이들 지역에서 발견한 구조물들 중 고대의 신전이라고 설명한 것이 사실은 1930년대에 지어진 해면양식장을 구성하는 구조물이라고 기존의 발표를 정정하는 등 과학적 진실을 밝히는 데 앞장섰기 때문이다.

하지만 지질학자들과 고고학자들은 이들 지역에서 발견된 수중 유물이 아틀란티스 대륙의 일부라는 견해에 승복하지 않았다. 특히 과학적으로 검증되지 않는 한 바다 속에 들어갔다가 나온 사람의 주장을 곧이곧대로 믿을 수는 없다는 반론이 제시되었다. 실제로 비미니 부근의 해저에서 인양되어 고대에 제작된 돌기둥이라고 주장된 것들이 나중에 배의 균형을 잡기 위해 실려 있던 시멘트 원통형으로 밝혀지기도 했다.

그런데 1971년, W. 해리슨(W. Harrison)은《네이처》에 비미니 지역의 돌덩어리들이 인공구조물이라는 주장을 반박하는 다음과 같은 글을 발표했다.

조개껍질 파편이 퇴적한 결과가 '대형 돌덩이들의 벌판'을 이루고 있는데, 얼핏 보면 누군가 짜 맞춘 것 같아 인간의 힘이 작용했을지도 모른다고 생각할 수 있다. 그러나 석회암이 커다란 돌덩이 형태로 노출되는 것은 수수께끼가 아니다. 바하마 북서지방에서는 육지든 수중이든, 균열과 부식의 여러 단계에 놓인 석회암의 노두(露頭)가 많이 발견된다.

플로리다 대학의 마론 볼 교수도 1980년에 《내셔널 지오그래픽》에 다음과 같은 내용의 보고서를 기고했다

1만 5,000년 전부터 현재까지 해수면의 높이가 꾸준히 상승한 결과 연속적인 해변이 생겼다. 그것은 북 비미니 서해안의 외각에 펼쳐지는 대지(臺地)를 형성하고 있으며, 해안선이 동쪽으로 그레이트 바하마 퇴적층을 넘어 뻗어 있다. 이 일시적인 해변을 따라 비치록(beach rock) 퇴적층이 형성되었고, 이것은 나중에(수천 년이 경과한 후) 바닷물이 깊어지면서 수몰되었다. 그 해안선은 현재의 패러다이스 포인트에서 1킬로미터 정도 떨어진 장소로 이동했다. 여기에 약 700년간에 걸쳐 세 개의 연속적인 해변이 생겨났고, 이것이 세 개의 비치록 퇴적층이 형성된 장소다.[22]

그는 비미니 해저를 면밀히 조사한 결과 자신이 인공구조물이라고 주장했던 것을 여러 번 반복한 이유를 다음과 같이 매우 자세하게 적고 있다.

1. 세 개의 도로상 지형은 남서방향의 끝 지점에서 완만하게 갈라져 있는데, 이곳에 흩어져 있는 커다란 돌덩이들의 방향이 직선이 아니며 바다 쪽, 중간 쪽, 육지 쪽의 도로지형과 연계되어 있지 않다.

2. 돌덩이가 2단으로 된 세 개의 도로상 지형 중 밑의 돌 바로 위에 돌이 얹혀진 곳이 한 군데도 없다.

3. 세 개의 지형이 위치한 곳의 지하에는 암반이 놓여 있다. 따라서 이들 사이에 수로를 만들 가능성이 없다.

4. 지하 암반 표면에 돌덩이를 놓았거나 돌덩이를 맞춰 절단한 흔적이 없다.

5. 돌덩이에 규칙적인 혹은 반복된 홈이나 기타 도구를 사용한 흔적이 보이지 않는다.

6. 이들 도로는 공도(公道)로 사용될 만큼 공들여 만들어지지도 않았고 잘 정리되어 있지도 않았다.

그는 세 개의 선상지형(線狀地形)에서 인공적인 구조물로 볼 수 있는 단 하나의 특징은 커다란 돌덩이들이 규칙적으로 배열되어 있는 것이라고 자신 있게 주장했다. 그리고 여기에서 더 나아가 그는 이것이 자연적으로 형성된 비치록 퇴적층의 특징 중 하나라고 잘라서 말했다.[23]

흥미롭게도 에드거 케이시의 예언으로 촉발된 비미니 지역의 아틀란티스 전설은 또 다른 불가사의한 사건이 결합되면서 세인들의 주목을 받기 시작했다.

아틀란티스인이 타임머신을 이용했다고?

에드거 케이시는 심령으로 자신을 찾아온 사람들의 전생을 말해 주면서 그들 대부분이 과거에 아틀란티스인이라고 설명했다. 특히 그는 자신과 상담한 사람들의 직업까지 구체적으로 설명하는 등 자신이 최면상태에서 본 내용들을 곧바로 기록하는 데 게을리 하지 않았다. 데이비드 차일드레스는『신들의 문명』에서 이렇게 말한다.[24]

"아틀란티스 땅에서 그 지역과 다른 지역으로 사람들을 실어 나르는 동력이 개발되었을 때 당신은 뛰어난 조종사였다."

"아틀란티스 땅에서 사람들이 우주의 힘(보편력)의 법칙을 이해하고 다른 지역에 교신을 보낼 때 당신은 그 기계의 운전자였다."

"아틀란티스인은 보다 편리한 방법, 수단, 방식을 알고 있었으며 (오늘날 우리가 비행기라고 부르는 운송수단을 포함해) 공중뿐 아니라 다른 물질 속으로도 자유자재로 항해할 수 있었기 때문에 공중의 배라고 불렸다."

케이시는 이러한 비행체에 사용된 동력을 '생명의 밤'이라고 불렀다. 그는 자신을 찾아온 한 고객이 생명의 밤을 이용해 아틀란티스를 지배했던 사람이라고 말하기도 했다.

"아틀란티스 혹은 포세이디아에서 당신은 생명의 밤을 이용해 그들을 다스렸다."

케이시가 특별히 강조한 것은 아틀란티스에서 에너지를 얻기 위해 수정 또는 '불의 돌'을 사용했다는 점이다. 그에 따르면 아틀란티스인은 태양에서 에너지를 뽑아내 원자 분해를 일으킬 수 있는 광선으로 바꿀 수 있었는데, 그것이 아틀란티스 대륙 자체를 파괴한 요인이 되었다고 설명했다.

"아틀란티스 땅에서 두 번째 지각변동이 일어났을 때 당신은 지금처럼 전기 기술자로 일했고, 그 능력을 비행기나 배들을 파괴하는 데 사용했다."

"아틀란티스에서 원거리 사진 기술과 기자재를 한 곳에서 다른 곳으로 수송하는 전기력이 개발되고 중력 자체를 극복하는 것은 물론 가공스런 힘을 가진 수정을 조작하게 되자 이것이 파괴를 불러왔다."

"당신은 포세이디아에서 바다와 공중의 선체 및 텔레비전이나 목소리를 녹음할 수 있는 물건들을 작동시키기 위해 빛, 즉 '활동의 형태'를 농축시켰던 거대한 수정으로부터 동력을 저장하는 임무를 맡은 사람 중 한 명이었다."

수정을 동력원으로 사용했다는 그의 견해는 1933년 12월부터 나타난다. 무엇보다 놀라운 것은 그가 설명하는 거대한 수정으로부터의 동력이 현재 많은 분야에서 사용되는 레이저를 뜻한다는 점이다. 케이시가 예언할 당시에는 레이저가 발명되지 않았고 그는 물리학자나 역사학자도 아니었다.

그는 수정체가 있는 건물은 절연체로 알려진 석면과 비슷한 재료로 만들어져 있고, 돌(수정)의 상부에 있는 건물은 타원형으로 일부가 회전식으로 열릴 수 있는 돔 형태라고 말했다.

"건물은 돔이 열렸을 때 여러 가지 운반체가 그 힘을 직접 적용받을 수 있도록 건축되었다."

"수정을 가공 처리하는 것은 당시 비밀리에 전수되었는데, 당신은 수정 에너지가 동력으로 작용되도록 방사선의 영향력을 조정하는 사람들 중의 하나였다."

케이시의 말 중에서 신비주의자들의 가장 큰 호응을 받은 것은 수정 에너지로 시간과 공간의 이동, 즉 타임머신을 가동시킬 수 있다는 설명이었다. 그러나 타임머신이라는 획기적인 아이디어가 나오자 과학자들은 즉각 반격에 나섰다. 타임머신이 어떻게 작동되는지 구체적으로 설명하지 않은 것에 주목해 케이시가 공상과학소설(SF)을 이야기한다고 비난했던 것이다.

하지만 아틀란티스 신봉자들은 차츰 그의 말을 바이블처럼 받아들이기 시작했다. 그러나 케이시가 과학적인 해석을 하지 않았다는 반론도 만만치 않았다. 즉, 그들은 케이시는 과학자가 아니고 최면상태에서 본 것만 이야기한 것이므로 과학적인 설명을 할 수 없다는 설명도 덧붙였다.

어쨌든 케이시가 최면상태에서 보았다는 설명에 대해 과학자들이 허무맹랑한 생각이라고 말하면 말할수록 수정탑에 대한 소문은 걷잡을 수 없이 퍼져나갔다. 아틀란티스인이 개발한 수정 에너지야말로 코미디와 다름없다는 주장에 대해 다음과 같은 반론이 있을 정도였다.

"아틀란티스인이 사용한 수정 기술, 공간 및 시간 이동 같은 기술은 현대과학으로는 증명할 수 없다. 하지만 에드거 케이시가 이 가능성을 과학적으로 풀어 이야기하지 않았다고 해서 그것을 부정할 수 있는 근거가 되는 것은 아니다. 아틀란티스인의 기술은 기자의 대피라미드가 충분히 보여 주고 있다. 대피라미드는 핵 발전의

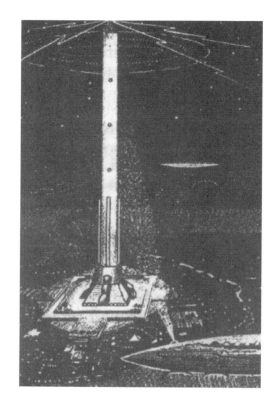

형태를 띠고 있으며, 이는 시간 및 공간의 지식과 힘을 갖고 있던
절대자에 의해 건설된 것이다.”

　다소 과학적 지식을 갖고 있는 사람이라면 이 무슨 생뚱맞은 소
리냐고 할지도 모르지만, 아틀란티스 신봉자들에게 케이시의 예언
은 그야말로 핵폭탄급 파괴력을 지니고 있었다. 케이시는 수정탑
에 대해 많은 설명을 했다.

　“탈것들은 오늘날 발전소라고 불리는 에너지 발생소의 중앙에
있는 수정에서 나오는 에너지로 가동된다.”

"수정은 커다란 원통형 유리 형태인데, 여러 단면으로 깎여져 있으며, 원통의 끝부분과 몸통으로 에너지가 집중될 수 있도록 했다."

더불어 케이시는 첨단기술의 해악을 설명했다. 아틀란티스인은 처음에 수정에서 나오는 에너지를 건설적이고 합리적인 일에만 사용해 발전을 거듭했지만 나중에 이를 나쁜 목적, 즉 권력을 잡는 데 활용하기 시작하더니 결국 아틀란티스가 파괴되는 근본 이유가 되었다고 했다.

케이시는 과거만 말한 것이 아니라 미래도 예언했다. 미래에 아틀란티스를 파괴했던 규모보다 훨씬 강력한 지진이 발생할 것이며, 이로 인해 일본은 태평양 아래로 침몰하고 뉴욕도 완전히 파괴될 것이라고 했다. 조지아 주와 캐롤라이나 주의 일부도 침몰하고 미국 동쪽 해안으로 새로운 육지가 솟아오를 것이라고 했는데 이것이 바로 아틀란티스 대륙이라는 비미니다.[24]

문제는 이러한 사건이 1968년과 1969년에 나타날 것으로 예언했는데, 아직 그의 예언이 들어맞지 않았다는 점이다. 어쨌든 그는 이렇게 예언했다.

"이미 말한 바와 같이 이것과 동일한 기록이 현재 지구상에 모두 세 곳 있다. 첫째는 아틀란티스 또는 포세이디아의 가라앉은 부분으로 플로리다 해안 바깥, 비미니라고 불리는 곳 근처의 신전 일부가 오랜 세월 바닷물 속의 퇴적물 밑에서 아직도 발견되지 않고 있다. 둘째는 이집트의 신전 기록이며, 셋째는 미주 대륙의 유카탄이다."

UFO가 아틀란티스 제국 후예들의 자가용 비행기?

아틀란티스 신봉자들에게 케이시의 예언이 매력적으로 다가간 이유는 그동안 많은 학자들이 아틀란티스를 부정적으로 생각하면서 주장했던 질문에 대해 명쾌하게 답변할 수 있기 때문이다. 아틀란티스 대륙이 1만 2,000년 전에 초고대문명을 이룩했다면 그들 문명의 잔재가 어딘가에 남아 있어야 한다.

거석문화를 아틀란티스 후예들이 만들었다는 주장이 설득력을 얻지 못한 이유는 현대인이 보기에 거석 문명이 낙후된 기술을 사용했기 때문이다. 원자폭탄을 만들 만한 능력이 있었다는 아틀란티스인이 석기시대로 퇴보했다는 것은 납득하기 어렵다. 여기에 대해서는 몇 가지 논리가 대두될 수도 있다.

첫째, 급속도로 문명의 퇴행이 이루어졌다. 재난을 피해 신천지로 이동한 아틀란티스인이 새로운 땅에서 자신들의 기술을 발휘하지 못하고 현지 환경에 동화되었다는 것이다. 아무리 최첨단 기술과 지식을 보유하고 있다 해도 새로운 땅에서 그 지식을 활용할 수 있는 원자재를 확보하지 못한다면 결국 석기시대로 돌아갈 수밖에 없다는 얘기다. 철로 기계를 만들어야 하는데 철광석이 없다면 어찌할 것인가.

둘째, 아틀란티스인이 고의로 지식을 파괴했다. 에드거 케이시의 예언에 따르면 아틀란티스에 닥친 비극은 원자폭탄 때문이라고 한다. 따라서 과학의 폐해를 세상의 그 누구보다 뼈저리게 맛본 아틀란티스인이 첨단지식과 비인간적인 기술을 모두 폐기했다는 것이다.

셋째, 지식 전수가 단절되었다. 아틀란티스의 첨단기술이 소수의 집단에 의해 독점되고 있었는데, 이들에게 피치 못할 재난이 닥쳤고, 그런 탓에 기술이 이전되지 못했다는 것이다.

넷째, 아틀란티스인이 아직도 버뮤다 삼각지대 안에서 첨단기술을 활용하며 살고 있다. 이들 지역에서 일어나는 실종사건은 사실 아틀란티스인의 작품이라는 것이다. 그들이 지상에 살고 있는 사람들을 연구하기 위해 불규칙적으로 버뮤다 삼각지대를 통과하는 사람들을 납치한다는 주장이다.

다소 믿기 힘든 이런 가설은 아틀란티스인이 수정 에너지를 이용해 타임머신을 활용했다는 에드거 케이시의 말 때문에 더욱 증폭되었다. 더욱이 당시에 불꽃처럼 타오르던 UFO 신드롬과 결합해 에드거 케이시의 예언은 걷잡을 수 없이 확대되어 갔다. 일부 신비주의자들은 한 술 더 떠 UFO는 아직 살아 있는 아틀란티스 후예들이 지상에 잠깐 나올 때마다 자가용 비행기처럼 타고 다니는 비행체라고 주장했다.

그중에서도 압권은 케이시가 사망하고 23년이 지난 뒤 그가 예언한 비미니 지역의 유적이 나타났다는 소문이 나돌았을 때의 반응이다. 그의 예언이 사실로 받아들여지면서 아틀란티스인과 버뮤다 삼각지대는 더욱 사람들의 주목을 받았고 미스터리 중의 미스터리로 다시 태어났다. 케이시가 말했던 아틀란티스 수정궁에 대한 관심은 2001년 개봉된 디즈니월드의 만화영화 〈아틀란티스, 잃어버린 제국Atlantis, The lost Empire〉에서 주요 소재로 등장한 것으로도 알 수 있다.

이 영화는 우주 어디엔가 외계인이 살고 있다는 UFO 신드롬과 맞물려 미지의 세계에 대한 사람들의 동경심과 환상, 기대감을 소재로 삼은 좋은 예다.

아틀란티스 전설은 계속된다

추측은 난무했지만 과학자들이 비미니에 대한 철저한 조사 결과를 계속 발표하면서 버뮤다 삼각지대의 아틀란티스 설도 차츰 잠잠해졌다. 특히 1980년, 미국 지질조사국의 유진 신은 대형 건축물처럼 보인다는 문제의 암석들을 연구해 아틀란티스 신봉자들에게 결정적인 펀치를 먹였다.

"비미니 해안의 해수면 5미터 밑에 있는 석회암 구조물은 자연적으로 생긴 비치록의 모든 특징을 지니고 있다. 만약 비미니 로드가 인공물일 경우 여러 암석 덩어리의 성분 및 구조와 결이 서로 같지 않아야 하는데, 여러 가지 검사 결과 암석들의 구조는 서로 일치하는 것으로 나타났다. 누군가가 돌을 잘라 배치했다면 일부러 돌덩이들의 절단면을 똑바로 통일할 이유가 없다. 퇴적물의 적층(積層) 형성을 보면 이것은 인위적으로 깔아 놓은 돌이 아니라는 것을 알 수 있다."

아틀란티스 추종자들을 환호하게 했던 비미니의 석조 구조물은 석회석 기반암이 바다 속에서 빠르게 암석화되면서 만들어진 자연 조형물이었다. 밀물이나 썰물 같은 조수의 작용에 의해 규칙적으로 바위에 침식작용이 일어남으로써 서로 일정한 각도로 모양이

이루어진 것이다.[25]

우리나라에서도 이와 유사한 암반의 풍화작용을 찾아볼 수 있다. 화산암 암맥이나 용암, 용결응회암(熔結凝灰岩) 등에서 생기는 절리(joint)가 그것이다. 절리는 암석의 틈새기나 파단면으로 일그러짐(변위)이 없거나 인정되지 않는 것을 말한다.

절리는 쪼개지는 방향에 따라 판상절리(板狀節理, Sheeting joint)와 주상절리(柱狀節理, Pillar-shaped joint)로 나뉘는데, 주상절리는 단면의 모양이 육각형이나 삼각형의 장주상(長柱狀, 긴 기둥 모양)을 이루는 절리를 말한다. 제주도 해안, 한탄강 등에 기둥 모양의 주상절리가 절벽을 이루고 있으며 유명한 정방폭포와 천지연폭포도 이런 지형으로 형성되었다.

유신 신이 암석에 포함된 조개껍데기를 방사성 탄소연대측정법으로 조사한 결과는 아틀란티스 신봉자들을 더욱 경악하게 만들었다. 그는 비미니 로드가 대략 2,200년 전에 형성된 구조물이며 그 오차범위는 150년 전후라고 못 박았다.[26][27]

마이애미 대학 탄소연대측정연구소의 제리 J. 스팁은 일곱 개의 암심(巖心 : 시추기로 구멍을 뚫을 때 나온 둥근기둥 모양)의 돌 자료를 조사해 비미니 해저의 비치록이 형성된 연대를 알아냈다. 그가 얻은 수치는 2,745년 전부터 3,510년 전까지 다양했는데, 이 역시 1만 1,500년과는 큰 차이가 있어 사실상 비미니의 아틀란티스 대륙설은 사망선고를 받은 것이나 마찬가지였다.[28]

그러나 존 스틸과 함께 측정에 참가한 징크 박사는 비미니 로드가 자연적으로 만들어졌다는 것에 반론을 제기하면서 돌이 자연적으로 형성되긴 했지만 사람의 손에 의해 놓였을 수도 있다고 주장했다. 자연적으로 생성된 큰 돌을 사람들이 의도적으로 옮겼다는 얘기다.[29]

이 문제에 대한 해답은 대략 1만 2,000년 전에 최후의 빙하가 급속히 녹았을 때 얼마나 해수면이 높아질 수 있느냐로 귀결된다. 학자들은 이 질문에서 아틀란티스 신봉자들의 손을 들어주었다. 그들은 당시에 해수면이 120∼160미터나 상승했는데, 그 정도면 아틀란티스의 후보지로 알려진 비미니 지역의 상당 부분을 바다 속으로 침몰시킬 수 있을 정도라고 설명했다.

연대별 수몰지도를 보면 1만 2,400년 전 비미니 근처에는 한때 세 개의 섬이 있었던 것으로 나타난다. 첫 번째는 초승달 모양의 섬으로 지금의 그랜드바하마 섬, 그레이트아바코 섬, 리틀아바코 섬 근처다. 두 번째는 현재의 엘테라 섬의 타르펌 만을 메우고 있으며 남쪽 땅은 쿠바에까지 이른다. 세 번째는 플로리다 반도 방향인 북서쪽에 있었는데, 지금의 안드로스 섬과 그레이트바하마 퇴적층의 대부분이 이 섬의 영역이었다. 6,900년 전의 모습을 묘사한 수몰지도에는 세 개의 주요 섬 연안이 감소되어 있지만 전체 모양은 기본적으로 변하지 않았다. 하지만 4,800년 전의 수몰지도에서는 모든 섬이 사라졌다.[30]

오늘날 아틀란티스 대륙이라고 주장하는 지역의 1/3 이상이 아조레스 제도(경우에 따라서는 마데이라 제도 및 카나리아 제도 부근의 해저 고원 일대를 위치로 설정한다)에 속해 있는 이유도 이런 수몰 역사 때문이다. 더욱이 이 지역은 플라톤이 아틀란티스의 위치라고 기록한 곳과 정확히 들어맞지는 않지만 대체로 일치한다. 해수면이 높아지기 전인 1만 2,000년 전에는 해면 위에 올라와 있었을 가능성이 충분하다는 설명이다.

어쨌든 아틀란티스 대륙의 비미니설은 아직도 완전히 사라지지 않았다. 아틀란티스 신봉자들은 여전히 비미니 지역에 인간이 만든 다른 고대문명 유적이 반드시 존재할 거라고 믿는다.

2001년 5월 14일, 로이터통신은 수심 700미터가 넘는 쿠바 서해안 근해에 도시 하나가 통째로 수몰되어 있다고 보도했다. 도시를 발견한 사람들은 쿠바 정부로부터 독점적인 허가를 받아 침몰선을 수색하고 있던 인양 작업 전문가들이었다. 그들의 주장이 옳다면 수심이 700미터나 되는 곳에 도시가 있다는 것은 해수면의 상승으로는 설명되지 않는다. 하지만 지구적 규모의 해수면 상승기에 거대한 지각변동이 일어났다는 추정이 가능하므로 아틀란티스 신봉자들은 그 소식을 즉각 반겼다. 안타깝게도 이들 유적은 아직까지 단 한 장의 사진도 제시하지 못한 탓에 학자들로부터 큰 호응을 받지 못하고 있다.

침몰선 인양팀은 소나(sonar, 수중청음기)로 지형을 조사하던 도중 우연히 인공구조물 같은 형상을 발견하고 그것을 수몰된 도시 유물이라고 발표한 것이다. 그런데 인양팀의 자료에 대해 조언을 부탁받은 사우스플로리다 대학의 알 하인 박사는 애매한 답변을 내놓았다.

"나는 아직도 '이것이다'라고 확신할 수가 없다. 그것은 실체일수도 있고 아닐 수도 있다. 해저의 음향지구물리(音響地球物理)라는 것이 원래 그렇다.”

다소 맥 빠지는 조언이지만 지하 유물에 대한 보도는 계속되었다. 2001년 7월 13일, 미국의 A기원전뉴스는 다음과 같은 과학 이야기를 방영했다.

“최근에 해저를 탐사한 학자들이 대서양 해저(대서양 중앙 해령)를 따라 9,920킬로미터에 걸쳐 길게 뻗어 있는 화산성 단층 해령 옆에서 거의 18층 높이에 달하는 석탑들을 발견했다. 장대한 높이의 석조물 20여 개가 대서양 대산괴(大山塊)라는 해저의 산에 위치한 것을 보고 그들은 이곳을 플라톤이 언급한 ‘잃어버린 도시’라는 이름을 붙였다.”[31]

이외에 의문의 유적이 놓여 있다는 바다는 대서양의 심연이 아니라 비교적 수심이 얕은 북아메리카 대륙붕에 있다. 과학자들이 아조레스 제도를 둘러싼 가까운 해저 평원을 조사한 결과, 이 지역이 수몰된 땅이라는 것이 드러났고 그 평원은 전체가 120~270미터 깊이에 놓여 있었다.

마지막 빙하기가 끝난 후부터 해수면이 조금씩 상승했다는 사실 때문에라도 만일 어떤 문명의 유적이 바다 속에 수장됐다면 아직까지 인간이 발견하지 못했을 가능성이 크다. 듀크 대학의 브루스 히젠(Bruce Heezen) 교수는 푸에르토리코 해구를 조사하던 중 상당히 깊은 곳에서 산호초를 면밀히 조사하고 확인한 뒤 다음과 같은 견해를 밝혔다.

“산호초는 수심 15미터 이상에서는 자라지 않는다는 사실로 판단하건대 우리가 조사한 지역은 한때 해수면에 가까웠음이 틀림없다. 현재 상태로 보아 육지가 2~3마일 함몰했거나 해수면이 지금보다 2~3마일 낮았거나 둘 중 하나일 것이다."

아직도 비미니 지역 등 대서양의 일부가 아틀란티스 대륙이라는 설명을 지지하는 사람들은 꽤 많다. 그들은 언젠가 아틀란티스 대륙이 우리 앞에 나타날 거라고 굳게 믿고 있다.

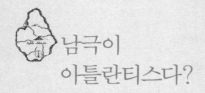

남극이
아틀란티스다?

꺼져 가는 아틀란티스 전설의 불씨를 살린 지도 한 장

아틀란티스 대륙에 대한 에드거 케이시의 자신만만한 예언들이
빗나가자 아틀란티스 대륙은 그야마로 치명적인 위기를 맞는 듯했
다. 더 이상 아틀란티스의 존재를 달리 설명할 방법이 없었기 때문
이다. 그런데 1929년 터키 이스탄불의 토카피 박물관에서 발견된
지도 한 장(1513년에 제작된 것으로 추정)이 아틀란티스 전설의 불씨를
살렸다.

이 지도의 제작자는 터키의 해군제독 피리 레이스였다. 그는 이
지도의 여백에 20여 개의 고지도와 8장의 마파문디스를 이용했다
고 기록했는데, 마파문디스란 알렉산드로스 시대에 제작된 세계지
도를 말한다. 따라서 지도에 사용한 척도의 단위는 당시 페니키아
와 카르타고인이 사용하던 것과 거의 차이가 없다. 피리 레이스는

자신감에 가득 차서 "금세기에 이 정도로 대단한 지도를 소유한 자는 한 사람도 없다"라고 적었다. 그의 말이 틀림없는 사실이라면 그가 참조한 고지도에는 문명의 여명기보다 훨씬 더 오랜 시대로부터 전해진 세계지리에 관한 내용이 담겨 있었을 것이라고 추정할 수 있다.

그가 만든 지도는 최첨단 과학기술의 혜택에 익숙해져 있는 현대인의 관점에서 보면 다소 난삽해 보일 수도 있다. 고대 해군이 사용하던 지도를 조각조각 붙여 만든 탓에 척도가 일정하지 않기 때문이다. 현지 상황에 대한 정확한 지식 없이 만드는 바람에 방향이 잘못된 것도 있다. 이 지도는 근본적으로 오늘날의 모로코에서 코트디부아르에 이르는 북아프리카의 일부와 남미 전체를 나타낸 대서양의 지도다. 그런데 대서양과 그 주위를 감싸는 남·북미 대륙, 유럽의 일부, 아프리카 서부 등은 육지 자체의 모양이 실제 지형과 상당한 차이가 있다. 아마존은 지도에 두 번이나 나왔으며 대륙의 서쪽은 존재하지 않았다.

하지만 나머지 지형은 매우 정확히 그려져 있다. 아마존 입구에 있는 거대한 마라조 섬은 1543년에 발견되고 16세기 말에 지도로 그려졌음에도, 1513년에 제작된 이 지도에 놀라울 만큼 정확하게 그려져 있다. 또한 피리 레이스 시대에는 알려지지도 않았던 안데스 산맥이 구체적으로 그려져 있고, 이 지역의 전형적인 동물인 라마의 그림도 등장한다. 당시 유럽인이 그 동물을 한 번도 본 적이 없었음은 물론이다.

유럽과 아프리카 대륙을 그린 부분은 더욱 정확하다. 무엇보다 학자들을 놀라게 하는 것은 대부분의 경우 위도와 경도가 0.5도 이내에서 실제의 위치와 일치한다는 점이다. 지도상의 세로선(경도)은 동서방향의 거리를 알려주기 때문에 매우 중요하다고 할 수 있다. 위도는 별을 통해 비교적 간단하게 알 수 있지만 경도는 시간을 정확하게 측정할 수 있는 도구를 필요로 한다. 그런데 크로노미터(천문, 항해용의 정밀시계)가 발명된 것은 피리 레이스 시대로부터 200년 이상이나 지난 뒤의 일이었다. 1500년대 초에는 경도가 알려지지 않았고, 그런 탓에 당시의 지도는 대부분 대륙 동서방향의 오차가 상당히 컸다. 당대에 제작된 최신 지도를 사용한 콜럼버스가 목적지까지 1,000마일이나 남아 있었음에도 불구하고 카나리아 제도를 아시아라고 착각했던 것은 정확한 경도에 대한 지식이 없었기 때문이다.

피리 레이스의 지도는 남아메리카의 대서양 해안선을 매우 자세히 묘사하고 있는데, 흥미롭게도 브라질 남쪽의 해안선이 연장되어 아프리카 쪽으로 뻗어 있는 것처럼 보인다. 알링턴 멜로리는 이 지도를 연구해 지도의 중심점이 카이로라는 사실을 발견했다. 또한 현대적인 투사법으로 이 지도를 재작성한 미국 뉴햄프셔 킨 주립대학의 햅굿 교수는 남미 대륙 남쪽에 길게 뻗은 해안선은 웨델해에서 퀸모드랜드에 걸친 남극 대륙의 해안선을 그린 것이라며 다음과 같이 설명했다.

"이것은 이제까지 알려진 문명보다 훨씬 이전에 진보된 다른 문명이 있었음을 증명한다. 고대의 항해자들은 극에서 극으로 여행을 했다. 믿기 어려울지도 모르지만 여러 가지 자료를 조사해 본 결과, 고대의 어떤 사람은 남극 해변이 아직 얼음으로 뒤덮이지 않은 시기에 그곳을 탐사한 것이 틀림없다. 그들이 항해에 이용한 도구는 고대에서 중세를 거쳐 18세기 후반에 이르기까지 인간이 사용했던 그 어떤 도구보다 뛰어났다."

미국 정찰기술대의 해럴드 Z. 올메이어 중령도 피리 레이스의 지도에 대해 비슷한 평가를 하고 있다.

"지도 아래쪽에 그려진 해안선은 1949년에 스웨덴, 영국, 노르웨이의 합동남극조사대가 지진탐사를 통해 발표한 남극의 해안선과 놀랄 만큼 일치한다. 이것은 해안선이 얼음으로 덮이기 전 지도에 기록되었음을 시사한다. 이 지역의 빙괴 두께가 1마일에 달하기 때문이다. 지도에 실린 데이터는 1513년 당시의 지리적 지식수준이라고 믿기 힘들 만큼 정교하다."

무엇보다 놀라운 점은 남극 대륙의 존재가 이 지도의 작성일자보다 거의 300년이나 지난 1818년에 발견되었다는 것이다. 물론

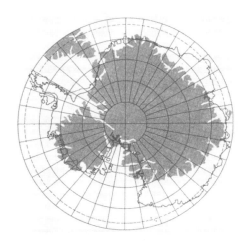

오론테우스 지도 오론테우스의 지도를 현대의 투사법으로 그리면 남극대륙의 빙하 아래에 있는 해안선과 놀랍게도 유사하다.

남극 부근에 거대한 대륙을 그려 넣은 고대 지도도 종종 발견되었지만, 이는 오랜 공상의 산물로 정확성이 떨어져 학계에서는 인정하지 않고 있다.

그뿐 아니라 피리 레이스의 지도보다 18년이나 더 지난 1531년에 그린 오론테우스 피니우스의 지도는 피리 레이스의 것보다 남극 부분이 훨씬 정확하게 나타나 있다. 남극의 상세한 해안선뿐 아니라 산맥으로부터 흘러나오는 강까지 그려져 있는 것이다. 내륙부가 공백인 것은 아마도 그 지도를 그릴 당시에도 이미 얼음에 덮여 있었기 때문이라고 추측된다. 더욱 놀라운 것은 남극의 얼음 밑에 있는 산맥과 섬을 그린 것인데 그런 사실은 1958년에야 알려진 것이다.

피리 레이스 지도보다 200년이나 앞선 1339년에 제작된 '둘세르트 항해 안내서'는 지도 제작자가 골웨이에서 러시아 돈 바신 강까지의 지역을 정확히 알고 그렸음을 보여 준다. 동시대의 다른 항해 안내서에도 지금은 존재하지 않는 여러 섬이 에게 해에 있음을 나타내고 있는데, 이 섬들은 오래 전에 바다 속에 가라앉았음이 틀림없다. 한 지도에는 남부 영국의 섬이 정확히 그려져 있지만 스코틀랜드는 보이지 않는다. 아마도 빙하상태에 있었기 때문에 그리지 않은 것으로 추정된다.

피리 레이스 시대나 그 이전의 지도 제작기술은 상당히 단순했다. 그저 오래 전부터 내려오는 원본을 베끼고 짜깁기하는 정도에 지나지 않았던 것이다. 지리상의 발견 시대는 그때 막 시작되었을 뿐이며(보통 1492년 콜럼버스의 신대륙 도착을 출발점으로 한다) 대륙의 전체적인 형태는 어느 정도 알려졌지만 각 지형의 정확도는 큰 오차가 있었다. 그렇다면 이 지도는 남극이 얼음으로 덮이기 전에 그려졌거나 아니면 지진파 탐사로 1마일이나 되는 만년설 아래의 지질을 탐사할 수 있는 고도의 기술력을 갖고 있던 문명이 만들어냈다고 할 수 있다.[32]

아인슈타인이 주목한 햅굿의 지각판 이동 이론

1만 5,000년 전 남극 대륙은 얼음으로 덮인 황무지가 아니라 초목이 우거지고 다양한 동물이 살 수 있는 환경이었다. 그리고 당연히 사람도 살고 있었다. 이곳 사람들은 세계 최초의 초고대문명을 건설한 것은 물론 토목과 천문학, 항해술에서 뛰어난 능력을 보였다. 또한 이들은 지구 전역을 탐험하며 이집트, 아메리카, 유럽 등지에 식민지를 건설했다.

그러다가 기원전 약 1만 년 전에 이르러 대재앙이 일어나 남극 대륙에 있던 위대한 문명은 지금처럼 두꺼운 얼음과 눈 속에 파묻히고 말았다. 그렇다고 남극 대륙에 살고 있던 사람들이 모두 사라져 버린 것은 아니었다. 그들은 자신들이 이룩한 초고대문명이 멸망할 것을 예측해 세계 각지로 뿔뿔이 흩어졌다. 그들 중 가장 앞선 지식을 보유하고 있었던 후예들이 이집트에서 피라미드와 스핑크스를 건설했고, 볼리비아에서는 티아우아나코의 태양 신전을 건설했다. 다른 지역으로 이동한 아틀란티스인들도 남극 대륙에 살던 때의 지식을 이용해 거석문화를 이룩했으며 자신들에게 닥친

16세기 북극 중심 지도 16세기인들은 각 대륙을 둘러싼 중심에 있는 커다란 섬으로 인식했다.

재앙의 기억이 지속적으로 전수될 수 있도록 신화, 전설, 역법 속에 숨겨 놓았다.

이러한 가설은 공상과학이 아니라 영국의 언론인 출신 작가인 그레이엄 핸콕이 세계적인 베스트셀러 『신의 지문』에서 진지하게 제시한 것이다. 핸콕은 위에서 설명한 몇 장의 지도를 토대로 이러한 가설을 세웠다. 이들 지도는 분명 남극 대륙을 그린 것으로 그곳이 빙하에 덮이기 전 존재한 문명의 유산이 틀림없다는 주장이다.

핸콕 가설의 진원지는 햅굿 교수로 거슬러 올라간다. 뛰어난 이론학자로 빙하의 생성 요인에 도전한 햅굿 교수는 지구의 공전궤도와 자전축의 방향이 점진적으로 변화해 기온 하락이 초래되었다는 기존의 정설이 빙하기의 종말에 따른 여러 가지 격변을 말끔히 설명할 수 없음을 발견했다. 그는 남극이 빙하기로 들어간 이유는 양 극점의 무게가 주기적으로 지구에 불균형을 초래했기 때문이라고 생각했다. 또한 양 극점 위의 얼음이 임계질량에 도달하면 그 무게로 지구의 외피인 지각판이 균형에 도달할 때까지 미끄러지듯 이동한다고 주장했다. 지구의 자전축은 고정되고 대륙이 얹혀 있는 지각판만 양 극점으로 이동한다는 것이다. 이 경우 남극과 북극은 지구에서 가장 추운 지점에 머물게 되며, 그는 유럽이 약 3,600킬로미터 북쪽으로 이동해 북극권에 놓임으로써 얼음이 쌓이기 시작했다고 설명했다.

햅굿은 이러한 이론을 1958년「지구의 지각판 이동」이라는 논문에 자세히 담아 발표했다. 그는 세계의 여러 지역이 차례로 북극권과 남극권으로 진입함에 따라 얼음이 재분배되었고, 아메리카 대륙은 점차 남쪽으로 이동했으며, 빙하층은 1만 년 동안 모두 녹아 버렸다고 부연 설명했다. 또한 그는 이 과정에서 엄청난 규모의 지진과 홍수, 화산 폭발로 아메리카와 유라시아 대륙의 동식물군이 대부분 멸종했다고 추정했다. 시베리아가 북극권으로 이동해 매머드가 완전히 멸종된 것도 이 때문이며, 남반구에서는 아메리카의 빙하기 동안 대부분 온난했던 남극 대륙이 기원전 6000년 무렵 완전히 남극권으로 진입해 2,000년이 지나자 얼음으로 뒤덮였다는 것이다.

그의 지각판 이동이론은 앨버트 아인슈타인의 주목을 받았고 아인슈타인은 다음과 같은 편지를 썼다.

"당신의 논거는 매우 인상적입니다. 그리고 당신의 가설이 옳다는 인상을 받았습니다. 과거의 주요한 지구 지각(地殼)이동이 짧은 시간 내에 반복적으로 발생했다는 사실은 아무도 의심하지 않을 것입니다."

두 사람은 직접 만나 의견을 나누었고, 아인슈타인은 햅굿의 책에 서문을 쓰기까지 했다.

어쨌든 피리 레이스가 현재 얼음 속에 갇혀 있는 남극 대륙의 지도를 그릴 수 있었던 근거를 좁혀서 생각하면 다음의 네 가지로 분류할 수 있다.

1. 지도 제작자는 보통사람을 훨씬 능가하는 특수한 능력을 지녔다. 다시 말해 직관적인 원시(遠視) 능력을 가진 사람이 세계지도를 그렸다.

2. 아틀란티스인을 비롯해 전 세계에 거석 건조물을 만든 초고대 문명의 사람들은 현대인이 짐작하는 것보다 훨씬 더 멀리까지 항해할 수 있었으며, 뛰어난 천문 지식으로 상당히 정확한 지도를 그릴 수 있었다. 대체로 이 시기를 1만 년에서 1만 2,000년 전으로 본다.

3. 남극 대륙에 현대인이 알지 못하는 첨단문명이 있었는데 그들의 후예 중 누군가가 남극 대륙이 얼음으로 덮이기 전인 기원전 4000년경에 남극 대륙을 탐험해 지도를 제작했다. 그리고 그것이 알렉산드로스 시대까지 여러 시대에 걸쳐 복사되어 내려왔다.

4. 고대 혹은 알렉산드로스 시대에 불가사의한 지식이 알려졌다. 그 지식은 고대 항해나 천체에 관한 지식으로 어쩌면 지구 밖 생물로부터 얻었을지도 모른다.

이 가설 중에서 어느 것도 증명하기 어렵지만, 네 번째를 제외한 나머지는 모두 지구상에 살아 있던 인간이 제작했다는 것을 의미한다.

첫 번째의 특수한 능력을 지닌 사람이 제작했다는 설은 다소 황당하게 들릴지도 모르지만 의외로 이를 지지하는 사람이 많다. 예언가 노스트라다무스(Nostradamus)의 예를 들어 보자. 진실의 예언에 관한 그의 저서 『제세기諸世紀』는 약 1,000개의 사행시로 되어 있다. 그중에는 여느 예언적인 주술처럼 내용이 애매해서 전혀 이해할 수 없는 것이 있는가 하면, 한편으로는 귀중한 진리로 여겨질 수 있는 내용도 포함되어 있다. 이러한 노스트라다무스의 책이 시대에 따라 항상 재해석되는 것은 그가 천리안을 갖고 미래를 엿보았다는 것을 사람들이 인정하기 때문이다. 그렇다면 그런 특수한 능력을 가진 사람이 마치 비행기를 타고 하늘에서 내려다보는 것처럼 지구 전체를 살펴볼 수도 있지 않을까? 이에 대한 평가는 독자에게 맡긴다.

두 번째와 세 번째 주장은 어느 정도 동일한 맥락을 갖고 있다. 특히 세 번째 주장의 경우 그레이엄 핸콕이 그 누구보다 자세하게 정리하고 있는데 그의 설명은 두 번째 주장, 즉 아틀란티스 대륙을 남극 대륙으로 바꿔 설명한 것이다. 어쨌든 누군가가 기원전 4000년경 남극이 얼음으로 뒤덮이기 전에 남극 대륙을 탐험해 지도를 작성했을지 모른다는 가설은 전 세계적으로 이목을 끌었고 엄청난 반향을 일으켰다. 그리고 그들이 도대체 누구인가에 대한 관심을 집중시켰다.

플렘 아스 부부에 의해 더욱 강화된 남극설

찰스 햅굿의 '극지 변동' 가설은 '대륙이동설'이 지질학계의 정설로 떠오르면서 학계로부터 외면당하기 시작했다. 하지만 그린란드에서 발견된 열대 야자수의 화석 잔해 등 햅굿이 지각판 이동의 증거로 제시한 것 중 대다수는 지각판 전체가 한꺼번에 이동한 것이 아니라 대륙이 오랜 시간에 걸쳐 점차적으로 이동했다는 것을 보여 준다.

햅굿도 자신이 처음에 제시한 메커니즘이 어쩌면 틀렸을지도 모른다는 생각에 양극의 위치 변화 원인이 지각층의 더 깊은 곳에 있을 가능성이 있다고 수정했다. 그럼에도 불구하고 그는 애초의 이론을 포기하지는 않았다. 그런데 햅굿의 이론이 점점 지질학자들의 지지를 받지 못하는 상황에서 놀랍게도 다시 반전이 일어났다. 1970년대 말, 캐나다의 랜드와 로즈 플렘 아스 부부가 햅굿의 이론을 좀 더 발전시킨 것이다.

이들은 이집트인이 아틀란티스 대륙을 그린 지도가 있는데, 이 지도는 17세기 중반 독일 출신의 학자 아타나시우스 키르허(Athanasius Kircher)가 플라톤의 진술을 토대로 그린 것과 같다고 했다. 또한 이 지도에는 빙하에 덮이지 않은 남극 대륙이 보이며 얼음 속에 묻힌 남극 대륙의 크기와 형태가 유사하다는 것을 곧바로 파악할 수 있다고 주장했다.

그런데 이 지도에는 아틀란티스 대륙이 현재의 아프리카 대륙과 아메리카 대륙 사이에 그려져 있다. 그런 탓에 이 지도는 키르허가 공상으로 그린 것이라는 지적을 받았고 별다른 지지를 받지 못했다. 그런 상황에서 플렘 아스 부부는 지도를 거꾸로 돌리면 아틀란티스 대륙이 그려진 부분이야말로 정확하게 남극 대륙을 의미한다고 주장했다. 한마디로 남극 대륙이 아틀란티스 대륙이라는 것이다. 이들의 주장은 이집트의 사제 손치스가 솔론에게 했던 말을 근거로 하고 있다. 손치스는 아틀란티스가 대서양에서 멀리 떨어진 미지의 세계 밖에 있다고 말했다.

"이 섬은 리비아(북아프리카)와 아시아(중동)를 합친 것보다 크고 거기에는 항해자들을 다른 섬으로 인도하는 해로가 있었다. 그 섬으로부터 시작해 진정 바다라고 부를 만한 대양을 육지가 둘러싸고 있었는데, 지금 우리가 이야기하는 그 해역은 입구가 좁은 그야말로 하나의 만(灣)에 지나지 않는다. 그러나 다른 바다, 그것은 진정한 대양으로 그 대양을 둘러싼 땅은 대륙이라 불리기에 부족함이 없다."

솔론 시대의 그리스인은 세상을 광활한 대양 한가운데 떠 있는 하나의 섬으로 파악하고 있었다. 이러한 세계관 아래 문명은 유럽, 리비아(아프리카), 아시아의 단위로 나뉘어졌다. 그리스인은 세계 북쪽 끝부분에 헤라클레스의 기둥이 놓여 있다고 설명했고, 그 의미를 두 가지로 해석했다. 하나는 지브롤터 해협이라는 특정한 위치를 말하며, 다른 하나는 세상의 끝(extremity of the known world)이라는 의미다. 솔론의 이야기에 나오는 헤라클레스의 기둥은 (그리스 세계의) 끝을 의미하고, 그 끝의 밖에 있는 것은 누구도 밟을 수 없는 곳으로 금지된 통로에 해당한다.

플렘 아스 부부는 헤라클레스의 기둥 밖에 있는 대서양의 의미가 솔론이 이야기했을 때와 달리 매우 축소되었다고 주장했다. 고대 그리스인은 대서양이란 말을 '세상에서 단 하나밖에 없는 거대한 바다'라는 뜻으로 사용했는데, 콜럼버스가 신대륙에 발을 들여놓은 이후 대서양의 의미가 축소돼 현재처럼 대서양과 태평양으로 나뉘었다는 것이다. 아리스토텔레스도 대서양을 섬 세계를 완전히 둘러싼 물의 일부분으로 정의했으므로 대서양은 오늘날의 대서양이 아니라 '세계양(World Ocean)'으로 불러야 한다는 얘기다. 바다가 세계양으로 통일되었다는 사실은 남극 대륙을 중심으로 한 미 해군의 지도에 현재의 대서양, 태평양, 인도양이 한 바다에 포함되는 것으로도 알 수 있다.

플렘 아스 부부는 남극 대륙을 중앙으로 보고 지금의 지구를 설명하면 한 치의 어긋남도 없이 잘 맞아떨어진다고 주장했다. 우선 남극 대륙은 1,200만 제곱킬로미터에 이르는 거대한 영토로 북아프리카와 중동을 합친 면적에 근접한다. 아틀란티스 대륙이 존재한다는 그들의 가설은 사장되어 가던 아틀란티스 대륙에 그야말로 구세주나 마찬가지였다.

남극에서 출발한 신의 지문

아틀란티스가 초고대문명이 존재한 대륙이라면 적어도 그 땅의 한쪽 길이가 수천 킬로미터는 되어야 하고, 여러 개의 산맥과 큰 강이 있어야 한다. 또한 1만 년 전이라는 제한조건도 충족시켜야 한다. 그런데 대륙이동설이 확고한 지질학의 이론으로 자리를 잡아가면서 대륙 규모의 땅덩이가 사라진다는 것이 사실상 불가능하게 되었다. 이 말은 아틀란티스 대륙의 침몰이라는 사실 자체가 사망선고를 받은 것이나 마찬가지였는데, 플렘 아스 부부가 입김을 불어넣어 불씨를 살린 것이다.

이들의 주장에 누구보다 열렬히 관심을 보인 사람이 바로 핸콕이다. 핸콕은 『신의 지문』에서 남극 대륙이야말로 사라진 대륙이며 그 문명이 존재했다는 것을 보여 주는 '지문'을 세계 각지에 산재한 고고학 유적지에서 발견할 수 있다고 설명했다. 그러나 핸콕의 주장에도 결정적인 걸림돌이 존재한다. 핸콕의 동료인 존 앤서니 웨스트(John Anthony West)는 남극 대륙이 아틀란티스이며 이곳에 초고대문명이 존재했다 해도 지도가 그려지려면 두 가지 가정이 충족되어야 한다고 주장했다.

1. 남극 대륙이 얼음에 덮이지 않았던 시기, 즉 적어도 6,000년 전에는 지도가 작성되어 있어야 하고 누군가 사람이 남극 대륙에 살고 있어야 한다.
2. 고도의 해양 문명이 여러 지역에 존재해야 한다.

햅굿은 지각이동은 지구의 넓은 지역을 일시적으로 사람이 거주할 수 없는 상태로 만들기 때문에 사람 및 동물의 이동성을 제한시킬 수 있다고 설명했다. 1977년 해리스는 햅굿의 이론을 바탕으로 연구를 진행한 결과 수렵과 수집을 생계유지 수단으로 하던 사람들이 이동이 제한되자 한군데에 정착해 농경생활을 하게 되었다는 결론에 도달했다. 더구나 이러한 제한성으로 인해 사람들이 일부

지역에 거주하면서 인구가 증가하자 자연적으로 계절에 맞춰 개선된 개혁 생활을 하게 되는데, 이것이 특정한 식물 및 동물의 선택적 재배와 사육으로 발전하고 진정한 식량 생산 체계로 옮겨갔다고 주장했다.

이들은 1만 2,000년 전에 수메리아, 이집트, 인도, 미노아, 중국 등은 열대지방이었지만 차츰 온대지방으로 변하면서 문명권이 생겼다고 주장한다. 각 문명권이 시작된 연대가 다른 것은 기후 변화가 급격히 이루어져도 사람들이 새로운 기후로 이동하는 속도는 완만하기 때문이다. 즉, 급격한 기후 변화와 그 변화 속도에 못 미치는 인류의 이동속도가 각 지역에서의 문명 발달의 시간 차이를 빚어냈다는 얘기다.

그렇다면 아틀란티스의 생존자들이 고대 이집트 문명을 건설하는 것은 물론 후술하는 거석 문명, 즉 영국의 스톤헨지, 프랑스의 카르낙(Kamak), 마야와 잉카, 이스터 섬, 페루의 나스카(Nazca) 등이 상당한 단절을 보이는 것은 하등 이상한 일이 아니다. 아틀란티스 후예들이 전 세계로 퍼져 나갈 때 각자에게 닥친 제한적 요소가 현저히 달라 새로운 정착지에서 생활하는 여건이 저마다 다를 수밖에 없다. 하지만 그들은 모두 아틀란티스의 후손으로 홍수의 전설이나 거석 문명처럼 공통적으로 갖고 있는 지식은 모두 같다는 것이다.

그렇다면 이 시점에서 고대의 지도에 관한 이야기로 돌아가 보자. 어쨌든 약 6,000년 전은 고온기로 이 시기의 기온은 현재보다 높았을 게 틀림없고, 남극 대륙 대부분이 온대지역에 속해 있었다는 것을 인정하더라도 당시에 남극까지 항해할 수 있는 배와 항해술이 있어야만 한다는 결론이 나온다. 기원전 4000년경 남극까지 항해할 능력이 있는 문명이 과연 지구상에 존재했을까? 현대인의 상식으로는 불가능해 보이지만, 아무튼 이것은 남극설의 관점에서는 매우 중요한 문제다. 그런데 놀랍게도 핸콕과 플렘 아스 부부에게 매우 고무적인 증거가 발견되었다. 고대인이 빙하로 덮인 남극 지도를 그릴 수 있는 가능성이 발견되었던 것이다.

1991년 9월, 미국과 이집트의 고고학자들은 최소한 5,000년 전에 제작된 이집트 파라오의 함대가 나일 강으로부터 거의 13킬로미터 떨어진 내륙 아비도스에서 발견되었다고 발표하였다. 한데 그 규모가 엄청났다. 이것은 모두 12척의 목선으로 길이가 15~22미터나 되었던 것이다.

배의 길이가 22미터에 이른다는 사실은 고대문명에 대한 매우 중요한 발견이다. 중세 시대에 유럽 전체를 엄청난 공포에 떨게 한 바이킹의 롱십(Long ship, 긴 배)의 경우 배의 길이가 24미터, 폭이 5미터 정도 되었다. 바이킹은 이 배에 40여 명의 전사와 말 2필을 싣고 전 세계를 항해했다. 아메리카 대륙의 첫 발견자가 바이킹이었다는 공인된 사실로 미뤄 볼 때, 이집트에서 발견된 크기의 배라면 전 세계 어떤 지역이라도 얼마든지 장기간 항해가 가능했을 것이다.

파라오의 함대는 기원전 2700~2600년경에 이집트를 통치한 제2왕조 카세켐위(Kasekhemwy)의 장례 신전에서 발굴된 것으로 제1왕조의 제르(Djer, 기원전 3100년 경) 시대에 제작된 것으로 추정된다. 그래도 남극이 얼음으로 뒤덮여 있지 않았다는 기원전 4000년과는 적어도 1,000년의 차이가 난다. 이 간격을 어떻게 설명할 수 있을까?[33]

이 문제에 대해서는 고고학자들이 명쾌한 대답을 준비하고 있다. 먼저 아비도스의 파라오 함대는 먼 바다의 악천후에서도 견딜 수 있도록 고도의 기술로 건조되었으며 그 모습도 매우 우아하다. 이는 고대 이집트의 배들이 오랜 세월에 걸쳐 축적된 항해기술을 능숙하게 사용할 수 있었음을 의미한다.

이처럼 세련된 배의 설계는 하루아침에 이뤄질 수 있는 것이 아니다. 그처럼 거대한 함대를 건조하기 위해서는 오랜 세월에 걸친 기술 축적 과정이 필요하다. 나일 강 유역에서 발견된 가장 오래된 벽화에 유선형의 대형 배가 물 위를 달리는 모습이 그려져 있는데, 이것은 아비도스의 함대보다 무려 1,500년이나 더 오래된 6,500년 전의 일이다.

결국 이집트인은 현대인이 상상할 수 없을 정도로 뛰어난 항해술로 남극까지 항해했으며, 자신들이 본 지역을 지도로 정교하게 그렸고, 그것이 알렉산드로스 시대까지 전승되었다는 추론이 가능해진다. 만약 정말로 아틀란티스가 남극에 있었다면 그동안 아틀란티스 대륙의 전설에 관한 모든 의문점을 잠재울 만한 파괴력을 가질 수 있다.

고고학, 천문학, 지질학 등 광범위한 분야에서 나름 명확한 증거를 이끌어 낸 핸콕과 플렘 아스 부부의 가설은 얼핏 보면 상당히 설득력이 있어 보인다. 또한 그들은 더 나아가 이집트인이 뛰어난 항해술을 통해 남극까지 항해했을 거라는 개연성까지 부여했다. 하지만 정통 학자들은 그들의 주장을 받아들이지 않았을 뿐만 아니라 즉각 반격을 가하기 시작했다.

무엇보다 그들은 남극 문명이 남긴 유적의 건설 연대가 1만 2000년을 상회한다면 왜 그들의 후손이 세웠다는 이집트 문명이 기원전 3000년 정도밖에 되지 않느냐고 반문한다. 적어도 이들을 연결하려면 이러한 공백기를 말끔히 설명할 수 있어야 한다는 얘기다.

플렘 아스 부부는 아틀란티스인이 각지로 퍼져 나가는 데 나름대로 시간이 걸렸고, 각 지역의 특성에 따라 변형된 문명이 발전할수 있다고 나름대로 설득력 있게 설명했다. 다시 말해 아틀란티스 대륙의 후예들이 곧바로 이집트에 도착하지 못해 그 중간단계에서 아틀란티스의 거석 문명을 진행시켰고, 비로소 이집트에 도착해 여러 가지 여건을 바탕으로 아틀란티스 문명을 활짝 꽃피웠다는 것이다.

이러한 주장의 한계는 아틀란티스가 멸망했다는 기원전 1만 년경에도 이집트인은 계속 나일 강 계곡에 거주하고 있었다는 점이다. 앞에서 이미 언급한 대로, 오늘날의 남극 대륙이 아틀란티스 대륙이었다고 믿는 사람들은 이집트가 아틀란티스의 식민지였다고 자신 있게 주장한다. 그러나 이집트에서 제1왕조가 시작되기 직전인 기원전 3400년경 이전에는 도시와 신전, 피라미드, 오벨리스크, 조각상 등 이집트가 자랑하는 화려하고 웅장한 문명의 흔적이 존재하지 않는다.

존 앤서니 웨스트는 시간의 간극을 메우는 것이 가장 큰 문제라고 분명히 지적했다.

"내가 볼 때 이와 관련된 커다란 문제는 전승 과정이다. 이집트

왕조의 문명개화기 사이에 존재하는 수천 년의 시간 동안 지식을 전수한 정확한 방법이 수수께끼에 싸여 있다. 이는 풀기가 쉽지 않은 문제다."

핸콕이 제시한 견해는 남극 대륙의 지식이 수백 세대(적어도 300세대)에 걸쳐 신화와 전설로 구전되었다는 것인데, 이것이 과연 가능한 일일까? 결국 세계를 깜짝 놀라게 한 플렘 아스 부부와 핸콕의 설명은 여러 고대문명의 기원을 명쾌하게 설명해 내지 못한 셈이다.

문제는 햅굿이다. 그는 피리 레이스의 지도에 남극 대륙의 존재가 암시되어 있다는 것을 입증하기 위해 커다란 가설을 세웠다. 레이스의 지도가 신대륙을 놀랄 만큼 정확히 묘사하고 있으며, 특히 남미 대륙에 대한 묘사는 어느 유럽인도 탐험해 본 적 없던 지역을 묘사한 것이 틀림없다는 것이다. 또한 남아메리카 하단 부분부터 남극 대륙이 있는 약 3,000킬로미터가 생략되었는데, 이는 두 대륙 사이에 존재하는 해상통로를 피리 레이스가 의도적으로 생략했다고 설명했다.

바로 이 주장이 논쟁의 실마리가 되었다. 햅굿의 생략설을 근거로 핸콕은 레이스의 지도를 연결해 남극을 복원하는 것이 가능하다고 주장했다. 하지만 레이스의 지도를 면밀하게 분석한 학자들은 핸콕과는 전혀 다른 결론을 내렸다. 레이스의 지도는 부정확할 뿐 아니라 대부분 추측과 상상에 의해 묘사되었으며, 특히 남미 대륙의 해안가와 북미 대륙의 연안을 직접 보지 않고 그린 부분이 많다고 주장했다. 이렇듯 똑같은 지도를 분석한 결론이 완전히 달랐던 것이다.

지도에 관한 한 최고 권위자인 그레고리 매킨토시(Gregory Macintosh)는 역사적인 자료를 검토해 볼 때 레이스의 지도가 15~16세기 유럽의 지도제작 기법을 잘 보여 준다고 말했다. 무엇보다 해안지역은 그 지역을 탐험한 사람들이 직접 보고 제작한 것이며, 추측으로 그렸다는 부분은 잠깐 들렀거나 지나치면서 기록했을 수도 있고 상상으로 그렸을 수도 있다고 했다. 당시의 지도제작자가 모르는 지역을 백지상태로 남겨 둔 채 지도를 그린 것이 아니라 확인되지 않은 부분은 상상력을 동원해 채워 넣었다는 설명이다. 즉, 레이스가 추측으로 그려 넣은 부분을 남극과 연계한다는 것은 비상식적이라는 얘기다.[34]

핸콕에 대한 과학자들의 공격이 이것으로 끝난 것은 아니었다. 그들은 보다 구체적인 자료로 핸콕의 주장이 원천적으로 문제가 있음을 날카롭게 지적했다. 우선 레이스가 지도를 만든 연도가 1513년이라면 1492년에 콜럼버스가 신대륙에 발을 들여놓은 지 20년이나 지난 시점이라 수많은 탐험가가 아메리카 대륙 연안을 철저히 조사한 후라는 것이다. 당시 탐험에 참가한 유럽인은 자신들이 발견한 사실을 정확히 기록했는데, 놀라운 것은 피리 레이스의 지도에 브라질의 내부 모습과 콜럼버스에 관한 이야기가 기록되어 있다는 점이다.

"분명 콜럼버스라는 제노바 출신의 한 무신론자가 이 땅에 왔던 것으로 추정된다. 그 경위는 다음과 같다. 콜럼버스는 책을 한 권 입수했고, 그 책을 통해 '서쪽 바다(대서양) 끝에 해안선과 많은 섬이 있으며, 그곳에는 각종 귀금속과 보물이 가득 차 있다'는 사실을 알았다."[35]

이 글을 그대로 인정한다면 콜럼버스 이전에 아메리카 대륙에 대한 정보를 적은 책이 있었고, 콜럼버스가 그 책을 근거로 자신의 후원자들에게 탐험대 파견을 설득했다고 볼 수 있다. 또한 레이스의 지도에는 포르투갈인이 원주민들로부터 화살 공격을 받았는데, 그들이 나체였다는 글이 적혀 있다. 남극 대륙 해안으로 가정한 부분 옆에는 '머리털이 하얀 괴물들', '뿔이 여섯 개 달린 황소', '커다란 뱀들'과 무더운 날씨에 대한 포르투갈인의 보고를 적고 있다. 레이스는 포르투갈인의 괴물에 대한 기록을 '포르투갈의 불신자들이 자기네 지도에 기록했다'고 적었다.

그렇다면 피리 레이스의 지도를 고대지도로 인정할 만한 근거가 없지 않은가? 핸콕을 더욱 빠져나오기 어려운 궁지로 몰아넣은 것은 핸콕이 레이스의 지도로 남극설을 주장할 때 이미 콜럼버스가 기록되어 있음을 알고 있었음에도 그것을 거론하지 않고 알렉산드로스 시대의 기록만 있는 것처럼 주장했다는 점이다. 한마디로 요약하면 핸콕은 학자의 양심마저 속여 가며 남극설을 거짓으로 포장한 것이다.

충격은 여기서 그치지 않았다. 레이스 지도의 재구성을 통해 빙하에 묻힌 남극 대륙의 형태와 유사하다는 주장에 반론이 제기되었다. 최근의 과학 탐사에서 얼음을 들어내면 빙하 아래에 있는 남극 대륙의 실체가 현재의 지형과 많이 달라진다는 것이 발견되었기 때문이다. 현재 남극 대륙은 수백만 톤의 빙하층에 짓눌려 수백 킬로미터나 침강되어 있지만, 그것을 수정하면 해안선이 크게 달라진다는 얘기다.

빙하층을 제거할 경우 남극 대륙의 형태가 현저히 변모된다면, 피리 레이스나 오론테우스 피니우스의 지도에서 보여 주는 해안선의 모습이 현재 얼음 속에 보이는 남극 대륙과 일치한다는 것은 아무런 의미가 없게 된다. 결론적으로 말해 피리 레이스나 오론테우스 피니우스의 지도에 묘사된 해안의 섬들은 동토층을 제거하면 사라지므로 서로 일치하는 부분이 거의 존재하지 않는다는 뜻이다.

과학자들은 연이어 보다 강력한 펀치를 날렸다. 아틀란티스가 남극 대륙이라는 지금까지의 설명은 남극 대륙이 기원전 1만 3000년 이전에 빙하에 덮여 있었지만, 그 뒤 점진적으로 빙하가 줄었다는 것이 전제조건이다. 그런데 최근에 빙하도 강처럼 미세한 토양층을 퇴적시킬 수 있다는 사실이 밝혀졌다. 즉, 남극 대륙이 지질학적으로 최근 역사에서 빙하가 없는 시대를 거쳤다는 추정을 할 필요가 없어진 것이다. 여러 층의 빙하에서 발견된 자료에 따르면 남극 대륙이 최소한 10만 년 이상 빙하에 덮여 있었다는 사실이 분명해진다.

과학의 발전을 통해 알게 된 진실은, 이집트인이 실제로 남극까지 항해했다 하더라도 얼음에 덮이지 않은 남극 대륙을 직접 보았다는 대전제 자체가 성립하지 않으며, 이로써 남극 대륙에 초고대 문명이 존재했다는 지금까지의 가설은 원천적으로 성립하지 않게 된다는 사실이다.

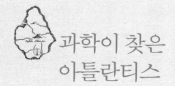

과학이 찾은
아틀란티스

크레타 섬이 아틀란티스 대륙이다?

토머스 모어의 유토피아 아틀란티스 대륙이 발견되지 않자 학자들은 아틀란티스를 토머스모어의 유토피아와 마찬가지로 플라톤이 상상으로 지어낸 '이상향'으로 추정하기도 한다.

아틀란티스 대륙 신봉자들의 집요한 추적에도 불구하고 결정적인 증거가 발견되지 않자, 또다시 플라톤의 이야기는 철학적 창작물이라는 견해가 학자들의 지지를 받기 시작했다. 캠프는 『잃어버린 대륙』이라는 저서에서 플라톤의 이야기를 분석하며 "플라톤의 이야기는 정치적·역사적·과학적 가공의 산물이다. 즉 고대 그리스 시대의 SF물이다"라고 잘라 말했다. 그는 아틀란티스 대륙을 토머스 모어의 '유토피아'와 마찬가지로 플라톤이 상상해 만든 이상향에 지나지 않는다고 생각했다.

그렇다고 아틀란티스 대륙에 대한 구체적인 증거가 전혀 제시되지 않은 것은 아니다. 아틀란티스 대륙의 위치에 대해 학계로부터 최종적인 결론을 얻지는 못했지만 크게 주목을 받는 중요한 가설을 살펴보자.

현재 많은 학자들로부터 절대적인 지지를 받고 있는 것은 K.T. 프로스트(K.T. Frost)가 1909년에 《타임》에 발표한 내용이다. 이어 1969년에 J. V. 루스(J.V. Luce)가 『아틀란티스의 종말—옛 전설의 재발견』을 책으로 펴냈다. 그들의 핵심적인 주장은 크레타 섬이 아틀란티스라는 것이다.

아틀란티스 대륙이 크레타 섬이라는 프로스트의 가설은 다른 가설보다 많은 자료와 증거가 남아 있다. 그럼에도 이들의 가설이 근래까지 큰 지지를 받지 못한 이유는 플라톤이 말한 '하룻밤과 낮 사이에' 아틀란티스 대륙이 갑자기 소멸되었다는 이야기를 설명할 수 없기 때문이다. 또한 크레타 섬이 아틀란티스 대륙이라면 '서쪽에 있었던 섬'이 아니다. 크레타 섬은 이집트에서 보면 서쪽이지만 그리스인이 볼 때는 동쪽에 위치해 있다. 물론 이집트 사제가 자기 입장에서 서쪽이라고 말한 것이라고 한다면 간단할 수도 있지만 이 방향성 때문에 논쟁이 끊이지 않았다. 아틀란티스 대륙에 대해 결론을 내리는 것이 얼마나 어려운 일인지 새삼 이해할 수 있을 것이다.

그렇다고 모든 과학자나 고고학자가 플라톤이 말하는 단어 하나하나에 집착하는 것은 아니다. 프로스트의 가설을 강력히 지지하는 증거가 마침내 나타났기 때문이다. 고고학자 스피리돈 마리나토스 (Spyridon Marinatos), 루스, A.G. 갈라노풀로스(A.G. Galanopoulos), 에드워드 베이컨(Edward Bacon) 등은 프로스트의 가설을 조사했다. 그 이유는 플라톤이 아틀란티스 이야기를 만들 때 미노아 문명을 배경으로 했다고 생각했기 때문이다.

크노소스의 수도 미노아의 웅장한 사원들은 약 3,800년 전에 축조된 것이다. 이 사원의 정상부에는 2만 평방미터의 면적에 1,000여 개의 방이 있고, 안뜰에는 복도를 따라 거대한 기둥들이 늘어서 있으며, 의례를 위한 목욕탕과 계단도 있다. 신전의 일부는 3~4층 높이로 되어 있으며 광장과 주거공간의 일부 벽은 돌고래와 황소 그림이 프레스코 벽화 기법으로 장식되어 있다. 이들 유적을 보면 플라톤 시대의 그리스보다 훨씬 오래된 문명이지만 매우 수준 높은 문화를 갖고 있음을 알 수 있다.

그들이 주목한 것은 바로 황소 그림과 아틀란티스 대륙에서 황소를 제물로 바칠 때 금속을 사용하지 않고 매듭과 몽둥이만 사용해 죽였다는 기록이다. 당시 크레타인은 무기 없이 황소와 싸우는 운동을 즐겼다. 이는 몸집이 거대한 황소가 질풍같이 돌진해 오는 정면에 떡 버티고 섰다가 황소의 뿔에 떠받힐 듯한 순간에 쇠뿔을 휘어잡고 공중회전해 황소의 등에 올라타는 경기다. 이 경기는 전속력으로 달려오는 황소를 상대로 하는 것이므로 조그마한 실수도 용납되지 않았다. 그들의 무기는 오직 양팔과 번개처럼 빠른 눈, 민첩성, 용기뿐이었다.

크레타를 발굴한 에번스 박사가 크레타에서 발견한 〈투우사의

크레타의 **황소 뛰어넘기 경기** 무기나 도구를 전혀 사용하지 않고 돌진하는 황소의 쇠뿔을 잡고 올라타는 경기는 인간이 생각해 낸 가장 위험한 경기로 꼽힌다.

프레스코화)에는 황소 한 마리와 세 명의 선수(두 명의 여성)가 그려져 있다. 힘이 넘치는 황소가 맹렬하게 돌진하고 있고 허리에 짧은 요포를 두르고 양말만 신었을 뿐 아무것도 걸치지 않은 한 소녀가 황소의 뿔을 꽉 잡고 있으며, 소년이 황소 등 위에서 공중제비를 돌고 있다. 이 그림에 여자 선수가 등장하는 것은 황소타기가 완력의 스포츠가 아니라 타이밍과 스피드, 뛰어난 운동 신경을 갖고 있어야 한다는 것을 의미한다.

에번스는 북아메리카의 카우보이와 스페인의 투우사가 겪는 투우의 위험성을 조사하던 중 돌격하는 소는 자신의 뿔을 잡는 사람을 공중으로 내동댕이친다는 사실을 알게 되었다. 단언하건대, 이러한 충격에서 살아남을 수 있는 사람은 거의 없다. 설상가상으로 공격하는 소는 머리를 옆으로 돌려 자신에게 접근하는 사람의 몸에 구멍을 내 버린다.

그러므로 크레타에서 소의 등에 뛰어오르는 사람은 여차하면 다치거나 최악의 경우 죽을 수도 있음을 염두에 두어야 한다. 어떤 인장 반지에는 소의 등에 뛰어오르다 실수로 떨어져 발굽에 짓밟힐 위기에 처한 불운한 사람의 모습이 그려져 있고, 한 꽃병에는 쇠뿔을 헛잡아 황소의 뿔이 여자 선수의 등을 찔러 배를 뚫고 나온 끔찍한 장면이 있다.

만약 황소에게 조금이라도 상처를 입히면 선수는 실격 처리되며, 간혹 젊은 여성도 경기에 참가했다고 한다. 전문가들은 이 경기가 사상 그 유례를 찾아볼 수 없을 만큼 위험하고 잔인했을 것이라고 이야기한다. 인간이 할 수 있는 모든 경기를 도입해 관중에게 보여 주는 것을 즐겼던 로마조차도 크레타인이 즐기던 황소타기 경기는 도입하지 않았을 정도였다. 아마도 황소타기가 대단히 위험한 경기라는 것을 알았기 때문인 것 같다.

물론 플라톤의 이야기와 미노아 문명을 연결하는 데는 몇 가지 문제점이 있다. 우선 크레타 섬을 플라톤이 묘사한 아틀란티스로 보기에는 크기가 너무 작고 연대도 지나치게 늦다. 또한 플라톤은

아틀란티스에 코끼리가 있다고 했는데 크레타 섬에는 코끼리가 살지 않는다.[36]

마리나토스는 아틀란티스와 크레타의 연결고리로 기원전 15세기경(기원전 1477년으로 추정) 크레타에서 160킬로미터 북쪽에 위치한 산토리 섬(고대에는 테라 섬)에서 갑자기 거대한 화산이 폭발했다는 사실에 주목했다. 테라 섬의 화산 폭발은 역사상 가장 큰 규모로 거론된다. 미국의 과학자 드라고슬라브 닌코비치는 1883년 8월 인도네시아 크라카타우 섬의 화산 폭발과 산토리 섬의 경우를 비교 연구했다. 크라카타우 섬에서 화산이 폭발했을 때 섬이 조각나면서 가라앉았고, 폭발은 약 4,800킬로미터 떨어진 오스트레일리아 동부 주민들의 귀에까지 들릴 정도였으며, 폭발력은 자그마치 100~150메가톤이나 되었다. 이는 미국의 네바다 사막에서 실험했던 초창기 핵폭탄의 6만~9만 개를 동시에 터뜨릴 때 발생하는 폭발력과 맞먹는 것이다.

그런데 산토리 섬의 화산 폭발은 크라카타우 섬에 비해 4배나 큰 규모였다. 산토리 섬의 폭발로 200미터가 넘는 해일이 발생했을 거라고 추정되지만, 크라카타우 섬의 폭발에서는 해일의 높이가 35미터에 지나지 않았다. 크라카타우 섬의 폭발로 약 3만 6,000명이 사망했다는 점을 생각하면 산토리 섬의 폭발이 어느 정도의 피해를 가져왔는지 짐작할 수 있다.

1967년, 마리나토스는 크레타 섬 인근을 철저하게 조사한 후 테라 섬의 화산 폭발로 미노아 문명의 중심지인 크레타 섬이 황폐화되었다는 증거를 찾아냈다고 발표했다. 그는 산토리 섬의 남쪽에

아크로티리의 유적 산토리 섬의 폭발로 화산재에 묻힌 이 도시는 1967년에 발견되었으며, 아틀란티스 전설의 진원지로 추정된다.

서 아크로티리(청동기 시대의 몰락한 도시)라는 고대 함대의 정박소를 찾아냈다. 이후 1미터에 달하는 화산재에 덮인 마을도 발굴했는데 2, 3층짜리 주택, 창문, 방, 계단, 운하, 도로, 궁전 위치 등이 거의 원형 그대로 파묻혀 있었다. 이것이 바로 로마의 폼페이 유적에 버금가는 '에게 해의 폼페이'로 현재 1/3 정도가 발굴되었다. 학자들은 아크로티리가 크레타의 도시 중에서 가장 큰 곳으로 추정하며 발견된 지역은 아크로티리의 중심부다.

그런데 화산 폭발로 가장 큰 타격을 받은 곳은 오히려 크레타 섬이었다. 폭발에 의한 진동이 크레타의 건물들을 파괴하고 거리는 화재로 뒤덮였던 것이다. 더욱이 엄청난 해일이 북쪽의 여러 연안을 강타했고, 지진도 일어났으며, 크레타의 자랑인 먼 거리 항해용 선박들이 파괴되었다. 특히 크레타의 비옥한 땅 위에 두껍게 쌓인 화재는 상당 기간 농작물의 재배를 불가능하게 만들어 크레타에 결정적인 타격을 입혔다.[37]

모든 고고학자가 미노아 문명이 종말을 맞이한 가장 큰 이유로 산토리 섬의 화산 폭발을 들지는 않지만(또 다른 학설은 그리스인의 공격으로 멸망했다는 것이다), 이 화산 폭발이 몰락의 중요한 원인이라는 주장을 부인하진 않는다.

이집트인은 지중해의 작은 섬 하나가 바다 속에 침몰했고 그 여파로 그들이 잘 아는 강력한 크레타가 완전히 파괴되었다는 것을 알게 되었다(에번스의 추정에 따르면 크레타 최전성기의 수도 크노소스는 인구가 약 8만 명으로 당시 세계 최대도시였고, 제우스신이 태어난 곳이다). 이에 따라 일부에서는 자연스럽게 크레타 출입이 단절되자 이보다 800년 후에 이집트를 방문한 솔론에게 이집트인이 크레타 섬을 아틀란티스 대륙이라는 이름으로 말했을지도 모른다는 주장을 하고 있다. 솔론은 크레타와 이집트인이 부르는 케프티오(Keftiou)가 동일한 지명이라는 것을 알지 못했고, 이집트인의 서쪽이라는 말도 당시 그리스인이 머나먼 서쪽이라고 뜻하던 지브롤터 해협의 서쪽으로 이해했다는 것이다.

영국의 콜린 F. 맥도널 박사는 아틀란티스와 크레타에 세 가지 유사성이 있다고 주장했다. 첫째는 막강한 해군을 거느린 왕이 다스렸으며, 둘째는 군국주의적 체제였고, 셋째는 두 곳 모두 자연재

해로 인해 멸망했다는 것이다. 또한 그는 테라 화산이 폭발했을 당시 섬 주변의 10~20킬로미터 정도에 이르는 지역은 배가 다니지 못했을 것이라고 덧붙였다.

이러한 주장을 뒷받침하듯 그리스의 지진학자인 가라프소스는 1960년에 플라톤이 기록한 아틀란티스 대륙에 관한 19가지의 사실은 대부분 크레타 섬의 미노아 문명과 연관 지을 수 있다고 설명했다. 도로시 비탈리아노는 그 19가지 중에서 6가지는 완전히 일치하고 8가지는 일치가 가능하다고 주장했다.

플라톤이 말한 아틀란티스 대륙과 미노아 문명의 크레타는 믿기 어려울 만큼 유사성을 띤다. 특히 미노아 문명은 플라톤이 언급했던 고도의 아틀란티스에 부합될 만큼 상당히 발전한 문명일 가능성이 크다. 또한 산토리 섬의 원형상의 지형도 플라톤이 기술한 아틀란티스 옛 왕도의 규모나 모형과 합치되는 것처럼 보인다. 플라톤은 아틀란티스에 흰색과 검은색, 붉은색 돌이 많다고 했는데 산토리 섬에서는 이런 색의 돌이 흔하며 뜨거운 물과 차가운 물이 있다는 설명과도 일치한다. 산토리 섬은 아직도 화산활동이 활발해 노천 온천이 많이 있다.

또한 『티아미오스』에서 플라톤은 여행자들이 "사라진 대륙 후면에서 출발해 대륙 전면에 위치한 다른 섬에 도달할 수 있었다"고 기술한 바 있는데, 이집트인의 관점에서 분석해 보면 크레타와 사이클라드 군도, 그리고 그리스 대륙 사이를 말한 것으로 추정된다.

돈 파스트라스 역시 지중해 해저에 아틀란티스 유적이 있으며 산토리 섬의 화산 폭발과 관련이 있다고 주장한다. 그는 자신의 신

산토리 섬 전경 화산폭발로 수중에 매몰된 산토리 섬은 플라톤의 설명과 유사한 점이 많아 일부 학자들은 이곳을 아틀란티스로 추정한다.

념을 입증하기 위해 20여 년에 걸쳐 지중해에 관해 많은 자료를 조사했다. 그가 가장 먼저 주목한 것은 플라톤이 말한 헤라클레스 기둥은 지브롤터가 아니라 그리스 본토에서 본 산토리 섬이라는 것이다. 헤라클레스 기둥은 컵 모양을 뜻하므로 이런 지형을 굳이 대서양에서 찾을 필요가 없다는 얘기다. 그는 어부들이 종종 지중해 바다 밑에서 고대 문명의 흔적을 발견한다며 그리스 정부에 아틀란티스라 여겨지는 바다 밑을 탐험할 수 있도록 허가해 달라고 신청했다. 그리스 정부는 학계에서 인정하는 학설이 아니라는 이유로 아직까지 발굴 허가를 내주지 않고 있다. 이에 대해 그는 그리스 정부가 제2의 슐리만이 탄생하는 것을 바라지 않기 때문이라고 비판했다.

"아틀란티스 대륙은 분명 지중해 속에 있습니다. 저를 슐리만처럼 무모한 사람이라고 말하는 사람도 있지만 저는 슐리만이 되는 걸 주저하지 않습니다. 제가 아틀란티스를 발견한다면 트로이를 발견한 슐리만보다 더욱 위대한 고고학적 업적을 쌓을 것이기 때문입니다."

아틀란티스 문명이 미노아 문명이라는 가설에 대한 반론도 만만치 않다. 1977년에 필힐러와 시링크라는 두 독일 과학자들은 화산의 분출물을 심층 조사한 뒤 산토리 섬의 폭발은 크레타가 멸망한 1450년보다 훨씬 오래 전에 일어났으며, 화산은 기원전 1477년이 아닌 1650년경 폭발했다고 주장했다. 또한 크레타의 미노아 문명

미노스시대 아르칼로코리 동굴 금도끼

은 화산 폭발 이후 기원전 1375년까지도 멸망하지 않았으므로 미노아 문명의 멸망을 화산 폭발과 직접적으로 연관시키는 것은 명백한 오류라고 이야기했다. 크레타 섬은 화산 폭발이 아닌 지진의 여파로 파괴되었다.

일부 학자들은 산토리 섬의 화산 폭발 직전에 크레타에 지진이 일어나 전 도시가 불타올랐다고 주장했다(당시 많은 건물이 목재로 지어져 화재로 거의 모든 도시가 파괴되었음이 발굴로 확인되었다). 또한 플라톤이 묘사한 지진은 바로 이 사건을 뜻하는 것이라고 주장했지만 크레타 섬이 바다 속으로 수몰되지 않았다는 결정적인 단점이 있다. 더구나 황소 숭배는 고대 지중해 전역에서 적어도 기원전 6000년 이후부터 행해졌으며 제물로 바칠 짐승을 잡을 때 희생물에 손상을 입힐 수 있는 무기를 사용하지 않는 풍습 역시 일반적인 것이었다. 몸에 흠집이 없는 짐승만 신에게 바칠 수 있었기 때문이다. 어쨌든 화산 폭발이 크레타 문명을 곧바로 멸망시켰는지 아닌지는 단정적으로 이야기할 수 없지만 찬란했던 문명이 갑자기 멸망한 것은 사실이다.

그런데 1990년 빅터 클루브(Victor Clube)와 빌 네피어(Bill Napier)가 기원전 1450년경의 미노스 문명과 기원전 1200년경의 미케네 문명이 사라진 것은 소행성의 충돌에 의한 재앙과 관련이 있다고 주장했다. 그들의 주장은 격렬한 화산 폭발이 소행성의 충돌로 바뀐 것이지만 기원전 1만 년 전이 아니라 기원전 1500년경으로 절대 연도를 대폭 축소시켰다는 점에서는 동일하다.[38]

하지만 일부 학자들은 크레타의 멸망이 자연재해 때문이 아니라

펠로폰네소스의 아카이아 민족이 침입했기 때문이라고 여긴다. 이들이 크레타의 멸망과 화산 폭발을 연계시키기를 주저하는 이유는 아크로리티에서 인골이 발견되지 않았기 때문이다. 이탈리아의 폼페이나 헤라클레움은 테라의 화산 폭발과 비교가 되지 않을 정도로 소규모였음에도 인골이 발견되었다(헤라클레움의 항구에서 300여 구의 인골이 발견되었음). 플라톤의 설명처럼 하룻밤과 낮 사이에 멸망했다면 많은 희생자가 있어야 한다는 얘기다.

어쨌든 아카이아인은 종교, 글, 예술을 크레타에서 배웠지만 무기에서는 크레타인보다 우월했다. 일부는 크레타에서 강력한 지진이 자주 일어나 크레타 왕들의 지배력이 약해졌을 때 아카이아인이 크레타를 침입해 점령했다고 믿는다.

플라톤이 말한 숫자에서 '0'을 하나씩 빼라

아틀란티스가 크레타의 미노아 문명이라는 설명은 상당히 매력적이지만, 군인만 백만 명이었다는 아틀란티스의 인구를 수용하기에 크레타 섬은 일단 너무 작다. 그런데 이 대목을 놓고 아틀란티스 신봉자와 비신봉자 간에 결정적 논쟁을 일으킨 가설이 등장했다. 아틀란티스와 관련해 플라톤이 쓴 여러 가지 숫자를 10분의 1로 줄이면 그의 설명이 거의 모든 부분에서 잘 맞아떨어진다는 것이다.

아틀란티스 대륙을 거론할 때마다 논란이 되는 9,000년 전이라는 연대도 0을 하나 삭제하면 여러 가지 면에서 플라톤의 설명이

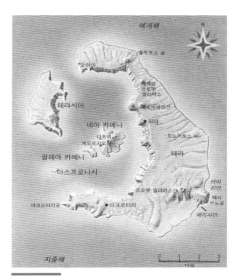

에게해

N

쿨루보스 곶

오이아

북쪽
포르팟
엘리어스

테라시아

메로비글리산

네아 카메니

딕타

단프네
게오르기오스

모노리토스 곶

팔래아 카메니

테라

아스프로니시

카마
리만

프로펫 엘리아스

에사
부노스 곶

아크로티리곶   ●아크로티리

패리사만

지중해   미일

산토리 섬의 지형도 기원전 15세기경 산토리 섬의 화산이 폭발하면서 대부분 지역은 완전히 수몰되었다.

잘 맞아떨어진다. 9,000년과 900년은 엄청난 연대 차이가 나지만 플라톤이 잘못 기록했거나 고대인이 습관적으로 10배를 과장해 표현했을 수도 있다는 것이다.

특히 아틀란티스의 수도 뒤에 위치한 거대한 평원을 그리스 단위인 스타데스(stades)로 가로 3,000스타데스, 세로 2,000스타데스라는 플라톤의 설명을 10분의 1로 줄이면 가로 300스타데스, 세로 200스타데스가 되는데 이는 가로 55킬로미터, 세로 37킬로미터로 크레타 섬의 중심부에 있는 평야(메사라)와 얼추 비슷한 크기다. 더욱이 그리스의 지질학자 A.G. 갈라노풀로스 교수는 수도와 평야를 분리해 플라톤이 주장한 크기를 10분의 1로 줄이지 않더라도 화산 폭발이 일어나기 전 산토리 섬의 원래 크기와 일치한다고 발표했다. 이 가설은 아틀란티스 대륙과 그리스인이 싸웠다는 이야기로 더욱 설득력을 얻었다.

크레타 섬이 아틀란티스 대륙이 아니라고 반박하는 사람들도 그리스인과 아틀란티스인이 싸웠다는 설명이 『그리스 신화』에 상세히 기록되어 있는 것으로 미루어 짐작할 때 아틀란티스 대륙은 그리스 문명 확립 이후 나타난 것이라고 주장하면 답변이 궁색해진다. 플라톤은 징집군대의 숫자까지 제시했는데 무엇보다 주목받는 것은 아틀란티스에서 말을 사용했다는 설명이다. 지금까지의 고대 문명 발달사에 따르면 말이 전차에 사용된 것은 기원전 2000년도 채 되지 않는다.

물론 플라톤이 제시한 수치를 10분의 1로 줄이는 방법은 현대적인 수치 조작에 불과하다는 반론이 계속되고 있지만 이 가설이 매력적인 것만은 사실이다.

아틀란티스에 대한 호기심을 왜 사라지지 않는가

아틀란티스 대륙에 대한 정통 보수학자들의 견해는 상당히 단호하다. 고대문명의 한 축을 이뤘다는 아틀란티스 대륙이 결단코 존재하지 않는다는 것이다. 그들은 아틀란티스 신봉자들이 주장하는 1만 2,000년 전이라면 아무리 호의적으로 봐주더라도 신석기 시대로, 그 시대를 두고 고대문명이라는 말을 사용할 수는 없다고 주장한다. 또한 고대문명 중에서 가장 발전했다는 이집트조차 기원전 3000년 무렵까지 본격적인 청동기 시대로 진입하지 못했다고 부연 설명한다. 쿠푸의 대피라미드를 건설할 때가 기원전 2700년경인데 이때 말과 바퀴를 사용하지 않았고 고작해야 석기가 주요 건설공구였다.

아이러니한 것은 아틀란티스 대륙의 신봉자들이 고대문명의 증거가 발견되지 않는다는 점을 역으로 분명한 증거로 든다는 점이다. 이들은 현재까지 아틀란티스의 유적을 발견하지 못한 이유로 현대과학으로는 수장된 문명을 파헤칠 만한 능력과 자질이 부족하기 때문이라고 주장한다. 바다 속에 묻힌 유적을 철저히 조사할 수 있을 만큼 기술이 발전하기 전까지는 아틀란티스 문명이 존재하지 않았다고 단정 지을 수 없다는 얘기다.

특히 아틀란티스 대륙에 대한 미국인의 믿음은 1983년, 1994년, 1998년에 29퍼센트, 2003년에 33퍼센트를 차지할 만큼 대단하며, 영국 학생들 역시 16퍼센트가 아틀란티스에 대해 긍정적으로 대답한 것으로 나타났다.[39]

한 가지 공통점은 아틀란티스 신봉자든 아니든 모두 아틀란티스를 찾고 있다는 것이다. 지금까지 전 세계적으로 무려 5,000여 권에 이르는 책이 아틀란티스 대륙을 다뤄왔다. 이들은 모두 플라톤이 설명한 아틀란티스가 실존한 대륙이거나 상상으로 만든 대륙이라는 것을 증명하는 데 지면을 할애했지만 명쾌한 결론을 제시하진 못했다.

흥미로운 사실은 아틀란티스 대륙이 실존했을 가능성이 거의 없다고 확신하는 전문가들조차 심정적으로는 아틀란티스가 결코 존재하지 않았다는 결론을 내리고 싶어 하지 않는다는 점이다. 이처럼 전문가들도 모순적인 견해를 보일 만큼 아틀란티스 대륙에 대한 사람들의 호기심이 사라지지 않는 이유는 무엇일까?

그 이유에 대해 학자들은 "인간에게는 아틀란티스처럼 일상사에서 벗어나게 해주는 전설이 꼭 필요하기 때문"이라고 이야기한다. 심리학자 거트루스 윌리엄스는 이와 관련하여 다음과 같이 해석했다.

"미지의 대상을 두려워하는 것처럼 인간의 정신 속에는 미지의 것을 희구하는 심리와 평범하지 않은 것을 탐구하려는 욕망이 내재해 있다."

아틀란티스 대륙에 대해 사람들이 흥미를 느끼는 또 다른 이유는 인류의 미래에 대한 궁금증 때문이다. 과거에 아틀란티스 대륙이 침몰했다면 미래에도 그런 사건이 생기지 말라는 보장이 없다. 과학적인 측면에서는 대륙 침몰이라는 재난이 어떻게 일어났는가를 파악할 수 있고, 그 결과를 알 수 있다면 또다시 그런 사건이 일어난다고 가정했을 때 어떻게 대처하는 것이 좋은지 예시할 수 있다.

그러나 아틀란티스 대륙은 그것을 찾지 못했기 때문에 오히려 매력적으로 보이는 것인지도 모른다. 아틀란티스 대륙의 전설이 2,000년 이상 내려오면서 5,000권이라는 책이 발간되었다는 것은 그만큼 많은 사람에게 꿈과 희망을 심어 주고 있다는 것을 뜻한다.

아이러니한 일이지만 아틀란티스의 진실이 알려진다는 것은 인류가 갖고 있는 꿈을 잃어버리는 것과 다름없다. 당장 해답을 얻는 것보다 설득력 있는 해답을 누군가가 풀어 주기를 기대하는 것이야말로 아틀란티스가 갖고 있는 비밀이라고 할 수 있다. 아틀란티스 대륙이 바다 속에 있다는 생각 자체가 인간에게 꿈과 희망을 주는 것이다. 오늘도 아틀란티스 대륙을 찾기 위한 노력은 계속되고 있지만, 그들 대부분이 아틀란티스 대륙이 존재하지 않는다는 것을 알고 있다는 데 아틀란티스의 묘미가 있다.

3

진시황제
秦始皇帝

진시황제,
복권되다

모택동(毛澤東)의 문화혁명 때부터 진시황제에 대한
재평가가 이루어지기 시작한 이유

진시황제는 중국의 역대 제왕 가운데 가장 걸출한 인물로 꼽힌다. 그도 그럴 것이 진시황제가 중국 역사상 처음으로 중국을 통일했기 때문이다. 진시황제의 성은 영(嬴), 이름은 정(政)으로 전국시대(기원전 246년)에 열세 살의 나이로 진(秦)나라의 왕에 올랐다. 그리고 기원전 230년부터 군사를 일으켜 이웃나라들을 정복하기 시작했고 기원전 221년(38세)에 중국 대륙을 통일했다. 이후 그는 중국의 옛 전설인 3황 5제를 모두 겸했다는 뜻에서 스스로를 황제(皇帝)라 불렀으며, 오늘날 중국을 뜻하는 차이나(China)는 진(Chin)나라의 이름에서 비롯된 것이다.

하지만 진시황제가 중국인에게 새로운 관점에서 부각되기 시작

만리장성의 성화 물결 2008년 북경올림픽을 위한 성화 물결이 만리장성을 뒤덮었다.

한 것은 비교적 근래의 일이다. 사실 그는 사망 이후 2,200여 년간 폭군이라는 이름으로 불렸으나 모택동의 문화혁명 때부터 본격적으로 재평가가 이뤄지기 시작했다. 무엇보다 그는 중국을 통일해 중국인을 단합시키는 계기를 마련했다는 점에서 주목을 받고 있다.

만약 진시황제가 중국을 통일하지 않았다면 지금의 중국 대륙은 유럽처럼 여러 크고 작은 나라들로 나뉘어져 있을지도 모른다. 덕분에 2008년 북경올림픽 개막식 때 진시황제를 상징하는 전통 복장의 무용단이 등장했고, 만리장성에는 수십 킬로미터에 달하는 천이 이어지기도 했다.

이전까지만 해도 중국인은 진시황제를 로마의 네로 황제와 마찬가지로 폭군으로 인식하고 있었다. 특히 '분서갱유(焚書坑儒)'는 진시황제의 잔혹함을 상징하는 결정적인 사건으로 남았고, 20세기 최대의 고고학 발굴로 꼽히는 진시황릉은 진시황제가 명백한 폭군임을 증명하는 가장 중요한 증거로 거론되었다. 하지만 관점을 달리 해서 보면 진시황제는 중국의 역대 제왕 가운데 가장 변호를 받지 못한 인물이다. 그 이유는 진시황제가 사망한 후 채 4년도 되지 않아 진나라가 멸망했기 때문이다. 널리 알려진 대로 중국 역사상 가장 짧은 왕조다.

사실 중국 역대 황제들의 악행을 따지자면 진시황제가 자행한 것은 양반에 속한다고 할 수 있을 정도다. 예를 들어 초(楚)나라 항우(項羽)와의 치열한 전투를 거쳐 한(漢)나라의 고조(高祖)가 된 유방(劉邦)은 천하를 평정한 다음, 한신(韓信)을 비롯해 초나라를 격파하는 데 공을 세운 수많은 신하들을 무자비하게 살해했다. 그럼에도 무지막지한 토사구팽(兔死狗烹)으로 몇 만 명을 몰살시킨 명(明) 태조(太祖) 주원장(朱元璋)이나, 자기 형을 쿠데타로 쓰러뜨리고 황제가 된 당(唐) 태종(太宗) 이세민(李世民)은 자신이 세운 나라가 장기집권하면서 성인으로 추앙받고 미화되었다. 그들은 실제로 진시황제 못지않게 악행을 저질렀지만, 자신들의 선조를 미화해 줄 만한 후손들이 있었기에 장점 속에 단점이 묻혔던 것이다.

진시황제의 복권은 정당한가

물론 진시황제가 지금처럼 복권될 수 있었던 이유는 그에게 악행이 전혀 없어서가 아니라 그를 복권시킬 만한 최소한의 근거가 있었기 때문이다. 아무리 진시황제가 중국을 처음으로 통일했을지라도 그의 단점이 장점보다 많다면 복권에 상당한 걸림돌이 되었을 것으로 보인다.

결론적으로 말해 진시황제를 복권시키려는 노력은 그가 그동안 다른 황제에 비해 장점보다 단점이 중점적으로 부각되어 왔다는 것을 의미한다. 한마디로 진시황제에 대한 많은 부분이 과장되었다는 얘기다.

따라서 지금부터 진시황제가 가장 크게 비난받고 있는 두 가지 단점을 보다 객관적인 시각에서 살펴보고자 한다. 하나는 분서갱유의 전말이고, 다른 하나는 만리장성에 대한 새로운 접근이다.

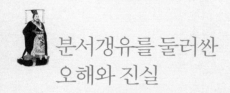

분서갱유를 둘러싼
오해와 진실

전국시대의 왕따국가, '악기' 대신 '칼'을 들다

전설에 따르면 진시황제의 시조는 여수(女修)로 그는 새알을 먹고 아들 대업(大業)을 낳았으며, 대업은 여화(女華)를 아내로 맞이해 대비(大費)를 낳았다고 한다. 그리고 일찍이 대우(大禹)를 도와 치수에 성공한 대비는 순(舜) 임금의 신임을 얻은 것으로 전해진다. 이 것은 어디까지나 호랑이 담배 피던 시절의 전설이므로 진나라의 족보가 상고시대까지 거슬러 올라가는 뼈대 있는 집안이라고 이해하면 된다.

이것이 역사시대로 들어가면 진나라의 역사는 보다 구체적으로 드러난다. 은(殷, 상商나라)을 멸망시키고 들어선 주(周)나라는 70여 개의 제후국을 세웠는데, 그중에서도 진(秦)나라는 가장 늦게 나라를 세웠다. 천자인 평왕(平王)은 일정한 거처 없이 초원에서 살고

196

있던 오랑캐 민족 융(戎)과 적(狄)이 계속 침공하자 도읍을 낙읍(洛邑 지금의 하남성 낙양 부근)으로 옮겼다(동주 東周). 이때 진나라의 양공(襄公)이 융족의 침략을 잘 막아내자 평왕은 그를 제후로 봉하고 기산(岐山) 서쪽의 땅을 내준 후 다른 제후들과 '빙향(聘享)의 예(禮)'를 행할 수 있도록 허락했다. 빙향의 예란 다른 제후들과 서로 통혼할 수 있고 제후들의 동맹에 참석할 수 있는 자격을 의미한다.

그런데 진의 양공이 하사받은 기산 서쪽의 땅은 본래 융족과 적족이 살고 있던 위험지역이었다. 이는 주나라의 평왕이 진의 양공에게 융과 적을 쫓아내고 그곳을 근거지로 삼으라고 명령한 것이나 다름없었다. 역으로 말하면 진나라는 오랑캐를 쫓아내야만 생존할 수 있는 상황이었다.

어쨌든 진나라는 그 위기상황을 슬기롭게 헤쳐 나갔고 기산에서 옹주(雍州, 현 섬서성 일대)에 이르는 광활한 땅을 장악했다. 이후 계속해서 힘을 기른 진나라는 서쪽으로는 현 감숙성(甘肅省) 중부지역, 동쪽으로는 화산(華山) 일대까지 모든 관중지역을 다스렸다. 감숙성 지방의 서쪽에는 하서주랑(돈황으로 들어가는 길목)이 있었는데, 이들 지역은 지금도 인간이 살기 힘든 사막지역으로 당대에 기마민족의 근거지였다.

영토가 늘어나긴 했지만 기마민족인 융과 적이 그들을 둘러싸고 있었던 탓에 진나라 역시 말 타는 것을 기본으로 삼았다.[1] 이것이 진나라가 각 제후국으로부터 야만족이나 다름없는 '비중국인' 나라로 취급받은 이유다. 기원전 266년에 위(衛)나라가 진나라를 평가한 보고서에는 그런 내용이 잘 나타나 있다.

"진나라는 융족, 적족과 동일한 관습을 갖고 있다. 그들은 전통적인 행동양식이나 올바른 관계맺음, 유덕한 행동에 대해 아무것도 알지 못한다."

특히 전국시대의 각 제후국들은 진나라에서 당대에 문명사회임을 보여 주는 음악을 연주하지 않아 진나라를 상종하기 어려운 나라로 지목했다. 하지만 진나라는 동쪽의 제후국들이 뭐라고 떠들어대든 전혀 개의치 않았다. 모래폭풍이 몰아치는 열악한 지역에서 유목생활을 근간으로 했던 진나라는 악기 대신 칼을 들었고, 그것은 결국 중국을 통일하는 원동력이 되었다.

진시황제의 출생에 대해서는 다음과 같은 비화가 전해진다.

전국시대 때 국가간에는 전쟁을 예방하기 위해 인질을 주고받는 일이 흔했다. 진나라의 왕자 자초(子楚)도 조(趙)나라의 도성인 한단(邯鄲)에 인질로 가 있었다. 그런데 당시 양적(陽翟. 현 하남성 우현) 사람으로 이재(理財)에 밝은 여불위(呂不韋)라는 거상이 자초의 비범함을 알아보았다. 『전국책戰國策』에 보면 그와 관련해 재미있는 기록이 나온다.

자초를 만나고 집으로 돌아온 여불위는 아버지에게 물었다.

"농사를 지으면 얼마나 이익이 납니까?"

"열 배."

"주옥을 팔면 얼마나 많은 이윤이 나지요?"

"백 배."

"그러면 왕을 세우고 나라를 안정시키면 얼마나 벌 수 있지요?"

"그야 셈할 수 없지."

이 일화는 여불위가 비
범한 정치력까지 겸비했음
을 잘 보여 준다. 그는 재
물을 털어 남의 나라에 인
질로 와 있던 자초를 도왔
고, 그의 예상대로 자초는
이미 진나라의 후계자로
정해져 있던 자계(子系)를
대신해 왕위에 오를 수 있
었다. 그가 바로 장양왕(莊
襄王)이다.

진시황제

이때부터 여불위는 더
욱 대담한 전략을 펼쳐 나
갔다. 그는 자신이 총애하던 가희(歌姬 : 여자가수)인 조희(趙姬)를 자
초에게 주었는데, 그때 이미 그녀는 여불위의 아이를 임신하고 있
었다. 그 아이가 13년 뒤에 자초의 뒤를 이어 진나라를 다스리게
된 진시황제 정(政)이라는 얘기다.

이 비화는 사마천의『사기史記』에 기록되어 그 권위를 더욱 인정
받고 있지만, 많은 학자가 이 이야기에 의문을 제기하고 있다. 곽
말약(郭沫若) 역시『여불위와 진왕정 비판』에서 다음의 세 가지가
석연치 않다고 적었다.

1. 여불위의 아이에 대한 기록이『사기』에는 보이지만『전국책』에는

실려 있지 않다.

2. 이야기의 줄거리가 『전국책』 「초책楚策」에 나오는 춘신군(春申君)
과 여환(女瑍)의 고사와 유사하다.

3. 『사기』의 내용이 서로 모순인 부분도 있다.

곽말약이 제기한 세 가지 의문은 상당히 설득력이 있다. 우선
『사기』와 『전국책』은 서로 기술 방식이 다르다. 동일한 사건일지라
도 『사기』는 『전국책』보다 간결하고 사실적으로 기술하는데 반해,
『전국책』은 매우 구체적이고 생동감이 있지만 다소 소설적인 냄새
가 묻어난다. 물론 『사기』에 나온 기록이 『전국책』에 나오지 않는
예도 있으나, 진시황제 출생 같은 중요한 이야기가 『전국책』에 기
록되지 않았을 리는 없다.

이에 따라 많은 학자들이 진시황제 탄생에 얽힌 이야기는 훗날
생겨난 것으로 추정한다. 그도 그럴 것이 『전국책』이 쓰일 무렵에
는 사마천의 『사기』에 적힌 이야기가 아직 없었기 때문이다. 물론
곽말약도 자신의 주장은 추측에 불과하고 직접적인 증거는 없다고
말했다.

그런데 진시황제는 자신이 여불위와 혈연관계에 있지 않다고 완
강하게 부정하는 기록을 남겼다. 그가 여불위의 추방을 명령하는
글에 다음과 같은 내용이 나온다.

"그대는 우리 진나라와 무슨 관계가 있기에 중부(仲父)라 불리는
가? 가솔을 거느리고 촉지로 옮겨 가라."

진시황제는 여불위가 그의 생부라는 사실을 인정하지 않았을 뿐

아니라 그가 자신을 보좌할 때 내렸던 '중부'라는 존칭마저 빼앗아 버렸다.[2] 그 서찰을 본 여불위는 스스로 목숨을 끊었다. 여불위가 생부라면 진시황제가 과연 이런 명령을 내렸을까?

삼고초려의 주인공 유비 이상으로 인재를 중시했던 진시황제

진시황제를 바로 보려면 그가 중국을 통일할 당시의 상황을 보다 객관적으로 살펴볼 필요가 있다. 그의 가장 큰 업적은 당시 몇백 년을 이어온 6개 국(齊, 燕, 趙, 韓, 魏, 楚)을 단 10년 만에 평정했다는 것이다. 진나라는 진시황제 9년(기원전 238년)부터 동쪽에 있는 한, 조, 위를 줄기차게 공격했다. 그리고 진시황제 17년(기원전 230년)에 한나라를 접수했고, 진시황제 26년(기원전 221년)에 중국 전역을 통일하기까지 채 10년도 안 되는 짧은 기간에 당대의 제후국인 여섯 나라를 차례로 정복했다. 평균 2년에 한 나라를 정복할 정도의 엄청난 속도로 여섯 나라를 완전히 평정했던 것이다.

놀라운 것은 그렇게 중국을 통일하기까지 진시황제 자신은 단 한 번도 군사를 이끌고 전쟁을 치러 본 적이 없다는 사실이다. 그의 통일전쟁은 몽념(蒙恬)과 왕전(王翦)이 이끌었다. 이는 진시황제가 엄청난 카리스마로 이들 장군을 완전히 장악하고 있었음을 의미한다.

학자들에게 진나라는 여전히 미스터리다. 특히 그들은 어떻게 해서 진시황제가 중국을 통일할 수 있었는지를 집중적으로 연구하고 있다. 그들이 제기하는 의문은 다음의 세 가지로 나뉜다.

1. 왜 중국이 통일되어야 했는가?
2. 진나라는 어떻게 중국 통일을 달성할 수 있었는가?
3. 중국을 통일한 시기가 진시황제가 집정한 기원전 221년인 까닭은 무엇인가?

첫 번째 질문에 대한 대답은 간단하다. 중국이 통일되어야 했던 이유는 원래 중국이 통일 국가였기 때문이다. 기원전 11세기에 은나라를 멸망시킨 주나라는 새로 정복한 토지를 왕실 귀족과 주나라의 정치계급, 전 왕조의 귀족들에게 나눠 주었다. 이를 '봉방건국(封邦健國)'이라고 한다. 봉방건국은 훗날 중국 각지에서 수없이 나타난 크고 작은 정치 실체로 제후국으로 불리기도 한다.

제후국은 기본적으로 주 왕실의 복제품으로 이들은 주 왕실과

진나라 진격도

동일한 정치제도를 갖고 있었다. 제후국을 의미하는 분봉국(分封國) 역시 주나라 천자로부터 나라를 세울 자격을 받았다. 이는 곧 각 제후국으로 나뉘어 있긴 했지만 실질적으로는 통일된 국가체제가 계속 유지되었음을 의미한다. 따라서 진시황제가 여러 나라로 나뉜 나라를 통일한 것이 아니라 그동안 나

뉘어 있던 중국을 하나로 합병했다는 것이 진실에 가깝다.

두 번째 질문 역시 복잡하지 않다. 진나라가 중국을 통일한 이유는 당대에 진의 역량이 가장 강했기 때문이다. 서쪽에 위치한 진나라는 동쪽으로는 황허 강, 남쪽으로는 여러 산맥에 의해 둘러싸여 거의 고립되어 있었다. 따라서 오랑캐 외에는 적이 없던 진나라는 강족 등의 기마민족과 맞서기 위해 기마부대를 양성했고, 이것은 다른 제후국에 비해 전술적 이점을 안겨 주었다.

또 다른 이점은 다른 제후국들이 인근 제후국과 패권다툼을 벌이는 동안 내부적으로 결속을 다져 힘을 비축할 수 있었다는 것이다. 춘추전국시대의 대혼란 속에서도 진나라는 지리적 이점으로 재난을 피할 수 있었다. 결국 진시황제가 통일전쟁에 나섰을 무렵에는 여섯 개의 제후국이 자기들끼리 이미 전력을 소비한 상태라 진나라의 공격에 대항할 힘이 없었다. 덕분에 진나라는 한나라를 멸망시킨 이후 거의 1, 2년마다 하나씩 여섯 나라를 병합했다.

세 번째 질문은 왜 하필 진시황제가 중국을 통일했느냐다. 진시황제가 왕위에 올랐을 때 대세는 이미 진나라에게로 기울어져 있었다. 그런 의미에서 중국의 사학자 천징(陳靜) 교수는 "중국을 통일한 것은 개인 진시황제가 아니라 시대가 낳은 진시황제"이라고 설명했다.

이 말에는 모순이 있다. 이러한 논리에는 역사적 인물은 운명에 맡겨진 배역만 연출한 것이므로 그 역할을 다른 사람에게 맡겨도 효과는 똑같았을 것이라는 의미가 담겨 있기 때문이다. 쉽게 말해 밥상을 차려 주어도 밥을 제대로 먹는 사람과 못 먹는 사람이 있다는 얘기다.

사실 진시황제는 폭군이라는 이미지와 달리 매우 근면했다. 『사기』의 「진시황본기」에 보면 이런 기록이 나온다.

"저울로 결재서류의 무게를 달아 밤낮으로 결재해야 할 분량을 정해 놓고 그것을 모두 처리하기 전에는 쉬지 않았다."

이 글은 신선술을 연구하는 방사(方士)였던 노생(盧生)과 후생(侯生)이 진시황제를 비난하기 위해 적은 것이지만, 역으로 생각하면 진시황제가 이후의 중국 역사에 많이 나타나는 무능한 황제들과 달리 정사에 몰두했음을 보여 준다. 진시황제의 장점은 인재를 대하는 것에서도 나타난다. 진나라가 중국을 통일하기 전에 각 나라는 제자백가(諸子百家)로 대표되는 인재들을 구해 나라를 통치했다. 결국 진나라의 중국 통일은 진시황제가 가장 유효적절하게 제자백가들을 등용했기 때문에 가능했다는 것을 의미한다. 송(宋)나라의 홍매(洪邁)가 저술한 『용재수필容齋隨筆』에 보면 다음과 같은 글이 나온다.

"일곱 나라가 천하를 다툴 때 세상의 인재를 끌어들이지 않은 나라가 없었다. 하지만 여섯 나라에서 등용한 재상들은 대개 종친이거나 그 나라 사람이었다. (중략) 유독 진나라만 이와 달랐고 처음으로 진나라를 위해 패업을 이루게 한 자는 위나라 사람 상앙(商鞅)이었다. 그 외에도 조나라 사람 누완(樓緩)이 있으며 장의·위단·범수 등은 모두 위나라, 채택(蔡澤)은 연나라, 여불위는 한나라, 이사(李斯)는 초나라 사람이다. 진나라는 이들을 전혀 의심하지 않고 나랏일을 맡기고 의견을 수렴했다. 진나라가 결국 천하를 통일할 수 있었던 것은 모두 이들의 힘이었다."

그뿐 아니라 진시황제는 과감하게 자신의 잘못을 바로잡는 장점도 갖추고 있었다. 역사 속에서 그는 어느 정도 유아독존적 색채가 농후하지만 의외로 간언을 겸허하게 받아들이고 잘못된 점을 선뜻 바로잡을 줄도 알았던 것이다.

가장 잘 알려진 것이 노장 왕전 장군의 등용이다. 60만 대군이 필요하다는 왕전의 말을 무시하고 20만 명이면 충분하다는 이신(李信)의 말을 따랐다가 그가 초나라 공략에 실패하자 진시황제는 즉시 자신의 잘못을 인정했다. 그는 왕전이 살고 있는 빈양(頻陽, 현 섬서성 부평)으로 찾아가 솔직히 용서를 구하고 왕전에게 지휘권을 주겠다고 했다. 왕전이 늙고 병이 들었다는 핑계로 거절하자 진시황제는 여러 차례 권유하며 모든 것을 왕전의 뜻대로 할 수 있도록 허락했다. 왕전이 부름에 응하자 출병 당일 진시황제는 친히 패상(覇上)까지 나와 그를 전송했다.

이처럼 진시황제는 통일 대업을 달성하기 위해 자신을 굽히고 상금으로 인재를 불러 모았으며, 심지어 아랫사람에게 간청하는 것도 마다하지 않았다. 이는 진시황제에 대한 그동안의 평가가 얼마나 왜곡되고 일방적이었는지 잘 보여 준다.[3]

진시황제가 수레바퀴의 폭을 통일한 이유

중국을 통일한 진시황제는 즉시 관료행정기구와 군현제를 통해 중국의 정치적 실체를 바꾸기 위한 칼을 빼들었다. 그는 과거의 통치체제, 즉 제후국 제도를 타파하는 것을 최우선 과제로 삼았던 것

진나라 때 사용된 도량형으로 좌
는 **저울추**, 우는 **부피를 재는 되**

이다. 그 이유는 통일된 중국에서 주나라와 같은 체제를 계속 유지
하면 머지않아 또다시 분열될 것임을 간파했기 때문이다.

진시황제는 전국을 군(郡)과 현(縣)으로 나눠 황제가 직접 통치하
는 중앙집권제로 바꾸었다. 당연히 기존 집권세력의 반발이 따랐
지만 진시황제는 과감하게 행동했다. 바로 이것이 진시황제가 중
국 역사상 최고의 황제로 칭송을 받는 이유다. 학자들이 놀라는 것
은 진시황제가 중국을 통일한 후 통치한 기간이 단 10여 년에 불과
함에도 그가 추진한 정책 등이 현재의 중국을 구성하는 기본틀이
되었다는 점이다.

무엇보다 그는 경제와 문화 영역에서도 통일을 촉진하고 국가를
유지하고 발전시킬 수 있는 정책을 도입했다. 그중에서도 정치 및
지리적 통일, 화폐 통일, 도량형 통일, 문자 통일, 사상 통일 등은
이후 중국 역사에 막대한 영향을 끼쳤다. 그러면 그 각각의 정책을
꼼꼼히 살펴보자.

1. 지리적 통일

진시황제가 중국을 통일하기 전 제후국들은 오랜 전쟁을 치렀다. 그들은 자기 나라에 침입하는 적군을 막기 위해 다양한 방어시설을 구축했는데, 통일이 되자 이러한 시설은 오히려 지역간의 교통을 방해하는 장애물이 되었다. 따라서 통일 중국의 수도인 함양을 중심으로 새로운 도로를 건설하고 교통망을 구축할 필요가 있었다.

통일을 하자마자 진시황제는 '수레의 양쪽 바퀴 사이의 거리'를 통일하라고 지시했다. 그리고 주요 거점마다 일정한 간격으로 군주둔지를 설치하는 동시에 도로망을 건설했다. 총 7,500킬로미터가 넘는 도로망은 수도와 연결되었는데, 이것은 당시로는 상상조차 하기 어려울 정도로 넓은 3차선 도로(너비가 15미터)였다. 이 도로들 주변에는 가로수를 심었고 중앙에 황제 전용도로인 치도(馳到)를 설치했다. 치도를 설치한 것은 전국 곳곳을 직접 순행하겠다는 의지를 내보인 것으로, 실제로 그는 순행 중 사망했다.

수레바퀴의 폭을 통일한 것은 매우 중요한 의미를 지닌다. 통일 전에 각 나라는 의도적으로 수레바퀴의 폭을 다르게 했다. 당시 수레는 말이 끄는 전차로 사용되었는데, 길 위에 파인 홈이 다르면 적국의 전차가 쉽게 달리지 못하게 하는 효과를 얻을 수 있었다.

수로 건설 역시 진시황제의 중요한 업적이다. 진시황제 33년(기원전 214년), 백월(百越, 중국 양쯔강 이남의 저장성 부근에서 베트남까지의 옛명칭)의 군대가 영남 정벌을 시작했는데 이때 산은 높고 길은 막혀 군수물자 공급이 힘든 탓에 큰 타격을 받았다. 이러한 문제를 간파한 진시황제는 감어사 녹(祿)에게 수로를 건설하게 했고 결국 총 길이 34킬로미터에 이르는 영거(靈渠)가 건설되었다. 영거의 남쪽 수로는 이강으로 흘러 들어가고 북쪽 수로는 상강(湘江)으로 흘러 들어가 장강과 주강(珠江)을 연결한다. 본래 군수물자를 운송하기 위해 만든 영거는 나중에 중원과 영남지역을 연결하는 통로가 되었을 뿐 아니라 관개수로로 활용되어 인근 지역의 경제발전에 큰 영향을 미쳤다.

또한 진시황제는 중국 역사상 처음으로 저수지를 만들어 가뭄에 대비하는 등 농경법을 획기적으로 개선하기도 했다. 놀라운 것은 오늘날에도 진시황제 때 건설한 수로가 농업용 관개수로로 활용된다는 점이다.

2. 화폐 통일

기록에 따르면 중국에서는 이미 하(夏)나라의 우(禹)임금 시대에 화폐를 주조해 유통시켰다고 한다. 우임금 시대에 화폐를 주조했다는 것은 다소 과장일 수도 있지만, 하남성 언사(偃師)에서 발견된 이리두(二里頭) 문화유적지에서 대량의 화폐가 발굴된 점으로 미뤄 하나라 말기에 화폐가 광범위하게 사용되었음을 알 수 있다.

이후 춘추시대에 농경, 제철, 소금 제조 등의 산업기술과 농업 및 수공업이 발전하면서 생산력이 급속도로 증가했고 더불어 구리 화폐가 통용되었다. 그런데 각 제후국이 독자적으로 분업정치를 하는 바람에 경제적 분할은 물론 화폐까지 제후국별로 따로 등장했다. 당대의 화폐는 삽 모양을 본뜬 포폐(布幣), 수렵용 도끼가 변한 도폐(刀幣), 바퀴를 본떠 만든 원전(圓錢), 조개 모양을 모방한 의비전(蟻鼻錢)이 주로 유통되었다.

　이처럼 다양한 화폐는 통일 후에 여러 가지 혼란을 빚어냈고, 그 심각성을 깨달은 진나라는 진시황제 37년(기원전 210년)에 화폐를 통일했다. 통일 전에 진나라는 진반량(秦半兩)이라는 일종의 원전을 사용했다.

3. 도량형 통일

　전국시대에는 제후국들의 도량형 역시 들쭉날쭉 제멋대로였다. 문제는 명칭만 다른 것이 아니라 단위와 쓰임새도 서로 달랐다는 점이다. 예를 들어 전국시대 동주의 구리 자는 한 자의 길이가 23.1센티미터, 초나라의 구리 자는 한 자의 길이가 22.7센티미터와 22.3센티미터로 각각 달랐다. 진시황제는 중국을 통일한 다음해(기원전 221년)에 도량형 통일에 관한 조서를 내렸다.

　"황제는 천하의 제후들을 모두 병합해 백성을 안정시키고 승상, 왕관 등에게 도량을 제정하도록 명해 백성이 의혹을 품지 않도록

저울추와 자

명백히 하라고 명했다."

학자들은 진한시대의 도량형 제도를 이렇게 기록하고 있다.

- 도제(度制) : 분(分), 촌(寸), 척(尺), 인(引)으로 나누며 10진법을
  채택한다.
- 양제(量制) : 약(龠), 합(合), 승(升), 두(斗), 곡(斛)으로 나누고
  2약이 1합인 것을 제외한 나머지는 모두 10진법을 사용한다.
- 형제(衡制) : 수(銖), 낭(兩), 근(斤), 균(鈞), 석(石)으로 나누며 24수
  가 1냥, 16냥은 1근, 30근은 1균이고 4균은 1석이다.

이것은 『한서漢書』에 기록된 것이지만, 한이 진의 제도를 계승한
데다 한대에 별도로 새로운 도량형 제도를 공포하지 않아 진과 한
의 도량형이 같았던 것으로 보인다. 특히 진시황제는 도량형의 오
차범위와 그 처리에 관한 표준규정을 정해 도량형 기준을 속인 경

호해의 도량형 통일 등 업적을 적은 동판조서

우의 처벌까지 명확히 규정했다.

호해(胡亥. 진秦나라 제2대 황제) 시절에 이사(李斯)와 풍거질(馮去疾)이 쓴 '반포문'을 보면, 그들이 도량형 통일을 진시황제의 중요한 업적으로 생각했음을 알 수 있다.

"법제를 정비하고 도량형을 통일한 것은 진시황제가 이룩한 업적으로 그 내용을 모두 조서로 남긴다. 후대에는 누구라도 진시황제라 칭할 수 없으며, 오직 그만이 영원한 진시황제다. 만약 이후의 계승자가 이를 어기면 성덕하다고 볼 수 없다."[4]

본래 진나라에서는 농업을 장려하고 상공업을 경시했다. 즉, 생산업에 종사하지 않고 상거래 같은 방법으로 먹고사는 것을 죄악으로 보았던 것이다. 심지어 상인이 양식을 판매하는 것을 금지했다. 풍년이나 흉년에 곡물 값이 등락하는 기회를 이용해 폭리를 취하지 못하게 하기 위해서였다. 또한 상인들이 판매한 물품에 매겨지는 세금이 무려 10배에 달했다. 물품 가치의 10배나 되는 조세를 거둬 상인들이 이익을 남기지 못하게 했던 셈이다. 반면 농경과 방직에 종사해 식량과 직물을 많이 생산하는 사람은 부역을 면제해주었다.

그런데 막상 통일을 하고 보니 다른 제후국에서는 상업을 장려하고 있지 않은가. 진시황제는 빠른 시간 안에 중국을 하나의 국가로 만들기 위해 상공업을 완전히 규제하지 않았다. 그러자 각 지역 간의 물물교환과 교류를 위한 도량형에 차이가 있음이 발견되었다. 이것이 도량형의 표준을 정하고 금화와 동전의 무게를 일정하게 규격화한 이유다.

4. 문자 통일

일반적으로 한자는 3,000∼4,000년 전 본격적으로 만들어지기 시작했다고 추정하고 있다. 가장 오래된 한자로 인정받는 것은 근래 서안의 반파촌(半坡村)에서 출토된 신석기시대의 부호로 무려 6,000년 전으로 거슬러 올라간다.

그런데 전국시대로 접어들어 제후국의 특성에 따라 글자가 달라지면서 문화적 통일을 불가능하게 만들었다. 통일 원년, 진시황제는 '서체와 문자를 통일하라'고 명령한 다음 문자의 규범본을 만들어 시행토록 했다.

- 한자의 각종 편방(偏旁, 한자의 오른쪽 변邊과 왼쪽 방旁을 뜻함) 형체를 통일하고 이를 마음대로 바꾸지 못한다.
- 글자마다 사용되는 편방은 한 가지로 정하며 다른 종류로 대신해서 쓸 수 없다.
- 편방의 위치는 고정된 것이며 마음대로 이동할 수 없다.
- 매 글자의 획수와 필순은 기본적으로 고정된다.

문자의 규범화는 단순히 알기 쉽고 쓰기 쉬운 문자로 통일한다는 것뿐 아니라 한자 정형의 기초를 다진다는 목적도 있다. 어쨌든 진나라 이후 한자의 서법은 전서(篆書)에서 예서(隸書)로, 예서에서 해서(楷書)로 바뀌었지만 한자의 자형에는 큰 변화가 없었다. 다시 말해 한자는 안정적인 형상과 구조를 지속해 나갔던 것이다. 중국에서 진시황제의 문자 통일이 갖는 의미는 다음과 같다.

- 중국은 영토가 광대해 지방마다 말이 달랐지만 문자를 통일함으로써 지방간의 원활한 교류가 가능해졌다.
- 진나라 이후 중국은 수차례에 걸쳐 군웅들이 할거하는 위기를 맞이했다. 그러나 통일된 문자라는 민족의 구심점 덕분에 결국 하나로 통일될 수 있었다.

중국이 현재와 같은 중국을 유지하고 통일된 문화 및 민족성을 이룩하는 데 문자 통일이 결정적 역할을 했다는 얘기다. 그런 의미에서 진시황제는 단순한 정복자로서 군림한 것이 아니라 중국을 진정한 하나의 국가로 만드는 데 진력했다고 볼 수 있다. 진시황제는 중국을 통일한 것과 새로운 중국을 만들고자 하는 자신의 자부심을 다음과 같이 태산(太山)에 있는 비석에 새기기도 했다.

    태양과 달이 비추는 곳에서
    배나 마차로 갈 수 있는 모든 곳에서
    사람들은 질서를 지키고
    황제의 바람을 만족시킨다.

그런데 흥미롭게도 진시황제는 유약한 면모도 지니고 있었다. 그런 탓에 미신에 심취했고 죽음을 지나치게 두려워했다. 특히 세 차례의 암살 기도를 모면한 진시황제는 암살을 병적으로 두려워해 자신의 거처를 발설하는 자는 모두 사형에 처했다. 또한 불멸을 추구한 그는 방사나 무당에게 조언을 구하고 불로장생의 영약과 약초를 구하는 데 정신을 쏟았다. 그는 방사인 서복(徐福)에게 젊은 남녀를 끌고 신비로운 불사의 땅이라는 삼신산(三神山)에서 불로초를 구해 오도록 했는데 삼신산은 한반도의 지리산, 한라산, 금강산을 의미한다.[5]

반정부 여론 탄압으로 이용된 분서(焚書)

진시황제에게 폭군의 이미지를 듬뿍 안겨 준 사건은 분서갱유다. 본래 분서와 갱유는 서로 다른 사건이다. 분서는 잘 알려진 대로 시중에 나도는 불온서적을 모두 불태우게 한 것으로 진시황제 33년(기원전 214년)에 있었던 일이다. 그리고 갱유는 유학자들을 산 채로 묻어 죽인 사건으로 진시황제가 세상을 떠나기 두 해 전인 진시황제 35년에 일어났다.

어떻게 이런 일이 일어날 수 있었던 것일까?

중국은 하나의 국가로 통일되긴 했지만 합병을 당한 국가에는 진시황제에게 원한과 적의를 품은 자가 꽤 많았다. 이에 따라 진시황제는 방대한 중국 대륙을 효율적으로 통치하기 위해 성문법을 만들었고, 법령에 따른 법 집행을 제도화했다. 이는 제자백가의 사상 중에서 법가(法家)만 받아들이고 다른 사상은 일절 허용하지 않는다는 뜻이다.

법가는 군주가 정하는 법에 따라 통치한다는 사상으로 신상필벌의 원칙에 따라 엄격히 법을 적용하고 신분의 고하나 귀천을 구별하지 않았던, 당시의 여건을 감안할 때 상당히 혁신적인 정치철학

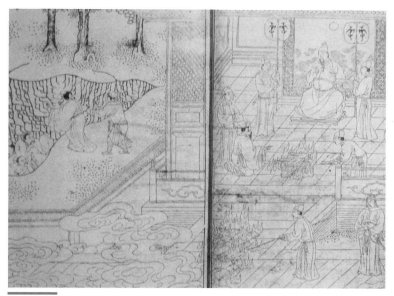

진시황제는 통일 전의 기득권 세력과 단절을 모색하는 방안으로 과거의 정책이나 제도를 옹호하는 책들을 모두 불태웠다.

이라고 할 수 있다. 법가사상의 창시자는 상앙으로 그는 진나라의 효공(孝公, 진나라의 제25대 군주)에게 부국강병하려면 법을 고쳐야 한다고 주장했다. 상앙의 말을 옳게 여긴 효공은 다음과 같이 법 개정에 착수했다.

1. 민가를 열 집 혹은 다섯 집씩 통·반을 만들어 서로 감시하고 연좌의 책임을 묻는다. 법을 위반한 일을 신고하지 않는 자는 허리를 베고 숨기는 자는 적에게 항복한 자로 간주한다. 반면 신고한 자에게는 적의 머리를 벤 것과 같은 상을 준다.
2. 한 집에 두 사람 이상 남자가 있는 데도 분가하지 않으면 부역

과 세금을 두 배로 부과한다.

3. 전공은 싸움터에서 얻은 적의 머릿수에 따르며 전공의 정도에 따라 상을 엄격히 시행한다.

4. 사적인 싸움은 경중에 따라 처벌한다.

5. 남자는 밭을 갈고 베를 짜며 곡물과 베를 납부하는 정도에 따라 부역을 면제한다. 상공업에 종사하거나 게을러서 가난한 자는 종으로 삼는다.

6. 왕족이라도 전공이 없으면 조사하여 족보에서 제외한다.

7. 20작(爵) 제도에 따라 토지, 건물의 대소, 첩과 노비의 수, 의복에 차등을 둔다. 공이 있는 자는 영화롭게 살 수 있지만 공이 없는 자는 재산이 많아도 화려한 생활을 하지 못한다.

이 법의 기본사상은 엄격한 상벌주의 원칙에 근거한 것이다. 본래 중국은 오랜 기간 모든 사회질서를 '예(禮)'로 유지했다. 법과 예는 모두 일정한 규범 속에서 사회가 존속하고 발전하도록 보장한다는 점에서 형식적으로 서로 통하는 점도 있지만, 그 기본정신은 완전히 다르다.

예의 기본적인 특징은 '구분'으로 사회적인 지위를 판단하는 빈부귀천과 혈연관계를 중요시한다. 따라서 예는 일정한 신분을 가진 사회구성원이 당연히 누릴 수 있는 권력과 지켜야 할 규칙을 규정한다. "예로써 귀천을 구분하고 사랑에는 차이를 둔다"는 말이 구분 혹은 차별이란 면에서 예의 특성을 잘 설명해 준다. 이런 사회에서는 어떤 신분을 가진 사람만이 할 수 있는 일을 다른 신분을

가진 사람이 하면 '예에 벗어
난 행위'가 된다.

반면 법의 통치는 근본이 다
르다. 법의 기본은 '차별이 없
는 동일함'이다. 대표적으로 어
떤 법령이 공포되면, 이는 법
앞에서 모든 사람이 공평하다
는 것을 의미한다. 설사 왕자
라도 법을 어기면 일반 백성과
똑같이 죗값을 치러야 한다는
얘기다.

진시황제 조칙판

또한 예는 관습에 따라 유지되지만 법은 행정적 힘에 의해 실천
에 옮겨진다. 법가사상에서 말하는 '공평'은 사실 귀족에게 악몽이
지만 백성에게는 매우 유리한 법 제도라고 할 수 있다. 문제는 법
을 어겼을 때 받게 되는 형벌의 도가 다소 지나쳤다는 점이다.

진나라는 경범죄도 중형으로 다스린다는 원칙을 세웠다. 가벼운
죄를 범한 자에게 무거운 벌을 내리면 다시는 가벼운 죄를 짓지 않
을 뿐 아니라 더 큰 죄도 짓지 않을 것이라고 생각했기 때문이다.
이에 따라 길가에 쓰레기를 버려도 처벌이 내려졌고 중죄를 범하
면 연좌제로 엮어 가족까지 중형을 받았다.[6]

법이 비록 엄하기는 했지만 빈부귀천을 가리지 않는다는 점에서
백성들의 열렬한 지지를 받았다. 이에 따라 진나라는 사회가 안정
되고 인근 나라에 비해 강국이 될 수 있었다. 상앙이 사망한 것은

진시황제가 천하를 통일하기 117년 전이었다. 이후 상앙의 법은 계속 이어졌고 한비자(韓非子), 이사가 법을 준엄하게 시행했다.

법가를 기초로 한 진나라의 통치 방법은 합병된 국가들의 기본 제도, 즉 '예로 다스린다'는 것과 배치되었기 때문에 합병국의 학자들은 사사건건 비판을 가했다. 통일 후 안정된 사회를 구축하기 위해 모든 힘을 쏟고 있던 진시황제에게 '옛 제도'를 그리워하는 것은 진시황제에 대한 반역이었다. 더욱이 그들이 원하는 제도는 예절, 도덕, 음악 등인데 진시황제는 그들이 그런 나약한 명분에 얽매이다 자신에게 정복당했다고 생각했다. 문제는 급격한 체제 변화가 불평불만자를 양산하고, 진시황제에 반대하는 사람들이 예전의 구태의연한 관습을 근거로 대중의 인기를 얻을 수 있다는 점이었다.

흥미롭게도 진시황제를 비난할 수 있는 빌미는 진시황제가 만들었다. 통일을 하자마자 진시황제는 전국을 군과 현으로 나눠 황제가 직접 통치하는 중앙집권제로 바꿨는데, 그가 그 제도의 조기 정착을 위해 사용한 방법이 독특했다. 충성서약을 해야 한다는 빌미로 지방의 왕이나 제후들을 수도로 불러들인 다음 중앙에서 임명한 관리를 보내 각 지역을 접수하게 했던 것이다. 이후 그들의 가족까지 수도로 불러 일정구역에서 함께 살게 했는데, 그 숫자가 12만 명을 넘었다. 진시황제는 그들이 수도에 와 있는 이상 반란을 일으킬 수 없을 것이라고 판단해 어떠한 불이익도 주지 않았다.

그런데 당시의 지도층과 학자들이 이러한 편법을 맹렬하게 비난하고 나섰다. 도덕적으로 지도자의 자질이 없다는 거였다. 통치이

넘으로 예와 도덕을 강조한 당대의 수많은 학자는 설사 통일을 했을지라도 도덕적 자질이 겸비되지 않은 황제는 황제로서 자질이 없다고 주장했다.

사마천조차 진시황제에 대해 그야말로 독설을 퍼부어 댔다.

"툭 튀어나온 코, 커다란 눈, 맹금과 같은 가슴, 승냥이의 목소리에다 친절함이라곤 조금도 없다. 여기에 호랑이나 늑대 같은 심성을 지녔다."

사마천이 중국을 통일한 황제를 이렇게 폄하한 것은 어느 정도 이해할 수 있다. 그가 봉직하던 한(漢)나라가 진나라를 멸망시키고 건국됐기 때문이다. 사실상 진나라를 이은 한나라는 진나라가 갖고 있는 문제점을 해결하기 위해 태어났다고도 볼 수 있다. 따라서 진나라에 대한 한나라 사람들의 평가가 좋지 않은 것은 이해되지만 문맥만 놓고 볼 때 사마천의 평가는 다소 과하다고 할 수 있다.

어쨌든 학자들의 반기에 진시황제가 채택한 것은 과감한 사상통제였다. 그는 과거에 안주하는, 즉 통일 전의 제도에 집착하는 기득권 세력과의 단절을 모색했다. 그것이 바로 분서라는 이름으로 과거의 정책이나 제도를 옹호하는 책들을 불태우려 한 이유다. 분서를 건의한 승상 이사의 생각을 보면 분서의 의미를 알 수 있다.

"옛것을 답습하려는 것은 현실을 비난하고 불만을 표출하는 것과 다름없습니다. 현실을 부정하는 것은 곧 황제의 권위에 도전하는 것이자 제국의 통치에 해를 입히는 행동입니다. 따라서 옛것을 따른다는 명분 아래 현재의 정책에 반기를 드는 자들을 적절히 제압해야 하며, 그것이 선악을 구별해 올바른 정치를 하는 길입니다."

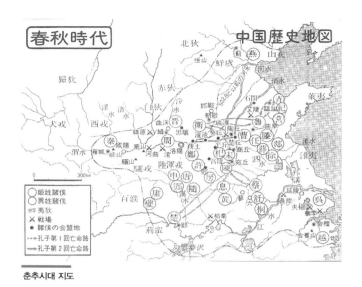

春秋時代　　　　　　　　　**中国歴史地図**

춘추시대 지도

　현대적인 관점에서 이사는 황제의 위엄을 등에 업고 전국적으로 '문화말살'이라는 폭행을 자행한 것이다. 물론 분서는 유생들이 진시황제로부터 멀어지는 계기를 제공했다. 그렇다고 진시황제가 책이란 책은 모두 불태웠다는 것은 과장이다. 우선 천문, 지리, 점술 등 각종 실용서적은 남겨 두도록 했다. 또한 불온사상과 관련된 책도 정부기관의 도서관 같은 곳에 남겨 두어 연구하도록 했다. 실제로 춘추전국시대의 수많은 책이 현재까지 전해지는 이유는 진시황제의 분서 조치가 상징적인 것에 불과했음을 보여 준다.

　더욱이 당시의 책은 종이로 만든 것이 아니라 죽간이나 목간이었던 터라 웬만한 책 한 권 분량이 상당했다. 이에 따라 학문의 주된 방법은 스승이 제자에게 구전으로 가르치는 식이었다. 결국 일부 서적을 불태웠다고 해서 머릿속에 있던 모든 사상이나 이론이 사라졌던 것은 아니다. 한마디로 분서는 '반정부 여론'을 억제하기 위한 상징적 의미를 지니고 있다. 사실 이 방법은 지금도 각국에서 보편적으로 사용하는 국민 통제방법 중 하나다.

'갱유(坑儒)'를 둘러싼 오해와 진실

갱유는 분서와 또 다른 의미를 지니고 있다. 진시황제는 포고문에서 이렇게 말했다.

"과거에 비춰 오늘을 경시하는 자는 마땅히 구족(九族)을 멸하겠다."

이는 덕을 갖추되 그의 정책을 비판하는 지식인을 생매장하겠다는 뜻이지만, 본래 이 사건은 두 명의 방사가 함양성을 몰래 빠져나간 데서 비롯되었다. 그 내용을 정확하게 파악하려면 우선 당시의 과학 수준을 짚고 넘어가야 한다.

진시황제는 신선이나 불로불사의 존재를 믿었다. 이는 주술적인 차원이 아니라 당시의 의학수준에서 비롯된 것이다. 진시황제 주변에는 불로장생의 약을 구할 수 있다고 현혹하는 수많은 도사가 들끓었다. 후생과 노생도 그런 도사였고 앞서 불로초를 구하러 떠났다고 말한 서복 역시 그런 인물 중 하나였다.

진시황제는 그들의 말을 믿고 많은 자금을 내주었다. 서복의 경우 불로초를 얻기 위해 동남동녀 각 500명을 받았다는 것을 볼 때 그야말로 파격적인 대우를 해주었음을 알 수 있다. 후생과 노생 역시 불로불사의 약을 가져다주겠다는 약속을 하고 진시황제로부터 많은 돈을 뜯어냈지만 세상에 그런 약이 어디 있겠는가. 그들은 자신의 죄가 탄로 날 것을 염려해 마지막 수단으로 황제의 부덕을 비난한 뒤 도망치고 말았다.

그들이 황제를 비판한 글은 지금도 남아 있다.

"진시황제의 사람됨은 천성이 강철 같고 포악하며 자신만만하다. 제후의 몸으로 천하를 병합하고 모든 것을 자기 뜻대로 이뤘던 터라 고금을 막론하고 자신보다 나은 사람이 없다고 생각한다. 오로지 옥리만 신임하고 총애하며 박사가 70명이나 있는데도 그저 숫자만 채우고 있을 뿐 쓰지 않는다.

승상 이하 여러 대신들도 황제가 결정한 사항만 받아들인다. 황제가 형벌과 사형으로 위엄을 과시하기 때문에 백성은 죄를 지을까 두려워하고 신하들은 녹봉만 유지하려 애쓸 뿐 누구 하나 충심으로 황제의 잘못을 간하지 않는다. 이에 따라 황제는 날로 교만해지고 신하들은 그 위세에 눌려 거짓말로 비위를 맞추기에 급급하다.

진의 법률은 가혹해 방사들은 두 가지 방술을 겸할 수 없고 또한 효험이 없으면 사형에 처해진다. 그런데도 별자리로 점을 쳐 길흉을 예지하는 자가 300명이나 된다. 이들은 모두 선량하지만 황제의 비위를 거스를까 두려워 아첨만 하고 감히 황제의 과실을 직언하지 않는다.

천하의 일은 대소를 막론하고 모두 황제가 결정하며, 저울로 결재서류의 무게를 달아 밤낮으로 결재해야 할 분량을 정해 놓고 그것을 모두 처리하기 전에는 쉬지 않았다. 권세를 탐하는 정도가 이쯤 되니 아직은 선약을 구한다 해도 얻을 수 없을 것이다."

자신에게 수많은 자금을 받아간 자들이 이런 악담을 하며 도망을 쳤으니 화가 나지 않을 사람이 어디 있겠는가. 특히 그가 선약을 구할 수 없을 거라는 말은 그야말로 모욕 중의 모욕이었다. 그들이 도망쳤다는 소식을 듣고 대노한 진시황제는 어사대(御史隊)를 파견

갱유 장소 진시황은 방사들이 자신을 비롯한 수많은 사람들을 현혹하자 이들을 생매장시켰다.

해 함양 내의 모든 유생을 검열했다. 그리고 조금이라도 금기사항을 위반한 사실이 있는 460명을 찾아내 모두 생매장시킨 것이다. 이것이 그 유명한 갱유다.

이때 죽임을 당한 자들은 대개 정통학자가 아니라 술수를 쓰던 도사였다. 또한 그들을 생매장했다는 것도 사실이 아닌 것으로 알려져 있다. 나아가 다른 황제들이 자행한 살인에 비하면 460명이라는 숫자는 새 발의 피라는 견해도 있다.

진시황제가 460명의 인명을 살해한 것이나 책을 태운 것은 사실이다. 그러나 봉건 전제군주 정치에서는 군주의 권한이 절대적이었다는 것을 감안하면 진시황제의 행동이 결코 특이한 것이라고 볼 수 없다. 어찌 보면 한 군주가 죽었을 때 수많은 신하와 처첩을 산 채로 묻는 순장제도를 미화한 고대 군주들이 더욱 비난받아 마땅한지도 모른다.

진시황제의 선임인 진무공이 죽었을 때는 모두 66명이 순장되었고 진목공 때는 그 수가 177명이나 되었다고 한다. 진목공과 함께 순장된 엄식, 중항, 침호는 진나라의 현신이었음에도 불구하고 산 채로 매장되었다. 순장제도는 진나라에서만 200년이나 계속되었는데 당시 순장된 사람은 갱유처럼 다소 문제가 있던 유생 등이 아니라 그야말로 충실한 신하는 물론 정부의 고관들이었다. 그런데도 이들을 죽음으로 몰아넣은 사람들이 비난받지 않는 이유는 당시의 관습과 제도를 따를 것뿐이라고 생각하기 때문이다.

　　그렇다고 진시황제의 분서갱유가 올바른 처사라는 얘기는 아니다. 단지 통일된 진나라의 통치가 15년도 지탱하지 못한 데다 살해당한 사람들 자체가 소위 지식인이라 지나치게 폭군의 이미지를 부각시켰다는 점을 지적하고 싶을 뿐이다.

조리 있고 탄력 있게 운용된 법가사상

　　진시황제는 단순히 법가사상만으로 통치하는 것은 충분치 못하며 또한 위험하다는 사실을 인식하고 있었다. 이에 따라 그는 법가사상을 수정 및 보완하기 위해 의식적으로 유가의 덕치(德治)와 도가의 무위(無爲)사상을 흡수했다. 실제로 진시황제가 등극한 초창기에 집정을 맡은 여불위는 형벌과 덕, 회유와 진압을 함께 사용해 정책을 수립했다.

　　진시황제를 매우 미워한 사마천의『사기』「진본기秦本紀」에는 다음과 같은 글이 나온다.

"죄인을 사면하고 선왕시대에 공을 세운 공신에게 상을 내렸으며 친족에게 덕을 베풀고 백성에게도 널리 은혜를 베풀었다."[7]

진나라 시절의 지방 하급관리 묘에서 나온 기록도 법가사상이 마냥 난폭하기만 했던 것은 아니었음을 잘 보여 준다. 그는 형사사건을 전담하던 관리였던지 그의 묘지에서 직무수행의 규범집이 출토되었다.

"조정의 부역에 징발된 인원이 도착하지 않으면 담당자는 2갑의 벌금을 부과하고 3일에서 5일 안에 도착하면 견책, 6일부터 10일까지는 1순의 벌금을 부과한다. 10일을 넘기면 1갑의 벌금에 처한다."

이것은 명령에 따르지 않으면 무조건 사형에 처한다는 일벌백계주의가 진나라의 통치이념이 아니었음을 잘 보여 주는 증거다. 따라서 사가들은 부역을 가다가 홍수를 만나 길이 끊기는 바람에 제 날짜에 목적지에 도착하지 못한 진승(陳勝)과 오광(吳廣) 일당이 남긴 "어차피 죽을 바에는 반란을 일으켜 살 길을 찾자"라는 고사는 사실과 다르거나 또 다른 이유가 있었을 거라고 주장한다. 이 문제는 뒤에서 다시 설명한다.

사가들이 놀라는 또 다른 점은 진나라에서 용의자를 심문할 때 의외로 조리 있게 했다는 것이다. 이규조의 글에서 인용해 보면 다음과 같다.[8]

심문할 때는 당사자의 말을 모두 듣고 그것을 기록해 두어야 한다. 각자에게 진술을 시킬 때는 거짓을 고하는 것이 명백하더라도 그 자리에서 일일이 힐문해서는 안 된다. 진술이 모두 끝나고 달리 변명이 없다면 그때 비로소 진술 기록을 근거로 해서 심문하라. 심문할 때 대답을 못하고 범인임이 명백한데도 계속 거짓을 고하며 말을 바꾸면서 죄상을 인정치 않을 경우, 그 태도가 규정에 비추어 고문을 가하지 않으면 자백하지 않을 것으로 판단될 때에 한해 고문하라. 다만 고문할 때는 그 이유를 보고서에 명기해 두어야 한다.

피의자가 진술한 내용을 근거로 모순점을 찾아내 범행을 자백하도록 유도해야 한다는 심문 태도를 볼 때 과거 우리나라에서 자행된 고문 행태가 오히려 부끄러울 지경이다. 이처럼 진나라의 체제가 형벌을 엄격히 한 것은 사실이지만 나름대로 합리적인 법 운영과 잘 짜인 관료조직이 진나라를 강대국으로 만든 요인임을 알 수 있다. 이러한 관료조직은 한나라를 비롯해 후대로 계승되면서 개량되고 정비되었다.

어쨌든 중국을 하나로 만들기 위해 사력을 다한 진시황제는 동쪽 해안으로 순행을 가던 중 사구(沙丘)에서 급사했다. 황제의 고문인 이사는 황제의 죽음을 비밀로 하고 그의 시체를 여러 대의 마차 중 한곳에 실어 수도로 돌아왔다. 그동안 그들은 마치 황제의 식사를 나르거나 명령을 받는 것처럼 이따금 수레에 접근하곤 했다. 마침 여름이라 시체가 썩어 냄새를 풍기기 시작하자 냄새를 감추기 위해 생선을 가득 실은 수레를 가져왔다. 그 사이에 조작된 유서대로 둘째 아들 호해를 2대 황제로 옹립하고 황태자인 부소(扶蘇)는 날조된 칙령에 따라 자살하고 말았다.

훗날 고고학자들은 이 음모의 여파를 보여 주는 증거를 발견했다. 진시황제 무덤 근처에서 상대적으로 작은 '위성' 무덤을 발굴했는데, 이들은 모두 스무 살에서 서른 살 사이로 비슷한 또래였다. 이는 호해를 제외한 동년배의 왕자들이 동시에 죽었다는 사실을 암시한다. 특히 그곳에서는 그들의 이름이 적힌 도장과 최후를 말해 주는 흔적이 고스란히 나타났다. 어떤 유골에는 사지가 절단된 자국이 남아 있고, 또 어떤 유골은 턱뼈가 탈구되어 있는데 이는 교살당했다는 증거다. 심지어 두개골 속에 청동 화살촉이 박힌 채 남아 있는 유골도 있었다. 이것은 호해에게 경쟁자가 될 만한 왕자들을 모두 참혹하게 살해했다는 것을 의미한다. 만약 황태자인 부소가 호해에게 항거했다 하더라도 결국 살해되었을 가능성이 크다.

하지만 호해 역시 3년을 버티지 못하고 환관 조고(趙高)의 압박으로 자살하자 진나라는 통일된 지 13년 만에 멸망했다. 이사도 능지처참을 당했고 환관 조고는 자결했다.[8] 진시황제의 업적이 알려지기도 전에 진나라를 계승한 한나라는 진시황제의 폭군 이미지만 부각시켰고, 그것이 계속 전해져 중국 역사상 악명 높은 군주 중한 명이 되었던 것이다.

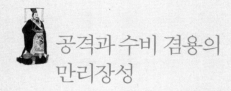

공격과 수비 겸용의
만리장성

진나라 멸망의 단초가 된 만리장성

2007년 7월 7일, 세계 7대 불가사의 중 하나로 선정된 만리장성은 총길이가 5,000~6,000킬로미터로 알려져 있다. 산동의 산해관(山海關)에서 출발해 서쪽으로 북경과 대동을 거친 다음 남쪽으로 황허를 넘는 이 장성은 협서성과 오르도스의 경계를 따라 남서를 향해 달리다가 다시 황허를 넘는다. 이어 그곳으로부터 실크로드의 북서쪽으로 연결되어 하서주랑(河西走廊)의 자위관(嘉峪關, 가욕관)에서 종료된다.

1935년, 장개석(蔣介石)에게 밀린 모택동은 공산당원들을 규합하기 위해 만리장성을 이용했다.

"세상에 태어나 만리장성에 한 번도 가 보지 않은 사람은 대장부라고 할 수 없다(不到長城非好漢)."

가욕관 전경 만리장성은 산해관부터 시작해 장장 5천 킬로미터 이상 펼쳐지다가 거쳐 하서주랑의 가욕관에서 종료된다.

이는 만리장성에 대장부로서 지녀야 할 역사의식과 호연지기, 고난 극복의 지혜 그리고 도전정신이 녹아 있다는 의미다. 또한 1972년, 미국의 리처드 닉슨(Richard Nixon) 대통령은 중국과 미국간 외교의 돌파구를 마련하기 위한 포석으로 만리장성을 방문해 이렇게 선언했다.

"장성은 위대한 성벽이며 위대한 민족이라야 이런 것을 건설할 수 있다."

하지만 만리장성은 진시황제가 그동안 폭군 중의 폭군으로 지목된 근본 요인 중 하나다.[9] 실제로 고대 중국에서 진나라 멸망의 원인을 거론할 때 가장 먼저 꼽는 것이 그의 무모한 만리장성 건설이다. 물론 역사적 사실만 놓고 보면 만리장성 건설이 진나라의 멸망을 초래했다는 말은 틀리지 않다.

호해가 편법으로 장자를 제치고 즉위한 다음, 실권을 장악한 조고의 전횡으로 백성들은 심한 고통에 시달리게 되었다. 일설에 따르면 형을 받은 자가 도로의 절반을 차지할 정도였다고 하지만 이것은 좀 설득력이 떨어진다. 당대에 형을 받거나 부역에 처해진다는 것은 집에 돌아올 확률이 매우 낮다는 것을 의미했다. 실제로 후한(後漢)의 한 공동묘지에서 많은 형도묘(刑徒墓)가 발견되었는데, 구덩이 안에는 수많은 젊은 인부가 매장돼 있었고, 그들 중 상당 수가 수갑을 찬 상태였다.

한편 209년 7월, 진승과 오광은 빈민 900여 명과 함께 징집을 당해 만리장성을 건설하는 어양(漁陽 : 지금의 북경 밀운현密雲縣 서남)으로 가라는 명령을 받았다. 진승은 양성(陽城 : 지금의 하남성 상수商水 서남) 출신으로 어릴 때부터 남의 집 머슴살이를 했고, 오광은 양하(陽夏 : 지금의 하남성 태강太康)의 가난한 농민 출신이었다. 한데 진승은 가난한 탓에 비록 남의 집 머슴살이를 했지만 상당한 지략과 용기가 있었던 것으로 추정된다.

한번은 그가 친구와 함께 논을 갈다가 "언젠가 부귀하게 되면 자네를 절대 잊지 않겠네"라고 진지한 얼굴로 말했다. 그 말을 들은 친구는 코웃음을 치며 "남의 집 머슴살이를 하는 주제에 어떻게 부귀해질 수 있단 말인가?"라고 대답했다. 그러자 진승은 길게 탄식하며 "그만두지. 참새가 어찌 봉황의 뜻을 알겠는가!"라고 말했다고 한다.

어쨌든 진승은 머슴이면서도 보통사람과 다소 다른 대우를 받은 듯, 오광과 함께 빈민들의 대장이 되어 집결지인 어양으로 향했다.

그런데 어양으로 가는 도중 대택향(大澤鄕 : 지금의 안휘성 숙현宿縣 동남) 부근에서 뜻밖에도 폭우를 만나고 말았다. 문제는 며칠을 계속해서 내린 폭우 때문에 예정된 기간 내에 목적지인 어양에 도착하는 것이 불가능했다는 점이다.

진나라의 법에 따르면 징집된 사람이 예정된 기간 내에 목적지에 도착하지 못하면 사형에 처하도록 되어 있었다. 평소 진나라의 법 집행을 볼 때 다소 과장된 것으로 보이지만, 어쨌든 졸지에 삶과 죽음의 기로에 서게 된 진승과 오광은 함께 온 사람들에게 외쳤다.

"어차피 우리는 죽을 목숨들이니 죽을 때 죽더라도 이름이나 한 번 떨쳐 봅시다. 왕후장상의 씨가 어디 따로 있답디까!"

진승은 죽음을 눈앞에 둔 절박한 상황에서 중국 역사상 최초로 농민봉기를 시도한 것이다. 그들의 봉기는 민중의 호응을 얻어 정부군을 격파하면서 급속도로 세력이 늘어났다. 하지만 그들은 당대 기득권자들의 지지를 얻어내지 못했고, 결국 토벌해야 할 반란 세력으로 몰리고 말았다.

결론을 말하자면 유방과 항우가 그들을 토벌하겠다는 명분으로 세력을 얻어 중국의 패권을 놓고 혈투를 벌였고, 여기서 유방이 승리를 거둬 한 고조가 되었다.

이 점만 놓고 보면 진나라가 멸망한 단초가 무엇이든 만리장성이 큰 몫을 한 것만은 틀림없는 사실이다. 만리장성 건설이 민중을 도탄에 빠뜨렸고, 그런 탓에 반란이 일어나 그 여파로 진나라가 멸망한 셈이기 때문이다. 이것은 그동안 만리장성이 진시황제의 불명예의 상징으로 부각된 이유이기도 하다.

'해골' 위에 세워진 만리장성?

진시황제의 만리장성 건설을 실제로 수행한 인물은 유능한 참모이자 장군인 몽염이다. 사마천은 『사기』에서 다음과 같이 적었다.

"진이 천하를 통일한 뒤 몽염에게 30만 대군을 내주어 북쪽의 융족과 적족을 몰아내게 했다. 몽염은 그들로부터 황허 이남을 빼앗았고 그곳의 골짜기와 언덕에 장성을 쌓았다. 그 성은 임조(臨洮, 중국 감숙성에 있는 현縣 이름)에서 시작해 요동 땅까지 이어지며 전체 길이는 1만 리도 넘는다."

만리장성 건설이 어려웠던 이유는 해발 고도가 2,000~3,000미터에 달하는 산지를 이리저리 돌면서 성을 건설해야 했기 때문이다. 물론 기존에 장성이 건설되어 있던 구간은 보수공사로 끝냈지만, 그래도 무려 몇 천 킬로미터를 이어야 하는 거리였다.

고고학자들이 진나라 성벽이라 단정하는 내몽골 소재의 성벽은 높이가 토대로부터 3~3.5미터다. 그것도 실용적으로 흙과 돌을 섞어서 다졌으며 일부 지역에 남아 있는 유적은 인공물이라고 하기 어려울 만큼 뛰어나다. 당대의 기술 수준으로 볼 때 이러한 장성 건설은 고단한 노력을 필요로 하는 일이었다. 만리장성 건설이 당대에 얼마나 엄청난 역사이자 어려운 일이었는지는 중국의 4대 민간 전설 중 하나인 '맹강녀 전설'로도 알 수 있다.

"진시황제 때, 맹강녀의 남편 범희양이 축성(築城) 노역에 징용되었다(한 전설에는 맹강녀의 남편이 결혼 초야에 진나라의 징병관에게 끌려갔다고 한다). 오랫동안 남편의 소식을 듣지 못하던 어느 날 맹강녀의 꿈에 남편이 만리장성에서 일하다 죽는 모습이 나타났다. 급히 겨울

옷을 만든 맹강녀가 몇 달에 걸쳐 만리장성 현장에 도착했지만 이미 사망한 남편의 시신마저 찾을 길이 없었다. 축성 노역에 동원된 사람이 죽으면 성채 속에 묻는 것이 당시의 관례였기 때문이다. 맹강녀가 성벽 앞에 옷을 놓고 며칠을 엎드려 대성통곡하자 성채가 무너지면서 남편의 시신이 나왔다. 맹강녀는 시신을 거둔 뒤 바다에 뛰어들어 자살했다."

얼마나 크게 울었으면 장성이 무너졌을까 싶기도 하지만 역으로 생각하면 당시 만리장성 공사가 얼마나 힘들었으면 공사현장을 뒤흔들 만큼 울음이 터져 나왔을까 하고 생각해 볼 수도 있다.

어쨌든 산해관 인근에는 맹강녀묘, 맹강사당(孟姜祠堂), 맹강녀원(孟姜女苑)이 있으며 바다 쪽으로 불쑥 튀어나온 바위 네 개가 맹강녀의 묘라고도 한다. 맹강녀원 내에는 남편을 위해 천리 길을 울며

산해관 산해관의 노룡두에서 시작하는 만리장성 인근에는 장성의 애환이 깃든 맹강녀 유적과 진시황제 때 건설된 장성 흔적이 남아 있다.

장성에 도착했다는 전설에 따라 '겨울옷 만들기', '장정들의 장성 축조', '망부석' 등 20개 장면이 그려진 그림이 있다.

만리장성을 건설하기 위해 인명이 무수히 희생되었다는 것은 다음 시로도 알 수 있다.

"아들이 있어도 키우지 마라.

딸이 있으면 말린 고기는 그 애에게 먹이게.

알겠는가, 만리장성이 해골 위에 세워졌다는 것을."

민중의 고통을 딛고 만리장성이 세워지자 여러 가지 전설이 생겨났는데, 무엇보다 흥미로운 것은 황제의 능력이다. 그것은 황제가 마술을 부려 24시간 만에 장성을 뚝딱 쌓았다거나 어마어마하게 큰 용이 그 지역을 날아가다가 지쳐 떨어져 그것이 만리장성이 되었다는 전설이다.

고통의 상징이 된 장성 건설이 백성들의 전폭적인 지지를 받은 이유

원래 만리장성 건설은 진시황제 때부터 시작된 것이 아니다. 일반적으로 중국 동북부에 있는 산동성 용산(龍山) 부근에서 발견된 것(기원전 3000년대)을 만리장성의 시조로 추정하고 있다. 잔존하는 성벽은 기원전 2000년대로 거슬러 올라가는 상나라 때의 것으로, 현재 하남성 정주(鄭洲) 북쪽 약 7킬로미터 지점에 있는 오(敖) 성벽이다.

또한 만리장성 건설이 모든 백성의 원성을 산 것은 아니다. 물론 기원전 2000년경의 자료는 없지만, 기원전 7세기경의 『시경詩經』

「소아小雅」에는 당시 성벽 건설에 백성들이 얼마나 호의적이었는지 잘 나타나 있다.

"왕이 남중에게 명해 삭방에 가서 성벽을 쌓으라고 하면서 수레를 무수히 많이 내셨고 용과 거북, 뱀 깃발의 무늬가 선명했다. 천자가 내게 명해 삭방에 성벽을 쌓으라고 했다. 위엄 있는 남중이여, 험윤족을 제거하시다."

중국이 농경사회를 거쳐 문명사회로 들어가는 동안 북쪽에는 지형적으로 중국과 다른 융(戎), 저(氐), 흉노, 몽골, 동호, 만주족 등 연대에 따라 수많은 이름으로 불린 소위 야만족이 살고 있었다. 바로 이들을 막기 위해 중국은 적어도 기원전 2000년 무렵부터 명나라 때까지 부단히 성벽을 쌓았다. 이는 진시황제보다 무려 2,000년이나 앞선 시기다.

중국에서 국가라는 형태가 나타나는 기원전 3000년의 거주 상황은 현재 다소 이질적인 습속을 갖고 있는 중국인과 유목민으로 완전하게 분리하기가 어렵다(중국은 최초의 국가가 현 요령성 우하량 지역에서 기원전 3000년경에 세워졌다고 추정한다. 이를 신비의 왕국 또는 신비의 여왕국이라 부른다).[10] 이는 북중국과 그보다 북쪽에 사는 주민간의 생활방식이 크게 다르지 않았을 것으로 추정하기 때문이다. 당시에는 중국 변방에 무시무시한 유목 전사 집단이 아니라 정착 위주의 부족이 엉성하게나마 농사를 짓고 가축도 사육하면서 사냥으로 생계를 유지했던 것으로 보인다.

그런데 기원전 1500년경부터 소위 지금의 유목민이 살고 있던 지역에 심각한 기후 변화가 일어나기 시작했다. 광대한 몽골 평원이 건조해지면서 초원으로 변한 것이다. 이러한 변화는 초기 정착·농경에서 유목·목축으로 바뀌도록 유도했다. 문제는 유목·목축 생활의 경우, 농경생활로 엄격하게 통제된 소위 남중국과 다른 생활방식을 필요로 했다는 점이다.

이들은 초원이 건조해지자 농경생활을 포기하고 가축사육(특히 말과 양)과 수렵생활을 할 수밖에 없었다. 그런데 가축이 먹고사는 풀밭이 계절에 따라 변했던 터라 이들은 풀밭을 찾아 정처없이 떠돌게 되었다. 광활한 지역에서 마음에 드는 목초지를 찾는 것은 말처럼 그리 간단한 일이 아니다. 그 과정에서 당연히 기동성이 길러졌고 넓은 초지에 풀어놓은 가축을 통제하기 위해 숙련된 기마술도 필요해졌다.

문제는 생활의 모든 부분을 가축에게만 의존할 수 없다는 점이다. 가축을 통해 식량과 옷 등 일상용품은 어느 정도 해결할 수 있지만, 곡물을 비롯해 공구를 만들 수 있는 금속 재료는 남부지역으로부터 조달해야 했다.

하지만 기원전 1000년경이 되자 농경민과 유목민이 평화롭게 공존하는 것은 생각보다 훨씬 어려운 일이라는 사실이 분명해졌다. 당대에 가장 큰 갈등이 일어났던 지역은 중국 평원과 본격적인 초원 사이에 있는 오르도스 지방이다. 오르도스는 목축과 농경이 가능한 곳으로 두 사회 모두에게 전략적으로 매우 중요한 지역이었다. 이에 따라 이후 이곳을 장악하기 위한 수많은 분쟁이 일어나게 되었다.

중국인은 북쪽의 이웃들을 도저히 통제할 수 없을 만큼 폭력적이고 야만스러운 침입자로 규정했다. 그들은 북방 민족이 음악도 알아듣지 못하고 색맹이며 배신을 잘하는 종족이라고 비웃으며 점점 상종하지 않으려 했다. 유목민은 농경민보다 열등한 존재로 교역이나 외교의 상대가 될 수 없다고 생각했던 것이다. 문제는 멸시하는 것까지는 그렇다고 쳐도 교역을 봉쇄하면 유목민이 필요로 하는 물자를 구할 수 없다는 점이다. 당연히 그들은 필요한 물자를 구하기 위해 약탈이나 습격을 선택할 수밖에 없었다.

현존하는 기록을 보면 한족을 대표로 하는 중국인은 평화를 사랑하는 민족이고 유목민은 탐욕스럽고 공격적인 무리로 그려져 있다. 다음의 몇 가지 기록이 유목민에 대한 중국인의 사고방식을 그대로 보여 준다.

- 날짐승과 길짐승(禽獸)
- 관용을 베풀 필요가 없는 늑대
- 탐욕스럽게 이윤만 얻으려 하고 외양은 인간이지만 내면은 짐승
- 인간이라기보다 야생 짐승처럼 산다

하지만 이들 기록은 중국이 일방적으로 기록한 것에 지나지 않는다. 유목민은 기본적으로 문자를 사용하지 않아 기록을 남길 수 없었고, 그런 탓에 당시의 기록은 철저히 중국인의 관점에서 다뤄진 것뿐이다.

근래의 고고학 연구는 중국인의 이런 일방적인 사고방식이 얼마나 과장된 것인지 잘 보여 준다. 학자들은 기원전 1000년경까지 만

리장성 주변에 살던 주민들이 남긴 고고학적 유물 가운데 전쟁에 관계된 것이 별로 없다는 다소 놀라운 사실을 발견했다. 특히 중앙아시아에서 발굴한 무덤에서는 목축의 흔적만 발견되었다. 흥미로운 것은 발견되는 유물들이 상당히 세련된 채색 항아리, 제례용 그릇, 옥 제품 등이라는 점이다. 무덤에서 무기가 발견되지 않았다는 것은 이들이 타인을 공격하는 일이 없었음을 의미한다.

청동기시대의 대표적인 전제국가 은(상)나라는 강(羌)이라는 변방의 주민들과 끊임없이 전쟁을 벌였는데, 그 이유는 인신 희생에 쓸 제물로 노예를 확보하기 위해서였다. 이는 상나라가 오히려 유목민들을 괴롭혔다는 것을 의미한다. 결국 학자들은 중국 변방의 주민들이 중국을 공격한 경우보다 중국이 공격한 경우가 많다는 것을 인정하지 않을 수 없었다.

승자가 있으면 패자도 있는 법이다. 특히 고대에 패자의 운명은 승자와 극명하게 갈렸고, 패자가 절치부심해 과거의 실패를 만회하려 애쓰는 것은 당연한 일이었다. 무엇보다 당시에는 상황에 따라 타협하거나 협상할 여지가 전혀 없었다.

전쟁은 언제든 일어날 수 있었기 때문에 현명한 군주는 적군의 기습에 대비하는 것을 게을리 하지 않았다. 바로 이런 목적으로 생겨난 것이 자기 국가를 지키는 장성이란 개념이다. 한 국가가 장성이라는 아이디어를 도입하자 인근 국가들도 장성을 쌓기 시작했다. 춘추전국시대의 장성은 북방 민족의 침입을 막으려는 이유도 있었지만 이웃나라와의 패권 다툼이나 생존을 위해 쌓았다. 이 때문에 장성 건설은 백성들의 전폭적인 지지를 받았다.

공격과 수비 겸용으로 건설된 장성

춘추전국시대의 혼란은 그동안 중국인의 부단한 침입으로 피해를 보았던 북방 민족에게 절호의 기회가 되었다. 각 제후국이 북방에 신경 쓰지 못하는 동안 세력을 키울 수 있었던 것이다. 이제 그들은 과거의 힘없는 세력이 아니라 중국의 제후국을 공격할 수 있을 만큼 강력한 집단으로 성장했다. 기원전 660년, 위나라가 저족의 침입으로 거의 멸망 단계까지 간 것도 이런 여파 때문이다.

중국과 접해 있던 저족과 융족(현재의 섬서성, 산서성, 하북성)은 계속해서 중국과 혈투를 벌였고, 이는 보다 북쪽에 있는 순수 유목민에게 더 큰 기회를 주었다. 그들은 저족이나 융족과 달리 중국에서 멀리 떨어진 초원지대에 머물며 세력을 키울 수 있었던 것이다.

이렇게 해서 전국시대에 저족과 융족이 멸망하자 이번에는 전통

산서성의 만리장성

초원민족의 기마 전사들과 맞닥뜨리게 되었다. 문제는 이들의 잠재력과 전력이 저족이나 융족과는 차원이 다를 만큼 뛰어났다는 점이다. 당시 몽골 초원의 생활방식은 더욱 유목적이고 호전적으로 변해 있었다.

중국인도 유목민을 지칭하는 '호(胡)'라는 용어를 사용할 정도로 그들이 경계의 대상이라는 것은 확실히 알고 있었다. 이들의 전력이 상상을 초월할 만큼 급상승하자 중국은 살아남기 위해 급히 머리를 굴렸다. 전국시대의 각 제후국은 두 가지 면에서 결정적 전술을 개발하려 했다. 하나는 초원지대를 누비는 유목민과 전투를 할 수 있는 기술을 확보하는 것이고, 다른 하나는 유목민이 중국 영토를 침입할 수 없도록 수비막을 만드는 것이다.

유목민의 기마부대와 상대를 하려면 기마부대를 만드는 수밖에 없었다. 같은 조건이라면 중국은 인해전술과 막대한 군수물자 지원으로 충분히 승산이 있었기 때문이다. 하지만 정면으로 전투를 벌이는 것은 워낙 변수가 많아 아무리 군사가 많아도 승리를 장담할 수 없다. 이에 따라 유목민의 공격 의지를 꺾는 전술이 부각됐고, 각 제후국은 장성을 발전시켜 기마부대를 막을 수 있는 성벽으로 변모시키는 데 주력했다. 이것이 기원전 4세기경에 유목민과 국경을 접하고 있던 진, 조, 초, 연나라가 모두 성벽을 쌓는 데 열중한 이유이다.

당시에는 성벽을 쌓을 때 지형을 효율적으로 활용했다. 절벽, 골짜기, 좁은 개울 등 온갖 자연적 특징을 방어에 활용했던 것이다. 천혜의 요새처럼 방어적 이점이 있는 산악지역은 군데군데 초소를 세우거나 성벽을 쌓아 고갯길을 막았다.

이때 중국에서 천재적인 전략가가 태어났는데, 그가 바로 진시황제이다. 진나라 자체가 북방 기마민족이라고 볼 수도 있는 감숙성 지역에서 발원되었기 때문에 그들은 몽골 초원이 구사하는 기마술을 재빨리 전투에 응용할 수 있었다. 다른 국가가 기마부대의 필요성을 인식하면서도 야만적이라는 생각에 기마술 도입에 소극적일 때 진시황제는 이들의 장점을 도입했고 결국 기원전 221년에 중국을 통일했다.

사실 만리장성이라는 말은 근래에 생긴 것으로 애초에는 색(塞, 변경), 장(墻, 장벽), 변진(邊鎭), 변경(邊境, 국경의 부대 혹은 국경의 성) 등의 이름으로 불렸다. 특히 명나라 초반까지만 해도 문헌에 등장하

감숙성 옥문관 장성 학자들에 따라 만리장성의 서쪽 끝을 옥문관 또는 양관으로 간주한다.

지 않고 있는데, 이는 몇 천 킬로미터나 되는 만리장성의 성벽이 하나로 연결되지 않았다는 것을 의미한다.

만리장성 하면 진시황제를 떠올리는 이유는 진시황제 때 비로소 만리장성이라는 개념이 태어났기 때문이다. 진나라 이전에는 각 제후국이 자체 방어를 위해 나름대로의 전략과 전술을 토대로 장성을 건축했다. 이는 각 제후국의 적군이 서로 달라 굳이 통일적으로 장성을 쌓을 필요가 없었음을 의미한다. 그러나 중국을 통일한 진나라는 이전에 각 제후국이 건설한 성벽을 보강하거나 연결하는 것이 가능했다. 이로써 진정한 의미의 만리장성 개념이 태어나게 되었다.

만리장성에서 성(城)은 원래 '흙(土)으로 이룬다(成)'는 글자의 뜻처럼 흙벽을 의미한다. 유럽이나 일본에서 생각하는 성(城)의 개념과 다른 것이다. 한마디로 장성은 '길게 흙으로 이뤄진 것'이라는 의미다.

그런데 흙으로 만든 성벽은 비가 오면 흘러내리기 십상이고 겨울의 혹독한 추위에 갈라지기 일쑤다. 따라서 주기적으로 보수를 하지 않으면 몇 년 지나지 않아 붕괴되기 쉽다. 실제로 현재 북중국과 몽골의 여러 장소에 성벽을 건설한 것으로 알려져 있지만 그 대부분은 흔적조차 남아 있지 않다.

진시황제는 왜 통일을 하자마자 만리장성을 건설했을까?

가장 그럴 듯하면서도 또한 가장 받아들이기 힘든 설은 기원전 215년에 등장한 '진을 멸망시키는 것은 망진자호(亡秦者胡)'라는 점술 때문이라는 것이다. '호'가 북방 유목민족을 의미한다고 생각한

황제가 즉시 몽염의 부대로 오르도스에서 이들을 몰아내고 성벽을 쌓았다는 얘기다. 학자들은 진나라가 멸망한 근본 원인을 진시황제의 아들 호해의 무능과 환관 조고의 권력 남용으로 보고 있는데, 흥미롭게도 호해 역시 '호(胡)'를 사용한다.

학계에서는 진시황제가 만리장성을 쌓은 목적에 대해 두 가지 가설을 제시한다.

첫째, 진나라가 북방 유목민의 공격으로부터 중국인을 보호하는 것이 아니라 오히려 그들을 공격하기 위해 만리장성을 쌓았다. 한마디로 만리장성은 수비용이 아니라 공격용이라는 것이다. 물론 여기에는 상당한 근거가 있다.

근래에 만리장성을 정밀 조사한 학자들은 매우 이상한 점을 발견했다. 북방에 건설된 성벽들이 농경지에서 상당히 멀리 떨어져 있고 초원과는 무척 가까이 있었던 것이다. 심지어 연나라의 성벽은 오늘날의 몽골 안쪽에서 발견되기도 한다. 이는 성벽이 외국의 영토를 점령하기 위한 시설임을 한눈에 보여 준다. 성벽을 쌓으면 유목민을 그들의 영토에서 몰아내거나 정착시켜 통제하고 그들의 전략적 이점을 손쉽게 확보할 수 있기 때문이다.

사실 혈투를 벌이던 각 제후국은 전투에서 기동력 확보가 가장 중요하다는 것을 인식했고, 이로써 기마부대를 확보하는 것이 승리의 관건임을 간파했다. 기마부대를 확보하려면 말을 사육해야 했는데, 말은 아무 곳에서나 간단하게 사육할 수 있는 동물이 아니다. 이는 곧 말을 확보하려면 말을 사육할 줄 아는 유목민이 필요하다는 것을 의미한다.

전국시대 지도

　하지만 유목민이 호락호락 중국인의 입맛에 맞게 말과 기사를 공급할 리는 없었다. 따라서 중국이 선택할 수 있는 방법에는 두 가지가 있었다. 하나는 그동안 상대조차 하지 않던 유목민을 우군으로 확보하는 것이고, 다른 하나는 아예 그들의 거주지역을 점령해 직접 그들을 통제하는 것이다. 물론 중국인이 더 쉽게 생각한 것은 후자다.

　그러나 세상만사가 어디 맘먹은 대로 되던가. 초원지대 가까이에 성벽을 쌓아 일부 유목민을 흡수하긴 했지만 관리비가 엄청나게 많이 들었다. 더욱이 그들이 흡수하지 못한 유목민이 근거지 가까이에 있어 유목민의 공격을 받기가 더욱 쉬웠다. 무엇보다 아이러니한 것은 전국시대의 성벽이 그동안 소규모 부족으로 나뉘어 있던 초원지대 부족을 결집시키도록 유도했다는 점이다. 이로써 중국은 이후 수백 년간 흉노 등과 지루한 혈투를 벌이지 않으면 안 되었다.

어쨌든 진시황제는 그동안 각 제후국이 관리하던 장성을 하나로 통합시켰다. 나아가 기마민족의 약점을 누구보다 잘 알았던 그는 자체적으로 말과 기수를 육성해 북방 기마민족과 대등한 전력을 확보하겠다는 생각을 실천에 옮겼다. 일단 장성이 기마민족의 기습 공격을 어느 정도 막아주면 그가 육성한 기마부대로 얼마든지 그들을 격퇴할 수 있다는 전략이었다.

바로 이것이 진시황제가 중국을 통일하자마자 만리장성을 쌓게 된 기본 요인이라 할 수 있다. 보다 호전적인 북방 기마민족의 공격을 막는 동시에 통일된 중국 내에서 일어날지도 모를 각종 반란을 보다 신속하게 응징하기 위해 장성 내에 기마부대를 육성할 근거지를 확보했던 셈이다. 결국 널리 알려진 것처럼 '수비형 만리장성'이라는 말은 중국인의 호전성을 북방 기마민족에게 떠넘기기 위한 세기의 홍보 전술이라는 것을 알 수 있다.

둘째, 통일 후 전쟁에 동원되었던 많은 병사와 불평분자들의 안정된 생활을 보장해 주기 위해 대형공사를 벌였다. 장성은 쌓는 것 자체가 경비가 막대하게 드는 사업이다. 실제로 장성의 유적을 보면 버드나무와 갈대를 단단히 묶은 것과 점토가 교대로 쓰였음을 알 수 있다. 어떤 지점에서는 3킬로미터 높이의 산꼭대기를 타넘어 장성을 세우기도 했다. 이 장성에 오르려면 줄로 끌어올리거나 노새의 꼬리를 이용해야 한다. 기중기가 없던 그 시대에 2톤이나 되는 화강암 석재를 어떻게 그 높이까지 운반할 수 있었는지는 불가사의한 일이 아닐 수 없다.

어쨌든 통일 전쟁에 동원된 방대한 군대를 유지하는 것보다 대규모 성벽을 건설해 군사들에게 일거리를 제공하고 전쟁을 미연에 방지하는 것이 훨씬 효율적인 일이었다. 무엇보다 진나라의 체제와 충돌하는 죄수들을 흡수해 이들을 산업역군으로 만들 수도 있었다. 한마디로 만리장성은 실업자 구제와 강제노동수용소 개념을 접목시켜 건설되었다는 것이다.

물론 장성을 건설하는 것은 어려운 일이지만 새로 창설된 국가라면 여러 가지 의미에서 시도해 볼 만한 대형사업이다. 한 예로 기원전 213년 "형사재판을 담당하면서 공정을 기하지 못한 법관들을 만리장성 쌓는 곳으로 유배 보내 노역시켰다"라는 글이 있다.[11]

진시황제가 역사상 가장 큰 역사(役事)를 진행하며 국내를 안정시키자 감히 진나라를 넘볼 외부세력은 거의 없었다. 하지만 황제가 천하를 통일한 지 10여 년 만에 갑자기 사망하면서 문제가 불거지기 시작했다. 더욱이 그는 아직 후계자에게 확실한 지위를 부여하지도 못한 상태였다. 부소는 엄연히 황태자였음에도 호해에게 권력을 빼앗길 정도로 변방에 배치했는데, 이는 황태자에게 막강한 권한을 주면 자신을 거역할지도 모른다고 생각했기 때문이다.

더 큰 문제는 제2대 황제 호해가 무능했다는 데 있다. 호해는 결국 당대의 기득권자인 이사와 조고에게 이용만 당하다가 자결했고, 진나라는 갑자기 멸망하고 말았다. 이후 혼란이 거듭되다가 기원전 202년 유방이 재위 5년에 황제로 칭하며 통일 중국인 한나라를 세웠다.

호해묘 호해는 간신 조고 등의 도움으로 황태자인 부소를 자결시키고 등극했지만 이용만 당하다가 결국 자신도 자결하고 말았다.

한나라가 중국을 통일했을 무렵, 북방 기마민족 중 중국을 견제하고 대항할 수 있었던 유일한 강대국은 흉노(당대에 중국의 3배나 되는 제국이었다)였다. 유방 역시 진시황제처럼 신생국가를 안정시키려면 최소한 북방 기마민족이 한나라를 넘보게 해서는 안 된다고 생각했다. 하지만 진나라와 한나라는 상황이 다소 달랐다.

사실 만리장성만으로는 강력한 흉노에 대항하는 데 미흡했다. 이를 알고 있던 진나라는 자체적으로 강력한 기마군단을 육성해 흉노를 견제했다. 유방 역시 만약 흉노가 공격해 오면 만리장성이 큰 힘을 발휘하지 못한다는 것을 알고 있었다.

설사 만리장성이 강력하게 구축되었다 해도 전략적인 면에서 효과적일 수 없다는 것은 역사가 증명한다. 칭기즈칸이 중국을 침략했을 때 만리장성은 제대로 된 보호벽 구실을 하지 못했다. 어느 왕조보다 장성을 쌓는 데 공을 들인 명나라 역시 동북지방의 만주족을 막는 데는 역부족이었다. 조금만 우회하면 취약 지점과 허점이 고스란히 드러났기 때문이다.

유방도 이를 잘 알았고 만리장성은 시간을 조금 벌어 주는 정도의 기능밖에 기대할 수 없다고 생각했다. 즉, 말의 진격을 다소 지연시킬 뿐이었던 것이다. 결국 유방은 강수를 두기로 했다. 우선 노관(盧綰)을 위치적으로 흉노와 접한 산동지역의 연(燕)왕으로 봉해 흉노와 대치하게 했다. 그런데 노관은 기원전 201년 흉노에게 투항하고 말았다.

유방은 흉노의 공격을 사전에 봉쇄하기 위해 보다 대담한 작전을 구사했다. 30만 대군을 동원해 흉노의 시조로 알려진 묵특선우(冒頓單于, 기원전 209~174년)를 공격했던 것이다. 선우는 탱리고도선우(撑犁孤塗單于)의 약어로 탱리는 터키—몽골어에서 '하늘'을 뜻하는 탱그리(Tengri)의 음역이며 고도(孤塗)는 '아들'이란 뜻으로 '흉노의 왕'을 의미한다.

하지만 기원전 200년의 공격은 엄청난 재앙으로 끝났다. 묵특은 30퍼센트가 넘는 유방의 군사들이 동상(凍傷)에 걸려 전력에서 이탈하자, 자신의 군대가 허약한 것처럼 위장해 유방의 공격을 유도했다. 유방이 이 미끼를 덥석 물자 묵특은 기습 공격을 감행했고 대패한 유방은 백등산에서 일주일간 포위되었다.

패배에 직면한 유방은 천하를 통일한 자로서의 자존심을 꺾고 협상을 해 포위에서 풀려났다. 전해 오는 얘기로는 유방이 묵특의 왕비인 연지에게 사람을 보내 포위를 풀지 않으면 중국의 미인들을 잔뜩 보내 묵특을 연지와 떼어 놓겠다고 위협했다고 한다.

어쨌든 묵특은 유방과의 협상에 응했는데,[12] 당시 흉노와 한이 맺은 화친의 골자를 보면 한이 흉노의 속국이나 마찬가지였음을 알 수 있다.

첫째, 한의 공주를 흉노의 선우에게 의무적으로 출가시킨다. 이 관례는 문제(文帝, 기원전 179~157년) 때까지 계속되었다.

둘째, 한이 매년 술, 비단, 곡물을 포함한 일정량의 조공을 바친다.

셋째, 한과 흉노가 형제맹약(兄弟盟約)을 맺어 동등한 지위를 갖는다.

넷째, 만리장성을 경계로 양국이 서로의 영토를 침범하지 않는다.

이 합의는 기원전 198년 가을, 중국 종실의 공주가 흉노에 도착함으로써 발효되었다. 특기할 만한 일은 양국 조정(朝廷)에 왕위 변동이 있을 때는 새로운 혼인으로 동맹을 갱신했다는 점이다. 또한 중국이 흉노에 보내는 조공의 양도 한과 흉노간의 역학관계에 따라 수시로 변했는데 일반적으로 한의 조공은 매년 증가되었다. 기원전 192년부터 135년까지 적어도 아홉 차례에 걸쳐 한이 흉노에게 바친 조공이 증가했다는 사실이 기록되어 있음을 볼 때 한이 흉노의 속국이나 마찬가지였음은 부정할 수 없는 사실이다.[13]

그런데 기원전 141년 괄괄한 무제가 등극하면서 흉노와의 조공외교에 변화가 찾아왔다. 평화로운 시기를 거치는 동안 국가의 재정상태가 호전되자 무제는 공격적으로 나섰던 것이다. 황실의 창고에 돈이 얼마나 많았던지 동전을 꿰는 끈이 삭아 끊어질 지경이었다고 한다. 무제는 넘쳐나는 국고로 군대를 육성했고 군사력은 그야말로 극적으로 고조되었다. 동시에 중국 역사상 가장 위대한 장군으로 불리는 위청(衛青), 곽거병(霍去病) 등이 흉노를 공격하기 시작했다. 기원전 124년에는 흉노의 선우를 거의 사로잡을 뻔했을 만큼 무제는 군사력으로 흉노를 압도했다.

무제의 공격으로 흉노가 북쪽 깊숙이 후퇴하자 무제는 지체 없이 진나라 때 몽염이 세운 방어 시스템을 복구했다. 학자들은 당시 무제가 과거의 성벽을 수리하는 데 그치지 않고 훨씬 더 북쪽으로 전진했을 거라고 추정한다. 일부 학자는 그 무렵 북쪽 변경을 따라 새로 건설한 성벽이 수천 킬로미터에 이른다고 주장하기도 한다. 무제 역시 진시황제와 마찬가지로 장성과 기마부대 육성을 같은 맥락에서 다룬 것이다.

이것은 중국 하북성에서 한나라 때 성벽으로 추정되는 15킬로미터의 성벽이 발굴된 것으로도 알 수 있다. 또한 무제 때 축조된 내몽골의 성벽 폐허도 발견되었는데 여기에는 제방과 봉수대, 요새가 있었다. 당시 한나라 국경으로부터 수백 킬로미터 더 전진한 내몽골 오원(五原)의 도시 폐허에서 발견된 유물 중에는 기와와 도자기는 물론 농사 도구까지 있다. 이는 무제가 흉노를 완전히 압도했다는 것을 의미한다.

이후 한나라군은 장건(張騫) 등의 활약으로 서역, 즉 현 감숙성을 점령하고 만리장성을 옥문관(玉門關)까지 연결했다고 알려진다. 일반적으로 만리장성의 서쪽 끝은 자위관으로 인정하지만, 실크로드의 관문으로 볼 수 있는 옥문관과 양관(陽關)에도 장성의 흔적이 있어 이곳까지 연장되었다고 추정하는 학자들도 있다. 물론 이것은

진시황제로부터 한참 후
대에 건설된 것이다.

돈황(敦煌)을 탐사하던
오렐 스타인(Aurel Stein, 헝
가리 출신으로 둔황의 장경동 유
물을 유럽에 소개함)은 1900
년대 초 만리장성의 서쪽
끝으로 추정되는 옥문관
을 찾아내고 감격에 젖어
이렇게 적었다.

만리장성 조감도

　성벽 노선을 따라 16킬
로미터 정도를 걸어 흙으로 다져 만든 커다란 탑에 도달했다. 그 탑
은 상층부가 약간 훼손되어 위쪽이 잘려나간 피라미드 같았다. 표면
에는 소금기가 진하게 배어 있어 밤중에 희뿌옇게 빛을 냈다.

　옥문관의 방어시설은 6,000~7,000명의 병사를 수용할 만큼 거
대했고 스타인은 한나라가 이곳을 기원전 57년까지 사용했을 것으
로 추정했다.

　어쨌든 무제는 흉노와의 전투에서 승기를 잡았지만 돈을 펑펑
쏟아 붓는 바람에 재정이 거덜 나고 말았다. 이는 무제가 사망한
후 80년간 영토 확장은 물론 성벽 건설을 자제하고 조공정책보다
더 우호적인 화친정책으로 돌아왔다는 것으로도 알 수 있다. 그뿐

아니라 과거처럼 흉노에게 돈과 물품, 공주 등을 보냈다.

이처럼 한나라는 북방 유목민과 한편으로는 동맹을 맺고 뇌물을 제공하면서 다른 한편으로는 공격하거나 방어태세를 갖췄다. 나아가 북쪽 변경 전체에 걸쳐 성벽을 보수하거나 축조했다. 엄밀한 의미에서 만리장성은 진시황제를 이은 한나라에 의해 기본 골격이 완성되었다고 해도 과언이 아니다. 하지만 한나라 역시 북쪽 이민족을 막는 데는 한계가 있었고 결국 기원전 220년에 멸망하고 말았다.

이후 중국을 지배한 각 나라는 나름대로의 전략과 전술에 따라 만리장성을 활용했다. 만리장성에 가장 공을 들인 나라는 위·촉·오의 삼국시대와 5호 16국 시대를 거쳐 중국을 통일한 수나라다. 본래 수나라는 흉노의 후신인 선비(鮮卑) 계열이라 북방 기마민족의 위력을 잘 알고 있었다. 하지만 수나라가 장성을 본격적으로 축조한 이유는 고구려를 침공하기 위한 사전 작업으로 당대의 강자인 돌궐을 막기 위해서였다.

수나라의 만리장성 건설은 부분적으로 성공적이었다. 수나라의 성벽이 워낙 견고한 데다 내분이 일어나는 바람에 돌궐은 수나라를 공격할 엄두도 내지 못했기 때문이다. 이틈에 수양제는 100만 명이 넘는 대군을 동원해 고구려를 침략했다. 물론 수나라는 살수에서 고구려의 을지문덕 장군에게 대패해 결국 역사 속으로 사라지고 말았다.

수나라를 이은 당나라는 수나라가 만리장성에 힘을 쏟았기 때문에 전력이 약화되었다는 사실을 잘 알고 있었다. 이에 따라 당나라는 만리장성을 유지하는 것이 전력에 별다른 도움이 되지 않는다는 판단을 내렸고 전혀 성벽을 쌓지 않았다. 실제로 당 태종은 휘하 장군에게 만리장성에 대해 냉소적으로 말했다.

"국경을 지키는 사람을 임명하면 될 텐데 양제는 긴 성벽을 건설하느라 국력을 고갈시켰다. 나는 그대들에게 북쪽을 지킬 것을 명한다. 그러면 돌궐족은 감히 남쪽으로 내려오지 못할 것이다. 그대들이 긴 성벽보다 훨씬 낫다."

당나라는 만리장성의 문제점을 정확히 파악하고 국방을 만리장성에 의지하지 않았던 것이다. 하지만 당나라는 성벽을 파괴하지는 않았다.

이후 다시 한 번 장성이 축조되기 시작한 것은 거란족의 요나라와 여진족의 금나라 시대다. 그들은 자신들이 중국으로 진입하기 전 상당기간 만리장성으로 인해 피해를 보았다고 생각했기 때문에 중국을 장악하자마자 오히려 만리장성을 보완하는 데 역점을 두었다.

하지만 그 성벽 역시 결정적인 순간, 즉 칭기즈칸의 몽골군대가 쳐들어왔을 때 중국을 지켜 주지 못했다. 몽골의 원나라는 장성보다 자신들의 광대한 제국 전역에서 자유롭게 유통되는 교역과 소통 루트를 원했다. 또한 국가를 수호하는 데도 장성보다 재빠른 기마부대의 기동력을 동원해 만리장성의 취약점을 공격하는 것이 더 효율적이라고 생각했다. 한마디로 장성에 신경 쓰지 않았던 것이다.

반면 원나라를 이은 명나라는 역사상 가장 강력하게 장성 건설을 추진했고, 사실상 현재와 같은 만리장성을 완성했다. 명나라가 다른 어떤 나라보다 장성을 견고하게 쌓은 이유는 원나라의 원류라 볼 수 있는 몽골과의 교류 자체를 차단하기 위해서다.

몽골에 의해 중국이 철저하게 유린당한 사실을 잊지 않고 있던 명나라는 북방으로부터 안전을 확보하는 것이 나라를 보존하는 길이라고 확신했다. 그들은 장성을 보다 견고하게 만드는 것이 몽골의 침략을 막는 데 효율적이라고 생각했고, 이러한 전술에는 어느 정도 행운도 따랐다. 몽골에 예기치 못한 기근과 질병이 만연했던 것이다.

중국의 원조가 절대적으로 필요해진 몽골은 계속 교역을 요구했지만 명나라는 그때마다 이들의 요구를 묵살했다. 명나라는 몽골족을 철천지원수처럼 생각했기 때문이다. 그러나 생존의 위기에 몰리면 어느 민족이든 돌파구를 찾게 마련이다. 바로 그때 등장한 사람이 몽골의 알탄 칸(Altan Khan, 1507~1582년)이다. 그는 몽골인을 규합해 명나라의 무관심과 방관에 보복했다.

명나라는 알탄의 수많은 침입과 약탈에도 굴하지 않았고 오히려 수도의 서북쪽, 대동과 선부 북쪽에 성벽을 쌓기 시작했다. 그곳은 외선 성벽이 세워진 지형의 평균 고도가 1,000미터나 될 정도로 해발 고도가 높았다. 대동 정남쪽에 있는 안문관은 높이 1,500미터에서 3,000미터 선봉우리 사이에 있었다.

몽골은 명나라의 장성 건설과 관계없이 계속 중국을 약탈했지만 명은 이에 개의치 않고 장성을 계속 건설했다. 그렇게 해서 16세기 중반에는 1,200킬로미터에 달하는 성벽을 건설했고 요새와 망루 역시 1,200여 개나 구축했다. 이후 명나라가 멸망하는 1644년까지 현재 북경에서 볼 수 있는 만리장성의 위용이 완성되었다.

결국 만리장성은 기원전 2000년경부터 건설되기 시작했고, 진시황제에 의해 기본틀과 개념이 수립되고 한나라가 보완한 후 명나라가 완성시켰다고 볼 수 있다. 특히 명나라는 흙을 다져 쌓던 과거의 방식과 달리 벽돌과 석재로 장성을 축조했다. 수많은 관광객이 방문하는 북경 근처의 팔달령(八達嶺) 등 특이하게 장대한 만리장성은 진시황제의 만리장성과 관계없이 명나라 때 건설된 것이다.

흥미로운 사실은 명나라의 경우 군사상 수비와 공격용뿐 아니라 통상로로 활용하기 위해 장성을 건설했다는 점이다. 19세기 초, 중국 주재 나폴리 선교사였던 마테오 리치(Matteo Ricci) 신부는 "15미터 높이의 성벽 상부에 말 다섯 마리가 나란히 지날 수 있는 안전한 길이 있었다"라고 설명했다.[14]

하지만 명나라의 거대한 장성도 결국 청나라의 이자성(李自成)에게 점령당하고 말았다. 이때 만리장성이 국가를 지키는 데 큰 역할을 하지 못했다는 것은 이자성의 다음의 시로도 알 수 있다.

너희는 성벽 만 리를 쌓아 바다에 이르렀지만
그런 수고는 모두 헛된 것이다.
너희는 백성의 힘을 소모했지만
제국이 언제 너희 것이던 때가 있었느냐.

당연히 만리장성의 위상은 급격히 추락했다. 이는 청나라가 만주는 물론 중국, 몽골, 티베트, 중앙아시아, 대만까지 장악하는 등 중국의 남북부를 통일해 성벽이 가로막던 남쪽의 문명과 북방의 야만을 허물어버렸기 때문이다. 이에 따라 과거처럼 국경 침입자에 대한 방어벽이라는 전략적 기능도 자동적으로 상실됐다.

더욱이 장성 자체가 세월의 변화를 감당하지 못했다. 화포가 개발되자 '적의 공격을 막는다'는 성벽의 개념이 크게 퇴색해 버린 것이다. 특히 서양인이 중국에 진출할 때 북방의 육지가 아니라 바다를 건너왔기 때문에 만리장성의 물리적 의미는 더욱더 사라지고 말았다.

만리장성을 건설할 때 매우 획기적인 아이디어가 도출된 적도 있다. 그것은 후한 광무제(서기 25~57년 재위) 때 등장한 이동식 장성이다. 이것은 황소가 끄는 수레에 성벽을 실어 필요한 곳에 신속히 설치하는 방법이었지만 그 아이디어가 성공했는지는 알려지지 않

후한 공동묘지

256

았다. 한 가지 분명한 것은 이후 누구도 이동 성벽을 시도하지 않았다는 점이다.

진시황제 사후 장성 건설의 역사

수천 년간 건설된 만리장성은 건축 방법이 시대에 따라 다르다. 초기에는 흙으로 쌓는 기초적인 토성이 주를 이뤘지만, 곧이어 유명한 판축(版築)기법이 개발되었고 이 방식은 명나라에서도 사용한 장성 건축의 기본이었다. 구체적으로 말하자면 널빤지나 벽돌을 양쪽에 판으로 설치한 다음 그 사이에 짚이나 갈대를 섞은 일반 흙을 다져넣어 성벽의 심지가 되도록 하는 방식이다.

재료를 근처에서 구하기 쉬운 것으로 사용하다 보니 지역에 따라 재료가 달랐고 어떤 곳은 사용된 회반죽이 너무 단단해 못이 박히지 않았다. 또한 석재가 많은 곳은 돌과 혼용하거나 석벽만으로 쌓기도 했다. 그래도 재료를 구하기가 쉬워 시간이 오래 걸리지 않는 것은 물론 비용도 저렴했다. 오히려 문제는 노동력 확보와 그들을 먹이고 입히는 일이었다.

명나라 시절에는 벽돌과 석판으로 성벽을 쌓고 그 위에 250미터에서 500미터씩 간격을 두고 망루, 봉화대, 그리고 보루를 설치했다. 이들은 특히 표면에 벽돌을 쌓기 위해 여러 종류의 모르타르를 사용했는데, 가장 보편적인 것은 점성이 강한 쌀풀이었다. 성벽의 속을 채우거나 마감하는 재료로는 그동안 사용해온 흙, 돌, 나무, 갈대가 쓰였다.

만리장성 봉화 올리기

장성은 흙으로 쌓은 서부와 달리 동부로 갈수록 점차 표면이 벽
돌로 대체된다. 대개는 그 지방에서 나는 흙으로 만든 벽돌로 일부
지역에서는 현장에서 무려 80킬로미터나 떨어진 곳에서 제작되었
다. 벽돌의 크기도 상황에 따라 달랐는데, 어떤 것은 $60 \times 24 \times 18$센
티미터에 달했다.

가장 중요한 성벽의 높이는 지형의 특성에 따라 결정되었다. 비
교적 낮고 탁 트인 지형은 성벽의 높이가 산보다 다소 높은 7~8미
터였고, 자연적으로 방어력을 갖춘 능선 같은 곳은 1~2미터로 마
감했다. 물론 아무리 천혜의 조건을 갖추었다 하더라도 성벽의 기
초는 반드시 돌과 벽돌 층으로 만들어 평평하게 다듬었다. 또한 성
벽 꼭대기의 회랑은 말을 타고 성벽 전체를 달릴 수 있도록 단단히
바닥을 다졌다.

명나라 때 건설된 북경 근처의 일부 구간은 성벽 위를 말 다섯 필이 나란히 달릴 수 있도록 했다. 또한 당시에는 화포와 화약이 사용되었기 때문에 벽돌을 사용한 곳에서는 전체 구조물 상부에 총안(銃眼 : 몸을 숨긴 채 총을 쏘기 위해 성벽, 보루 등에 뚫어 놓은 구멍)이 있는 톱니 모양의 벽을 설치해 외적의 공격에 효율적으로 대치했다.

특히 명나라 장성은 높은 돈대와 망루, 보루 등이 연속적으로 설치되어 복합적인 방어 네트워크를 구성하고 있다. 이들의 간격은 주변의 지형과 안전도에 따라 달라지며 대체로 500미터에서 4킬로미터의 간격을 유지하고 있다. 하지만 군사상 매우 중요한 곳은 30~40보마다 망루를 설치하기도 했다. 봉화대는 육안으로 볼 수 있고 큰소리를 들을 수 있는 거리에 있어야 했지만, 연기(낮), 불빛(밤) 또는 대포로 경고를 발했다. 봉화대의 뛰어난 효율성은 당나라 때 위급신호가 하루에 1,000킬로미터를 주파했다는 것에서도 알 수 있다. 명나라도 당나라와 유사한 시스템을 사용했을 것으로 추정되며 당나라는 다음과 같은 지침서를 활용했다.

탑 상부에 화로 세 개가 있는데 평화(불 하나), 위험경고(불 둘), 실제로 전투가 일어나는 경우(불 셋)에 불을 피우며 아침저녁으로 횃불의 개수가 달라진다.

명나라에는 적이 침입했을 때 신호탑끼리 숫자로 소통함으로써 적을 물리칠 수 있도록 만든 암호도 있었다. 불 하나를 피우고 대포 한 발을 쏘면 적군 100명을 뜻하며, 불 둘과 대포 두 발은

500~1,000명, 불 셋과 대포 세 발은 1,000명 이상, 다섯 발은 1만 명 이상을 뜻했다.

명나라 장성 곳곳에서 발견되는 망루의 크기도 매우 다양하다. 일반적으로 성벽 높이의 두 배 정도지만 그 절반 높이인 것도 있다. 망루는 속에 창고나 봉화대, 숙소의 기능을 갖춘 곳과 감시 및 전투를 위한 돈대 기능밖에 없는 것으로 나뉜다. 봉화대에서는 다섯 명에서 열 명까지 근무했으며 감시탑이나 전투용 탑은 50명 이상을 수용하는 소규모 병영 역할을 했다. 이러한 탑 중에서 가장 큰 것은 희봉구(喜峰口)에 세워진 것인데 놀랍게도 이 탑은 1만 명을 수용할 수 있다.

명나라의 장성 건설비용은 그야말로 천문학적이다. 1560년대와 1570년대에 성벽을 축조하기 위해 세운 예산은 은 6만 5,000냥이었다. 그런데 성벽 공사가 대대적으로 진행되면서 1576년에 지출해야 할 경비는 은 330만 냥으로 늘어났다. 이는 16세기 후반 명나라 조정의 연수입 4분의 3을 뛰어넘는 액수다. 흥미로운 것은 명나라 조정에서 1576년에 실제로 지출한 비용이 5만 4,600냥뿐이었다는 점이다.

대체 어찌된 노릇일까? 일부 학자는 만주에서 출현한 청나라가 17세기 초에 중국을 정복하는 바람에 명나라가 공사만 벌여 놓고 비용을 지급하지 않았기 때문이라고 추정했다. 16세기 말부터 명나라 군대는 사실상 기능이 정지된 상태였다. 조직이 엉성한 것은 물론 정부에서 보내 주는 비용도 턱없이 부족해 청나라의 정예병이 들이닥쳤을 때 막으려는 시도조차 하지 않았다.

수많은 명나라의 장성은 전략적 요충지였던 덕분에 청나라 군의 침입에 다소 유리한 위치를 점할 수 있었지만, 일단 방어가 뚫리면 오히려 재빠른 진군을 재촉했다. 물론 명나라는 화약무기로 무장하고 있었으나 기동력을 중심으로 한 청나라 군에게 그 효용성을 상실하고 말았다.

'중국장성학회'의 동휘회(董輝會)는 "장성은 춘추전국시대 이후 총 20개의 왕조를 통해 건설 및 개·보수되었는데 춘추전국시대 2만 리, 진시황제 때 1만 리, 한대 2만 리, 서진·북위·동위·북제·북주·수·송·요·금대까지 4만 리, 명대에 약 1.46만 리가 쌓아졌다"고 적었다. 이 숫자만 보면 진시황제가 만리장성을 완성했다는 것이 다소 과장된 것으로 보이지만, 당시 진나라가 중국을 통일했다는 점을 감안할 필요가 있다.

어쨌든 장성 축조에 동원된 인적, 물적 자원이 그야말로 천문학적 숫자에 달하는데 진시황제가 2차에 걸쳐 추진한 장성 축조에 동원된 인력은 군인 30만 명, 민간인 50만 명에 이른다. 또한 북제 때는 10차에 걸쳐 180만 명, 수나라 때는 7차에 걸쳐 140만 명이 동원되었다. 명나라 때는 200여 년에 걸쳐 14차례의 장성 축조가 있었다고 한다.

중국장성학회는 장성의 길이를 일반적인 추정치보다 긴 6,300킬로미터로 보고 있으며 이들 장성이 자연과 주민, 정부에 의해 파괴되었다고 주장했다. 자연에 의한 훼손은 197곳으로 자연붕괴 165곳, 홍수로 인한 붕괴 13곳, 모래에 의한 매몰 16곳, 지진 및 풍화 작용에 따른 붕괴 3곳이다. 그뿐 아니라 주민들의 무지로 많은 장

명나라 장성도

성이 훼손되었다. 주민들이 성벽의 벽돌을 빼간 곳이 140곳, 성벽을 허물고 농사를 짓는 곳이 6곳, 성벽을 주택과 돈사(豚舍) 울타리 및 무덤으로 훼손한 곳이 4곳, 목적이 불분명한 훼손이 3곳 등 모두 151곳이 훼손된 것으로 나타났다. 특히 장성의 돌과 벽돌로 집을 지으면 복과 행운이 온다는 잘못된 믿음이 장성의 훼손을 부추겼다고 한다.

중국 정부 역시 장성이 훼손되는 데 한몫했다. 정부에서 야심차게 추진한 댐 건설로 수몰된 곳이 12곳이고, 도로공사와 건축시공을 위한 훼손도 20곳에 이른다. 이밖에 특정 기업에 의한 훼손이 4곳, 대약진운동·문화대혁명 때 파손된 곳이 11곳, 중일전쟁 등 전쟁에 의한 파괴가 9곳이었다. 결과적으로 현재 남아 있는 장성은 전체의 1/3이며, 심하게 훼손 또는 붕괴된 곳이 1/3, 그리고 나머지 1/3은 흔적도 없이 사라졌다.[15]

만리장성은 달에서 보일까?

1932년, 만화가이자 작가인 로버트 리플리(Robert Ripley)는 만리장성이 달에서도 보이는 유일한 인공건조물이라고 주장했다. 이 말은 근래까지도 만리장성을 이야기할 때 가장 많이 인용되곤 했다.[16] 하지만 이것은 상당히 과장된 얘기다. 만리장성이 아무리 길다 해도 사람이 우주공간에서 육안으로 구별할 수 있는 최소각 범위에 들어올 만큼 그 폭이 넓지 않으면 육안으로 구별하는 것은 불가능하다. 예를 들어 머리카락이 아무리 길어도 몇 미터만 떨어지면 그 폭을 식별할 수 없어 우리가 머리카락을 알아차릴 수 없는 것과 마찬가지다.

만리장성의 최대 폭은 7미터이며 사람의 최소 식별 각도는 3×10^{-4}(rad)이다. 이 수치에 따르면 사람이 만리장성을 볼 수 있는 거리는 대략 23.3킬로미터다. 지구표면에서 23.3킬로미터 이상 위로 올라가면 만리장성을 구별할 수 없다는 얘기다. 23.3킬로미터는 지구의 성층권에 해당하므로 우주공간이라 할 수 없다.

결론적으로 말해 만리장성을 볼 수 있는 높이라면 고속도로, 운하, 철도 같은 다른 인공 구조물도 볼 수 있다. 중국 최초의 우주인 양리웨이(楊利偉)가 2003년 10월, 신주(神舟) 5호를 타고 21시간 23분간 지구궤도를 선회할 때 다음과 같이 말했다.

"만리장성은 보이지 않는다."

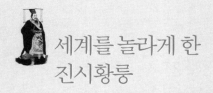

세계를 놀라게 한
진시황릉

진시황릉을 보호한 유방

20세기 고고학 사상 최대의 발굴로 불리는 진시황제의 무덤은
협서(陝西)성 임동(臨潼)지방에 있다. 원래 진시황릉은 2단의 방분
(方墳: 모양이 네모진 무덤)으로 구성된 분구(墳邱)로 높이는 76미터, 능
묘의 기초가 되는 밑바닥 부분은 동서의 길이가 345미터, 남북의
길이가 350미터다. 그 둘레가 무려 1,410미터에 달하는 대규모 능
으로 주위에는 이중의 성벽이 둘러쳐져 있다.

사마천은 『사기』에서 진시황릉의 현궁(玄宮)에 대해 다음과 같이
기록하고 있다.

"사람들은 세 개의 샘을 파고 이것을 구리로 막아 현궁으로 삼았
다. 현궁에는 침입자가 들어오면 화살이 발사되는 기계장치가 숨
어 있었다. 양쯔강과 황허강을 모방한 수로뿐 아니라 큰 바다도 만

들어졌고 그곳은 수은이 계속 순환하고 있다. 천장에는 별자리에 나오는 별들이, 바닥에는 지도가 그려져 있었다."

진시황릉(입구)

물론 지금은 지하궁전의 자취를 찾아볼 수 없다. 진나라를 멸망시킨 항우의 군대가 철저하게 약탈하고 파괴했기 때문이다. 진시황릉에 엄청난 보물이 매장되어 있다는 기록에 따라 진을 멸망시킨 항우는 먼저 진시황릉을 파헤쳤다.『한서漢書』「초원왕열전」에 보면 "항우가 관중(關中)에 들어와 진시황릉을 발굴하니 30만 명이 30일간 재물을 옮겼으나 다하지 못했다"라는 구절이 나온다. 항우는 진시황제 능원을 불태우고 재물을 약탈했지만 완전히 파괴하지는 못했던 것이다. 시황릉 주변에는 지금도 기와조각, 자갈, 재, 초토가 남아 있어 당시의 상황을 증명하고 있다.

이후 항우를 격퇴한 유방이 정권을 장악하자 진시황릉에 군대를 파견해 능을 보호하도록 했다. 항우와 유방은 누가 먼저 관중에 들어가더라도 잔악한 약탈을 하지 않기로 약조했다. 그러나 먼저 들어간 항우가 약조를 지키지 않았음을 알고 유방은 자신이 항우와 다르다는 것을 보여 주는 의미에서 진시황릉을 보호했던 것이다.

그 후 당나라 말기에 황소의 난을 일으킨 황소의 군대는 공개적으로 진시황릉을 도굴하라는 명령을 받았다. 그들은 도굴을 통해 군비와 병기의 부족을 충당하고자 한 것이다. 청나라가 멸망하고 군벌들의 혼전이 벌어질 때도 섬서 지방의 군벌이 군비를 충당하기 위해 대대적으로 진시황릉을 도굴했다.

그럼에도 불구하고 진시황릉은 완전히 도굴되지 않았다. 그것은 진시황릉 봉토 아래의 지하궁전이 동서로 485미터, 남북으로 515미터로 총면적이 25만 제곱미터나 되기 때문이다.

무덤이라기보다는 지하도시에 가까운 진시황릉

진시황릉이 얼마나 거대한 규모였는가는 2002년 서안(西安) 병마용 박물관팀이 밝혀냈다. 진시황제의 묘만 해도 전체 면적이 2제곱킬로미터(약 60만 평)에 달하고 지하 4층의 거대한 궁전으로 되어 있으며 묘역 안팎에는 내성(內城)과 외성(外城)을 쌓아 당시 도읍지인 시안의 모습을 담았다. 묘역 외성곽 길이만 12킬로미터에 달해 무덤이라기보다 하나의 지하도시에 가깝다.

그때까지만 해도 묘실이 어디인지 정확히 밝혀지지 않았다. 그런데 2003년, '863 고고원격탐사·지구물리종합탐사기술' 프로젝트팀이 완벽히 방수처리 된 묘실(墓室)을 발견했다고 발표했다. 지하궁전 형태로 만들어진 이 묘실은 해발 470∼480미터 지대에 높이가 15미터 정도이고 동서 80미터, 남북 50미터의 크기라고 유사의(劉士毅) 박사는 설명했다. 그러나 아직 묘실 내부의 소장품과 도

굴 여부에 대해서는 확인되지 않았다.[17]

서복

한편 제프리 리겔 교수는 지하궁전, 즉 현궁의 참모습을 연구하면서 놀라운 사실을 발견했다. 결론을 말한다면 사마천이 기록한 지하궁전이 실존하며 그의 기록이 정확했다는 것이다. 사마천은 진시황제가 자신의 지하궁전 바닥에 수은을 담은 강과 바다를 만들었다고 했는데, 실제로 무려 500톤이나 되는 수은의 강과 바다가 있었다. 진시황제의 무덤은 2개의 'ㄷ'자형 피라미드로 축조되었고 지하궁전은 진시황제가 통일했던 중국 영토의 모습을 하고 있었다.

무엇보다 놀라운 것은 진시황제의 무덤이 피라미드 형태라는 점이다. 중국에서는 전통적으로 피라미드, 즉 적석총은 동이(東夷)의 유산으로 간주해 그 매장법을 따르지 않았기 때문이다. 오래 전부터 진시황제는 동이족이라는 전설이 전해져 왔는데, 이는 그것을 확인시켜 주는 증거가 된다.

또한 제프리 리겔 교수는 진시황릉 주변의 4,000개 지점에서 수은 방출 현황을 측정한 결과 지하궁전은 진시황제가 그토록 고대하던 불로초의 고향, 즉 발해만을 향하고 있다는 것을 발견했다. 진시황제는 서복이 갖고 올 불로초를 믿어 의심치 않은 것이다.

하지만 진시황릉을 유명하게 만든 존재는 따로 있다. 그것은 바로 세계를 놀라게 한 병마용갱이다. 1974년 극심한 가뭄이 중국 진천(秦川)을 휩쓸고 있을 때 여산(驪山) 기슭의 서양촌(西洋村)에서 우물을 파던 농부들이 진시황릉의 묘에서 동쪽으로 약 1킬로미터 떨어진 곳에서 한 땅굴을 발견했다. 이것이 바로 2,200년 전에 만들어진 진시황릉 병마용갱의 지하군단(地下軍團) 유물이다.

처음에는 용갱(俑坑: 인형이 묻힌 땅굴)이 어느 시대, 어느 유적인지 알 수 없었다. 진시황릉 울타리에서 1.5킬로미터나 떨어진 데다 진시황릉에 딸린 것이라고 단정 짓기엔 범위가 너무 넓었기 때문이다. 하지만 발굴이 이어지면서 마침내 확실한 증거물이 나왔다. "여불위가 승상이 되고 나서 3년째에 만들었다"는 글이 새겨진 청동극(戟: 창의 한 가지)이 발견된 것이다.[18]

용갱은 1호, 2호, 3호의 세 개의 갱으로 되어 있고 그중에서 가장 남쪽에 있는 1호 갱은 동서로 긴 직사각형으로 되어 있다. 1호 갱의 동서 및 남북의 길이는 각각 230미터와 62미터다. 2호 갱은 1호 갱의 동북부에 있으며 평면이 곱자처럼 직각의 모양으로, 동서 및 남북의 가장 긴 길이는 각각 124미터와 98미터다. 3호 갱은 1호 갱의 북쪽, 2호 갱의 서쪽에 있으며 동서 및 남북의 길이는 각각 18미터와 21미터다.

1호 갱은 전차와 보병, 2호 갱은 전차·기병·보병의 혼합부대, 3호 갱은 그 양쪽에 늘어선 호위병으로 되어 있다. 이 중에서 3호 갱은 1호 갱과 2호 갱의 부대를 지휘하는 곳에 해당한다. 당시의 군대는 우, 중, 좌의 3군으로 편성되어 있었다. 이것을 병마용갱과 비교하면 1호 갱이 우군, 2호 갱이 좌군에 해당되며 중군이 빠져 있다. 2호 갱과 3호 갱 사이에서 미완성의 갱이 발견되었는데 학자들은 이것이 중군일 것이라고 추정하고 있다. 4호 갱도 발견되었지만 텅 비어 있었다. 이는 도용(陶俑 : 도기 인형) 군대를 묻는다는 계획이 중도에 폐기되었음을 말해 준다. 그 이유는 아마 황제가 갑자기 사망했기 때문일 것이다.[19]

놀라운 것은 세 개의 갱에 7,000명이 넘는 군사와 말 500필, 전차 130대가 명령만 떨어지면 당장이라도 달려갈 듯 전투대형으로 늘어서 있었다는 점이다. 이들은 모두 실물 크기의 인형이다. 키가 175~195센티미터로 평균 몸길이는 1.8미터이며 말 역시 키 1.5미터, 몸길이 2미터로 이들은 진시황제가 지휘하던 병사들을 한 사람씩 그대로 본떠 만든 것으로 추정된다.

명령만 내리면 곧바로 전통(箭筒)에서 화살을 빼내 적을 향해 쏠 듯한 모습, 오른쪽 발을 모로 하고 서서 쏘는 자세의 병사, 몸을 약간 굽히고 전차를 모는 전차병 등 그야말로 황제를 지키려는 충성스런 군대의 모습이다. 흥미롭게도 그들은 계급에 따라 휴대한 장비는 물론 배열한 위치도 다르다.

병사들은 전포(戰袍 : 군인이 입는 긴 웃옷)만 입은 군사와 전포 위에 갑옷을 입은 군사로 나뉘어졌고, 신발은 모두 검은색이었으며, 화려한 주황색 끈으로 묶고 있었다. 전포는 두루마기 모양으로 모두 목도리를 두르고 있다. 장교들의 갑옷은 좀 더 화려하며 장교와 사병 모두 콧수염과 턱수염을 길렀다. 또한 눈의 흰자위 안에는 검게 칠한 홍채가 있었다.

가장 놀라운 것은 얼굴이다. 모든 얼굴이 저마다 뚜렷한 개성을 지니고 있어 똑같은 모습이 하나도 없었다. 그것은 실제로 황군에서 복무한 병사들의 초상이나 마찬가지였다. 학자들은 이러한 예술적 접근방식이 병사들도 저 세상에서 군주와 함께 영생을 누리도록 해주려는 의도였을지도 모른다고 추정한다.[20]

원래 중국에서는 왕이 죽으면 왕비와 후궁, 신하들을 산채로 함께 묻는 순장(殉葬) 풍습이 있었으나 진시황제 때는 토용을 만들어 묻었다. 진시황제릉의 동쪽에서 발견된 마구간의 흔적에서 말 20마리의 뼈가 나왔는데 발견된 말들의 골격을 측정하니 그것은 용갱의 말과 정확히 일치했다.

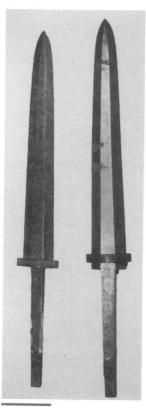

병마용 출토 청동칼 병마용 청동칼은 크로마이징 기법을 사용하여 만들어졌는데, 놀랍게도 2,000년이 더 지난 현재까지도 녹슬지 않고 있다. 서양에는 이 기술이 1930년대 비로소 전해졌다.

놀라움 그 자체인 병마용 제조법

병마용 제조법은 그야말로 놀라움 그 자체다. 도용 제작은 컨베이어벨트 시스템을 이용해 고도의 분업형태로 이뤄졌다. 인물의 몸통 부분은 전후 주형, 말은 좌우 주형으로 만들고 머리와 사지 부분은 개별적으로 만든 다음 위치에 따라 재조립해 원하는 모형을 만들었다. 이어 모형에 고운 점토를 덧입히고 머리카락, 수염, 눈, 입, 근육 등을 새겨 넣었다. 여기에 마지막으로 코, 귀, 갑옷의 장식못 등 주형으로 뜬 세부를 덧붙였다. 이렇게 만든 인물상을 1,000도 이상의 가마에 구운 후 소속부대의 색깔별로 칠했고 여기에는 도공의 이름도 새겨져 있다. 이처럼 대량생산 기법과 함께 손으로 일일이 마무리하는 공정은 이후로도 계속 부장품용 도용 제작에 사용되었다.[21]

그들은 모두 진짜 전투에 사용되던 칼, 창, 석궁을 지니고 있었는데 놀라운 것은 이들 금속이 2,000년간 썩지 않았다는 점이다. 특히 청동검은 출토 당시 전혀 녹슬지 않았을 뿐 아니라 표면이 마치 거울 같아 사람을 비출 수 있을 정도였다. 날이 얼마나 예리한지 종이 19장을 벨 수 있었다.

과학적인 정밀검사를 통해 그 이유를 치밀하게 연구한 결과 청동, 납, 주석의 비율이 적당한 것은 물론 검신 표면에 10~15마이크론의 크롬 화합물 산화층이 덮여 있었기 때문이라는 사실이 밝혀졌다. 이는 이미 진나라 때 크로마이징(chromizing)이라는 산화처리 방식을 사용했다는 뜻인데, 청동 병기가 사라지면서 잊혀졌다가 1930년대에 독일인이 이 기법으로 발명 특허를 얻었다. 진나라 사람들이 어떻게 그런 첨단기술을 익힐 수 있었는지는 아직도 의문이다.

진나라의 동쪽에 있던 제후국들은 이미 전국시대에 철제무기를 사용했다. 그런데 진나라는 철제무기보다 주로 청동무기를 들고 전투에 임했다. 그렇다면 진나라가 중국을 통일했다는 것은 청동

무기로 철제무기를 이길 수 없다는 일반적인 상식을 뒤집은 셈인데, 바로 여기서 진시황제의 통치력을 엿볼 수 있다.

서안 진시황릉 박물관 측은 "진시황릉의 배치도를 보면 규모나 내용 면에서 특이한 사항이 많다"고 밝혔다. 우선 중국 최초로 하나의 도시궁전을 설치했으며 능 안에 대형 말 형상, 31마리의 다양한 동물, 48명의 궁인을 위한 부장묘, 3채의 사합원(四合院 : 4방향의 담 안에 ㅁ자 모양으로 지어진 베이징식 주택) 등도 있다. 바깥 성 쪽에도 98마리의 말 형상과 3곳의 묘소를 지은 사람들의 묘소, 그리고 돌을 다듬고 기와를 굽던 장소가 별도로 마련되어 있다.

특히 동쪽의 지하군단이 온전하다는 것은 또 다른 추측을 가능하게 한다. 중국인은 대칭을 중요시하므로 현재 발굴된 무덤의 동쪽이 아니라 서, 남, 북 모두에 같은 규모의 유물이 있을지도 모른다는 것이다. 만약 이 가설이 사실로 밝혀져 진시황릉의 전모가 알려진다면 그것은 아마도 인류 역사상 가장 유명한 발굴이 될 것으로 보인다. 하지만 진시황릉이 언제쯤 모두 발굴되겠느냐는 질문에 중국의 한 고고학자는 이렇게 대답했다.

"인내는 중국의 미덕이다. 발굴이 천 년을 더 갈지도 모른다. 그때는 우리도 유물이 되어 있으리라."[22]

한편 근래에 진시황릉에서 토용을 연구하던 학자들이 매우 놀라운 사실을 발견했다. 이제까지는 군인들의 토용만 매장된 것으로 알려졌는데, 군인이 아닌 행정관들의 토용도 대량으로 발견되었던 것이다. 그 토용들은 군인과 마찬가지의 용모와 복장을 하고 있었지만 모두 문방구를 휴대하고 있었다. 당시 행정관들은 대나무 조

진시황릉(내부)

각을 늘 휴대하고 있다가 자신의 근무지에 돌아가면 죽간에 자신이 보고 들은 것을 옮겼다.

행정관의 토용이 발굴되다

처음에는 군인의 토용만 발굴되어 진시황제의 전제성을 부각시키는 데 일조했지만, 행정관의 토용이 발견됨으로써 진시황제가 군인을 동원한 무단정치가 아니라 중앙집권제적 관료 제도를 정착시키려 노력했다는 증거가 되고 있다.

좀 색다른 주장이지만 일부에서는 병마용이 정말로 진시황제의 것인가에 대한 논란이 일고 있다. 1984년 시안대학 고고학과 주임 교수이던 천징왠(陳景元)은 병마용이 진시황제와 관련이 없다는 폭탄선언을 했다. 그가 제시한 근거는 다음과 같다.

첫째, 병마용과 진시황릉이 너무 멀리 떨어져 있다.

둘째, 고대 황릉은 대체로 남북방향인데 병마용은 진시황릉 동쪽에 있어 풍수 지리적으로 어울리지 않는다.

셋째, 진시황제는 통일 후 전차의 바퀴 간격을 통일했지만 갱내 전차는 바퀴의 간격에 차이가 있다.

넷째, 진시황제는 검은색을 통일제국의 색깔로 정하고 의복, 깃발, 휘장에 모두 검은색을 사용하도록 했다. 그런데 병마용의 병사들은 빨간색, 녹색, 파란색, 보라색, 흰색 등의 화려한 색채를 자랑한다.

다섯째, 진시황제 시대의 군대는 주로 보병과 기마병이었는데 갱내 군사 진영을 보면 전차부대 위주로 편성되어 있다.

여섯째, 진시황제는 천하를 통일하자마자 그동안 개인적으로 소장해 온 청동기를 전부 회수하라는 명령을 내렸다. 지위고하를 막론하고 청동기를 소장하는 자는 극형에 처했다. 이렇게 수거한 청동으로 무게가 각각 24만 근에 이르는 동상을 12개나 주조했다. 그런데 병마용갱에 청동으로 된 80량의 전차가 매장돼 있다는 것은 상식적으로 이해되지 않는다.

놀랍게도 그는 병마용의 진정한 주인은 기원전 306년에 죽은 진나라 28대 소왕(昭王)의 모친, 즉 진시황제의 고조할머니인 진선태후(秦宣太后)라는 것이다. 진선태후는 진소왕 시기에 41년간 섭정한 여걸로 후세 사람은 그녀를 '진나라의 측천무후(則天武后)'로 부르기도 한다. 그는 병마용의 헤어스타일과 의상이 당시의 초나라 사람을 닮았고 병마용은 진선태후의 유해를 그녀의 고향인 초나라로

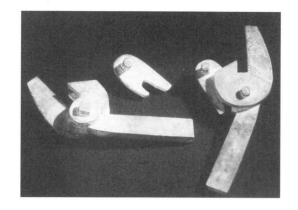

운구하는 행렬이라고 설명한다.

　이러한 천징웬의 주장은 1984년 병마용 발견 10주년 학술토론회에서 전문가와 학자들로부터 십자포화를 맞고 사라져 버렸다. 그러나 저명한 진·한시대 전문가 임검명(林劍鳴)은 아래의 두 가지 근거를 제시하며 천 교수의 주장에 부분적인 지지를 보냈다.

- 병마용이 진시황릉의 일부라는 것을 증명해 주는 결정적 문헌 자료를 아직까지 발견하지 못했다.
- 병마용에서 출토된 병기의 대부분은 청동기인데, 이것은 철제 무기를 보편적으로 널리 사용하던 진시황제 당시의 야금 기술 수준과 부합하지 않는다.[23]

　이 문제를 제기한 천징웬 교수는 주류 여론의 파도에 완전히 잠기고 말았지만 아직도 불씨가 남아 있다는 설명도 있다. 추후의 연구로 보다 명쾌한 해석이 나올 것으로 생각된다.

4

마르코 폴로
Marco Polo

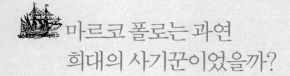
마르코 폴로는 과연
희대의 사기꾼이었을까?

마르코 폴로는 중국을 방문한 적조차 없다?

중세시대 유럽인은 지구가 평평하고 네모나거나 원반모양으로 생겼다고 생각했다. 그리고 세계의 중심은 예루살렘이며 그 서쪽에 서유럽이 있고 그 반대편에는 기이하고 환상적인 다른 세상이 있다고 믿었다. 그러한 믿음에 보답하듯 이탈리아 베네치아의 마르코 폴로(1254년경~1324년)는 페르시아를 넘어가면 동쪽에 찬란한 문명이 있음을 알렸다. 그가 유럽인 최초로 중국(원나라)을 다녀간 사람은 아니지만, 그가 쓴 『동방견문록東方見聞錄』은 서유럽인에게 꿈과 환상을 심어 주기에 부족함이 없었다.

그런데 학자들은 『동방견문록』을 읽고 마르코 폴로가 실제로 어떤 사람인지, 또한 그가 적은 내용이 사실인지조차 불분명한 부분이 많다는 데 곤혹스러워한다. 『동방견문록』에 대해 가장 모욕적이고도 심한 지적은 마르코 폴로가 중국을 방문한 적조차 없다는 설이다.

실제로 마르코 폴로가 임종하기 직전, 친구들은 그가 쓴 이야기가 진실이 아닌 상상의 산물임을 고백해 달라고 부탁했다. 하지만 마르코 폴로는 자신이 직접 보고 들은 것의 반밖에 이야기하지 못했다고 대답했다. 많은 사람이 그 말을 믿고 싶어 하지만『동방견문록』을 둘러싼 정황이 그렇게 간단하지 않다. 그 무렵에 십자군 전쟁이 벌어지고 있었던 데다 중세시대의 무용담이 성행해『동방견문록』의 기록 자체가 전설적인 이야기로 점철된 부분도 적지 않기 때문이다.

그럼에도『동방견문록』은 많은 지지자로부터 전설이 아닌 전설로 인식되어 찬사를 받았다. 자연지리학의 시조로 알려진 독일의 알렉산더 폰 훔볼트(Alexander von Humboldt)는 "마르코 폴로는 세기의 위대한 탐험가이며『동방견문록』은 매우 탁월한 기행문이자 역작이다"라고 인정했다.

『동방견문록』을 가장 신봉한 사람은 아메리카 대륙을 탐험한 콜럼버스다. 그는 신대륙을 찾아 출항할 당시『동방견문록』을 늘 갖고 다니며 책의 여백에 많은 메모를 남겼다. 실제로 콜럼버스는 아메리카 대륙을 탐험하기 위해서가 아니라『동방견문록』에 적힌 '황금의 나라 지팡구(마르코 폴로는 일본을 묘사한 최초의 유럽인으로, 학자들은 그가 적은 지팡구는 한국과 일본을 혼합해 설명한 것으로 추정한다)'와 인도의 향료를 발견하기 위해 출항했다는 것이 정설이다.

많은 학자들이『동방견문록』이 앞뒤가 맞지 않는 말과 과장으로 점철되어 있다는 데 동의한다. 하지만 그 내용이 과장되었다는 것과 마르코 폴로가 중국을 방문조차 하지 않았다는 것은 별개의 문제다. 만약 그가 중국에 가지 않았다면 원나라 황제 쿠빌라이(1215~1294)를 만나지 않았다는 얘기가 된다. 한마디로 마르코 폴로는 세계적인 거짓말쟁이라는 설명이다.

대체 어떤 이유로 세계사의 한 장을 장식하는 『동방견문록』이 마르코 폴로의 여행기가 아니라고 주장하는 사람들이 있는지 흥미진진한 주제가 아닐 수 없다.[12]

마르코 폴로의 출생 기록이 왜 없을까?

『동방견문록』은 서양에서 『일 밀리오네 Il millone』라는 제목으로 널리 알려져 있다. 이런 이름이 붙은 이유는 백만장자가 된 마르코 폴로가 '백만장자 마르코(Marco Millioni)'라고 불리면서 그가 살던 저택이 '코르트 디 밀리오니(Corte di Millioni)'라고 불렸기 때문이다. 하지만 여기에는 또 다른 설도 있다.

우선 마르코 폴로가 사람들에게 동방에 다녀온 이야기를 백만 번(million)이나 했기 때문이라거나 책의 내용이 너무 과장되었기 때문이라는 설도 있다. 또한 마르코 폴로 가문은 예로부터 아에밀리오네(Aemillione, 큰 에밀리오)라는 별명이 있었는데 이 이름이 와전되어 뒤의 '밀리오네'만 남았다는 설도 있다. 그뿐 아니라 마르코 폴로에 정통한 영국의 헨리 율(Henry Yule, 1820~1889년)이나 이탈리아의 오르란디니 등은 마르코 폴로가 대양에 대해 이야기할 때마다 백만이라는 말을 많이 썼기 때문이라고 설명한다.

어쨌든 『동방견문록』은 원래 제목은 『세계의 지역La Division du Monde』이며 프랑스어로 발간되었다. 마르코 폴로를 이해하려면 무엇보다 그가 태어난 베네치아를 알아야 한다. 마르코 폴로가 태어날 당시의 베네치아는 지중해 지역에서 가장 중요한 상업도시로 한창 전성기를 구가하고 있었다. 어떤 방법으로든 이익 추구에 약삭빨랐던 베네치아는 십자군과 성지 순례자들의 여행에 필요한 물품을 제공하는 것은 물론 선박으로 수송까지 해 막대한 부를 축적하고 있었다.

라틴제국의 볼드윈 1세(Baldwin, 제4차 십자군이 1204년 콘스탄티노플을 함락시키고 라틴제국을 세웠을 때 황제로 추대됨)는 베네치아의 공헌을 감안해 동부 지중해에 있는 섬들을 양도해 주기까지 할 정도였다. 829년에 건축을 시작해 976년에 화재를 당한 성 마르크 대성당이 완전히 복원되자, 공화국의 도제 엔리코 단돌로(Enrico Dandolo)는 콘스탄티노플에서 약탈한 네 개의 금동 말 조각상을 대담하게도 대성당에 전시했다(지금은 복제품이 설치되어 있다).

일단 돈이 벌린다는 소문이 돌면 사람들은 발 빠르게 움직이게 마련이다. 베네치아 역시 전 세계로부터 수많은 상인이 몰려들었다. 많은 사람이 무역에 종사할 수 있는 선원이 되기를 희망했는데, 당시 선원이 된다는 것은 매우 위험한 일이었지만 대신 일확천금을 꿈꿀 수 있는 좋은 기회였다. 선원이 위험했던 이유는 이들이 현대와 같은 무역에만 종사했던 것이 아니라 해적이나 강탈 행위도 했기 때문이다. 마르코 폴로도 이러한 분위기에 편승해 모험에 찬 생활을 꿈꾸었을 것이다.

마르코 폴로 집안은 콘스탄티노플과 흑해의 크림 반도 해안에 있는 솔다이아(Soldaia)에서 무역을 했다. 마르코의 숙부 마페오가 콘스탄티노플에 저택을 소유하고 있었다는 것을 볼 때 어느 정도 무역에 성공한 집안이었던 듯하다.

그런데 이상하게도 현대사에 견인차 역할을 했다고 평가받는 마르코 폴로의 출생 기록이 거의 없다. 단지 『동방견문록』을 근거로 그가 1254년에 베네치아에서 태어났고 1271년인 열일곱 살에 아버지 니콜로, 숙부 마페오와 함께 중국을 여행했다고 알려져 있을 뿐이다.

무역의 활력소가 된 몽골의 세계 제패

마르코 폴로가 살았던 시대는 한창 십자군 전쟁 중이라 기독교도와 회교도 사이에 적대감이 팽배해 있었다. 따라서 마르코 폴로 가족처럼 아시아를 상대로 무역을 하는 상인들은 상업에 상당한 제약을 받았다. 우선 기독교 세력으로부터 엄격한 허가를 받는 것은 물론 높은 세금을 물어야 했고, 정치적 돌발 상황에 적절히 대응하지 못하면 낭패를 보기 십상이었다. 그러자 상인들은 대안 무역로를 찾기 시작했는데, 문제는 이들에게 미지의 세계에 대한 지식이 부족했다는 점이다.

고대의 지리 지식은 대부분 2세기 이집트에서 활동한 클라우디오스 프톨레마이오스(Klaudios Ptolemaeos)의 『지리학Geographike

Hyphegesis』에 근거했다. 프톨레마이오스의 저서 중『알마게스트 Almagest』와 비견할 수 있는 것이『지리학』으로, 이 책은 당시 로마의 지배지에 대해 현재의 '원뿔도법'에 가까운 방법으로 지도를 그렸다. 특히 이 지도에는 8,000개가 넘는 각지의 위도와 경도, 산, 강, 바다 등에 대한 자료가 수록되어 있다.

『지리학』에서 프톨레마이오스는 나일강의 수원이 아프리카의 적도 가까운 곳에 있고 그곳에서 흘러나온 물이 그 북쪽에 있는 두 호수를 거쳐 북쪽으로 흐르다가 마침내 나일강이 된다고 적었다. 미국의 탐험가 헨리 스탠리(Henry Stanley, 1841~1904년)는 나일강의 수원이 우간다, 탄자니아, 케냐의 3개 나라에 걸친 빅토리아호라는 것을 확인했는데 프톨레마이오스의 기록은 놀랄 만큼 정확했다.[3]

그런데 프톨레마이오스의 세계지도는 유럽대륙과 지중해가 너무 크게 그려져 있고 유럽과 아시아 사이에 있는 바다의 폭은 상대적으로 아주 작게 보인다. 당연히 지구의 크기도 작게 보였다. 그

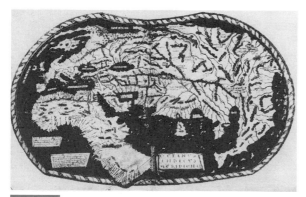

프톨레마이오스 세계지도 프톨레마이오스의 세계지도는 나일강의 수원이 아프리카의 적도 가까운 곳에 있다고 할 정도로 정확하다.

러다가 1375년 카탈로니아 지역(현 프랑스와 스페인 일부 남부지역을 포함함)의 지도 제작자들이 프톨레마이오스의 계산과 마르코 폴로의 기록에 근거해 동아시아의 해안선을 동쪽으로 대략 30퍼센트 밀려나도록 그렸다. 반사적으로 아시아와 유럽 사이의 거리는 훨씬 짧게 그려졌다. 이것이 콜럼버스가 포르투갈에서 제작한 캐러벨(Caravel) 함선으로도 대서양을 횡단해 인도에 도착할 수 있다고 생각한 중요한 이유였다.

물론 콜럼버스가 아메리카를 탐험한 것은 마르코 폴로보다 200여 년이나 후의 일이다. 마르코 폴로가 살았던 13세기에 바다는 위험했고 지구에 대한 정보도 매우 빈약했다. 따라서 동방과 무역을 하려면 옛날부터 알려진 무역로를 이용하지 않을 수 없었다.

고대에 중국과 유럽은 실크로드를 통해 연결되었다. 중국의 진귀한 물품이 실크로드를 통해 서아시아로 들어갔고 그곳에서부터 유럽까지는 배로 운송되었다. 그런데 이슬람 세력의 등장으로 이 무역로를 사용할 수 없게 된 상황에서 몽골의 세계 제패가 달성된 것이다. 결국 마르코 폴로가 태어나기 몇 십 년 전부터 서유럽인이 고대하던 동방으로의 무역로가 개방되었고, 그들은 본격적으로 실크로드를 이용하기 시작했다. 특히 마르코 폴로가 사망할 즈음인 1324년부터 몇십 년간 실크로드가 봉쇄되었다는 것을 고려하면 마르크 폴로 가족은 행운아였다고 할 수 있다.

물론 당시에도 몽골과 유럽이 매끄러운 관계에 있었던 것은 아니다. 적어도 몽골은 서유럽을 공포에 몰아넣은 야만적인 침입자였다. 1241년 봄, 몽골은 헝가리에서 당시 동유럽이 동원할 수 있던 최대의 정예 병력 10만 명을 물리쳤고 계속 진군해 리에크니츠 근교에서 독일과 폴란드 연합군에게 대승을 거두었다. 그리고 바투(Batu, 칭기즈칸의 손자)의 일부 병력은 12월경에 유럽 대륙을 코앞에 둔 다뉴브 강과 아드리아 해안에 진주해 마지막 공격을 준비하고 있었다.

여러 가지 정황으로 볼 때 서유럽은 몽골의 말발굽에 눌릴 것이 뻔한 상황이었다. 그런데 바로 그 순간 기적이 일어났다. 서유럽을 공격하려던 몽골군이 갑자기 바람처럼 사라졌던 것이다(황제 오고타이가 사망하자 몽골 원정군 사령관 바투는 몽골의 쿠릴타이 회의에 참석하게 위해 철수했다).

이때 서유럽은 주판알을 튕기기에 바빴다. 몽골인이 비록 야만인이긴 했지만 그들은 서유럽이 당면한 무슬림에 맞설 동맹자로서의 가치가 충분했기 때문이다. 그들은 몽골을 우군으로 끌어들이면 예루살렘의 영구적인 확보도 불가능하지 않다는 계산을 했던 것이다.

과장과 상상으로 빼곡한 『동방견문록』

13세기에 로마 교황청은 몽골과 동맹을 맺고자 카라코룸으로 사절단을 보냈다. 여기에는 종교와 정치적 목적은 물론 비단, 향료, 금 같은 재물이 있는 동방과의 무역로를 개척하고자 하는 목적도 있었다. 마르코 폴로의 『동방견문록』이 이들에게 많은 지식과 정보를 주는 귀한 자료가 되었음은 자명한 이치다.

사실 마르코 폴로 가족이 아시아를 처음으로 여행한 유럽인은 아
니다. 가장 잘 알려진 사람은 프란체스코회 수도사 플라노 카르피
니(Plano Carpini, 1200~1252년)로 이후 그는 『카르피니의 몽골 여행기』
를 남겼다. 그는 교황 이노센트 4세(Innocent Ⅳ)의 위임을 받아 몽골
군이 기독교 세계를 침입한 것을 항의하고 또한 몽골인에 대한 정
보를 얻기 위해 1245년 4월 부활절에 프랑스의 리옹을 출발했다.
이후 폴란드와 러시아를 거쳐 1246년 7월 22일 목적지인 몽골 궁전
에 도착한 그는 황제인 쿠유크(정종, 몽골 제3대 황제, 오고타이의 아들)에
게 친서를 전달했다. 물론 그는 몽골제국과 교황과의 친선 목적은
달성하지 못했지만, 유럽인으로는 처음으로 몽골의 풍습과 생활 등
자신이 보고 들은 경험을 기록으로 남겼다.

 당시 쿠유크는 교황청에 전 유럽이 자신에게 복종할 것을 요구
하며, 유럽의 왕들과 교황에게 카라코룸(Kharakorum, 몽골의 태종·정
종·헌종 시대의 수도)의 궁전에서 자신을 알현할 것을 강력히 명령했
다. 바티칸의 문서보관실에 보관된 서신의 서문 내용을 소개하면
다음과 같다.

 "영원한 천상의 힘을 통해 전체 위대한 민족의 대양과 같은 칸의
명령."

 프랑스의 루이 9세(재위 1226~1270년)도 교황의 후원 아래 도미니
쿠스회 수사 앙드레 드 롱쥐모를 몽골로 보냈고, 프란체스코회 수
도사 기욤 드 루브룩(Guillaume de Rubrouck)을 카라코룸에 파견했다.
드 루브룩은 루이9세로부터 기독교 국가로 알려진 프레스터 존
(Prester John, 중세 서양에서 아시아와 아프리카에 강한 기독교 나라를 건설했다고

알려진 전설상의 왕)의 나라를 찾아내고 몽골지방에 그리스도교를 선교하라는 명을 받아 중앙아시아를 횡단해 카라코룸에 도착했다. 그의 기행문 『몽골제국 여행기』는 로저 베이컨(Roger Bacon, 영국의 중세 철학자)의 글에도 인용되고 있으며 중세시대의 아시아, 특히 지금 흔적도 없이 사라진 카라코룸에 대해 자세히 기록한 중요한 사료다.

또한 중국에 처음으로 가톨릭교회를 세운 조반니 다 몬테코르비노(Giovanni da Monte Corvino)는 1305년에 베네치아의 상인을 통해 교황에게 첫 서신을 보냈다. 그는 1307년에 베이징대주교로 임명되어 동양 전체를 교구로 관할했다.

결국 마르코 폴로 가족의 여행을 전후로 많은 유럽인이 카라코룸에 도착했고 자신들이 보고 들은 것을 기록으로 남긴 셈이다. 일부 학자는 카르피니와 드 루브룩의 기행문이 마르코 폴로의 『동방견문록』보다 더 신빙성이 있고 사료로써 가치가 있다고 평가한다. 하지만 그들의 보고서는 『동방견문록』처럼 베스트셀러가 되지 못했다. 어쩌면 그들이 단순히 보고 들은 것만 기록해 『동방견문록』처럼 재미를 주지 못했기 때문인지도 모른다.

문제는 마르코 폴로의 『동방견문록』에 과장과 상상이 많이 포함되어 있다는 점이다. 마르코 폴로는 원나라의 여러 도시를 비롯해 중국 이외의 많은 나라를 묘사하고 있는데, 군데군데 독자들의 호기심을 부추기는 내용을 가미했다. 가장 흥미를 끌었던 부분은 모든 궁전이 순금으로 장식되어 있다는 지팡구(일본)에 대한 얘기다. 마르코 폴로는 지팡구를 설명하면서 현 일본과 당대의 고려를 혼합해 설명했는데 콜럼버스가 지팡구의 황금, 즉 고려와 인도의 향료를 구하기 위해 출발했다는 것이 정설로 알려질 정도다.

『동방견문록』의 원작자는 과연 누구인가
『동방견문록』의 서문은 이렇게 시작된다.

"세계의 동부에 있는 여러 왕국, 지방, 지역의 여러 가지 상태와 모든 인종의 진기한 풍속을 알고자 하는 황제, 왕, 공작, 제후, 백작, 그리고 기사님들 이하 여러분. 누구나 이 책을 읽으면 아르메니아와 페르시아, 인도, 타타르인(몽골을 뜻함)의 놀라운 특징이 상세하게 기록되어 있음을 발견하게 될 겁니다. 현명하고 교양 있는 베니스의 시민 마르코 폴로는 자신이 직접 본 것과 남에게서 들은 것을 명백히 구분해 이 책에 설명해 놓았습니다. 그것은 그가 진실을 전해 이 책을 신뢰할 수 있는 것으로 만들려고 했기 때문입니다.

또 하나 하나님께서 인류의 시조인 아담을 창조하신 태곳적부터 오늘날에 이르기까지 이교도와 사라센인, 그리스도교도, 그밖의 다른 어떤 사람도 마르코 폴로만큼 넓은 세계의 다양한 지역과 위대한 이야기 및 현상을 듣고 보고 연구한 사람은 없었다는 사실을 알아야만 합니다.

그는 이러한 사실을 직접 보지 못한 사람들에게 자신이 보고 들은 것을 공표함으로써 다소나마 도움이 되게 하려는 충정에서, 기원후 1298년 때마침 제노아의 감옥에 갇혀 있을 때 같은 감방에 있던 피사의 작가 루스티켈로(Rustichello)에게 구술해 기록케 하였습니다. 그리고 이 작품을 세 부분으로 나누었습니다."

서문의 내용만 보면 마르코 폴로가 저자임이 틀림없고 이탈리아의 작가 루스티켈로가 마르코 폴로의 구술을 대필했다고 볼 수 있다. 그런데 12세기 중엽 주로 기사들의 모험담인 로망(로맨스)문학 연구가 바르바라 베르(Barbara Wehr)는 루스티켈로가 마르코 폴로의 원래 이야기를 문학적으로 개작한 것이 틀림없다고 주장했다.

지금도 많은 작가들이 흥미로운 소재를 찾기 위해 고심한다. 예를 들어 교도소를 방문해 수감자들의 특이한 경험담을 구전으로 듣기도 하고 알려진 사건의 장본인을 만나 자초지종을 채집하기도 한다. 그런 다음 자신의 아이디어를 접목시켜 작가의 작품으로 발표한다. 상황에 따라 소재를 제공한 사람의 이름으로 출간하기도 하는데, 이는 그렇게 하는 것이 책으로 성공하는 예가 많기 때문이다. 따라서 학자들은 루스티켈로가 단지 "제노바 감옥에서 구술한 것을 받아썼다"라고 적은 것은 그렇게 하는 것이 책의 판매에 도움이 될 것으로 생각했기 때문이라고 추정한다.

한마디로 『동방견문록』은 마르코 폴로의 견문기가 아니라 기사문학 작가인 루스티켈로가 서사적인 요소를 가미한 작품이라는 얘기다. 특히 학자들은 루스티켈로가 아서왕의 이야기도 썼는데 두 책의 서문이 똑같다는 것을 발견했다. 두 책의 서문이 똑같다는 것은 『동방견문록』도 아서왕의 이야기와 같은 틀에서 쓰였다는 것을 의미한다. 다시 말해 사실만 기록한 것이 아니라 작가적 상상력이 듬뿍 담겨 있다는 얘기다.

마르코 폴로의 의심스러운 행적

마르코 폴로의 과장벽은 자신이 베네치아 함대 사령관이었다고 떠벌렸다는 점에서도 알 수 있다. 그는 1295년 아버지, 숙부와 함께 긴 여행에서 돌아오자마자 베네치아의 함대 사령관으로 임명된 후 제노바 함대와의 전투에 참전했다가 포로가 되었다고 적었다.

그로부터 200여 년 후, 마르코 폴로의 글을 보충하고 주석을 단 이탈리아의 지리학자 조반니 바티스타 라무시오는 1298년 9월 마르코 폴로가 코르출라(Korcula) 해상전 때 갤리선을 이끄는 사령관으로 참전했다가 포로가 되었다고 주장했다. 그런데 베네치아의 기록보관소에서는 마르코 폴로의 이름조차 찾을 수 없다.

물론 그를 두둔하는 학자들은 그가 함대 사령관이 아니라 그보다 낮은 계급이었다면 이름이 적혀 있지 않은 것에 수긍이 간다고 설명한다. 사실 군대 경험도 없는 사람이 함대 사령관이 되었다는 것은 『동방견문록』의 신빙성을 떨어뜨리는 요소로 작용한다. 그렇다고 그가 설명하는 전투 자체가 없었던 것은 아니다. 당대에 베네치아와 제노바가 지중해의 패권을 장악하기 위해 1290년대에 결전을 벌였다. 1298년에는 달마티아 해안에 있는 코르출라 섬에서 전투가 벌어졌는데 베네치아가 완패하는 바람에 제노바가 강자로 떠올랐다.

전해지는 이야기에 따르면 이 전투에서 베네치아의 도제 안드레아 단돌로가 지휘하는 약 100척의 함대가 전멸했다고 한다. 그런데 마르코 폴로가 이 전투의 한 갤리선(galley) 함장으로 참전했다가 부상을 당해 다른 7,400명의 베네치아인과 함께 포로가 되었다는 것이다. 하긴 마르코 폴로가 함대 사령관이 아니라 한 척의 함정이라는 것이 다소 신빙성 있게 들리기는 한다.

일설에는 마르코 폴로가 코르출라 전투보다 다소 일찍 일어난 1296년의 전투에서 포로가 되었다고도 한다. 마르코 폴로와 동시대인이던 도미니쿠스회의 수도승 야콥 굿다이가 편찬한 연대기 『이마고 문디imago mundi』에 다음과 같은 기록이 있다.

"1296년에 아르메니아 해에 있는 레이아스라는 곳에서 15척의 제노아 함선과 25척의 베네치아 함선 사이에 전투가 벌어진 끝에 베네치아의 함선이 파괴되어 모든 선원은 살해 혹은 포로가 되었다. 포로 중에는 마르코 폴로도 있었다."

이 기록도 다소 의심이 간다. 그가 포로가 되었다는 이 말을 액면대로 믿는다고 해도 중국에서 돌아오자마자 함대 사령관이 되었고, 곧바로 포로가 되어 1298년까지 감옥생활을 했다는 뜻이 되기 때문이다. 더욱이 그가 함대 사령관이었을 때 일어난 일은 단 한 줄도 언급하지 않았다. 문제는 레이아스 전투가 1296년이 아니라 1295년(마르코 폴로가 베네치아에 도착하기 전 해)에 일어났다는 것과 1298년 9월에 포로가 되었다는 것에도 있다. 그의 책이 1298년 말에 발간되었으므로 이는 『동방견문록』이 감옥에서 몇 달 만에 완성되었다는 것을 뜻한다.

어쨌든 마르코 폴로가 함대 사령관이었다면 그의 명성이 상당히 높았을 것이다. 흥미롭게도 당대에 『동방견문록』을 읽어 본 사람들은 대개 마르코 폴로를 허풍쟁이라고 했는데, 이는 그의 과장벽을 빗댄 것일 수도 있다.

감옥에 있던 마르코 폴로가 어떻게 자신의 여행기를 루스티켈로에게 받아쓰게 했는지도 수수께끼다. 제노바 감옥의 문서보관실에 마르코 폴로가 투옥되었음을 증명할 수 있는 자료가 전혀 없는데다 감옥에 갇혀 있는 상황에서 구술을 받아쓰게 했다는 것도 의문이다.

일반적으로 포로들은 손과 발에 쇠고랑을 찬 채 감옥에서 일생을 마친다. 당시 포로들이 갇혀 있던 제노바의 감옥은 악명 높은 팔라초 델 카피타노 델 포폴로다. 만약 마르코 폴로가 정말로 포로였다면 그런 열악한 상황에서 어떻게 방대한 책을 쓸 수 있었을까? 물론 마르코 폴로가 함장이었고 천부적 이야기꾼임을 감안해 일반 포로들과 달리 토굴에 갇힌 것이 아니라 특별한 배려를 받았을 수도 있다고는 하지만 어떻게 길고 자세한 상황을 묘사할 수 있었을까? 마르코 폴로의 기억에만 의존하기에는 묘사가 지나치게 매끄럽다.

「동방견문록」(1477년 초판)

전하는 말에 따르면 아버지 니콜로가 마르코 폴로에게 여행 중의 노트를 감옥에 가져다 주었다는 설도 있지만, 여러 가지 정황을 고려하면 『동방견문록』은 논픽션이 아니라 픽션 중의 픽션 같다는 평가에도 고개가 끄덕여진다.

가장 큰 문제는 『동방견문록』

의 초판이 프랑스어로 출간되었다는 점이다. 사실 마르코 폴로는 프랑스 말을 전혀 할 줄 몰랐다. 그렇다면 마르코 폴로가 모국어인 베네치아어로 말한 것을 루스티켈로가 곧바로 프랑스어로 번역했다는 뜻으로 볼 수 있다. 이것이 일부 학자가『동방견문록』을 마르코 폴로의 이야기에 루스티켈로의 창작이 곁들여진 작품으로 간주하는 이유다.

의문은 끝이 없다

엄밀히 말해 마르코 폴로 집안에서 탐험으로 명성을 떨친 사람은 마르코 폴로가 아니라 그의 아버지 니콜로와 숙부 마페오 폴로다. 학자들은 만약 그들이 마르코 폴로처럼 자신의 여행기를 썼다면 마르코 폴로의『동방견문록』보다 더 중요하고 놀라운 작품이 되었을 것으로 추정한다. 왜냐하면 그들은 적어도 한 번쯤은 틀림없이 중국을 여행했을 거라고 믿기 때문이다.

두 사람은 마르코 폴로가 태어날 무렵 이미 대상인으로 성공해 다른 많은 상인과 함께 근동무역의 중심지인 콘스탄티노플에 지점을 설치했다. 콘스탄티노플에서 6년간 장사에 몰두한 그들은 보다 큰 이익을 위해 크리미아에 있는 솔다이아 지방으로 이주했는데, 사업이 신통치 않자 칭기즈칸의 손자인 바르카(Barka) 칸이 통치하는 볼가라(Bolgara)로 다시 이주했다. 이곳에서 사업에 성공한 이들은 베네치아로 돌아가려 했는데, 마침 몽골과 페르시아 간에 전쟁이 터져 콘스탄티노플로 가는 길이 완전히 봉쇄되었다. 따라서 그들은 할 수 없이 그들은 다소 위험이 덜한 길을 따라 중앙아시아의 무역 중심지 중 하나인 부하라(Bukhara, 보하라)를 향해 동쪽으로 갔다. 그런데 여기에서도 사방으로 길이 차단되자 그들은 약 3년간 그곳에 머물렀다.

그래도 행운의 여신은 그들의 편이었던지 마침 좋은 기회를 얻게 되었다. 몽골의 강자 훌라구의 사절이 당시 중국의 황제였던 쿠빌라이에게 가는 길에 그곳에 들른 것이다. 훌라구의 사절은 몽골어가 유창한 그들에게 동행하기를 권했고 마르코 폴로 형제는 그 여행이 유익할 것으로 판단해 선뜻 응했다. 결국 그들은 1년 여 동안의 여행 끝에 쿠빌라이가 있는 카라코룸에 도착했다(1265년경).

마르코 폴로도『동방견문록』에서 그들의 여행을 약간 언급하지만 학자들은 그 여행에 대해 보다 많이 기록하지 않은 점을 아쉬워한다. 그들이 겪은 이야기를 사실대로 적어 주었다면 마르코 폴로 이전의 몽골 상황을 보다 정확하게 파악할 수 있을 터였기 때문이다. 마르코 폴로는『동방견문록』첫 장에 쿠빌라이의 궁전을 다녀온 니콜로와 마페오 폴로의 이야기를 적고 있다.

쿠빌라이 황제는 상식이 풍부한 마르코 폴로 형제에게 여러 가지 얘기를 들을 때마다 크게 만족했다. 그리고 몽골 귀족 코카탈과 함께 로마 교황청에 사절로 가달라는 제안을 했다. 황제는 교황에게 기독교 교리에 정통한 동시에 7종의 학예(수사학, 논리학, 문법, 수학, 천문학, 음악, 기하학을 뜻함)에도 능통한 100명의 선교사를 보내 달라고 청했다. 더불어 황제의 영토 안에 있는 석학들에게 기독교 신앙이 다른 어떤 신앙보다 우수하고 명백한 진리를 가졌으며, 타타르인의 신이나 가정에서 예배하는 우상은 악마에 지나지 않고 이들을 신으로 숭배하는 것은 그릇된 것임을 충분히 설명할 수 있는 사람을 보내 달라고 했다. (중략)

그들은 황제의 무릎 앞에 엎드려 아무리 고난이 따르더라도 최선을 다해 뜻대로 하겠다고 대답했다. 황제는 그들에게 로마교황에게 보내는 서한을 타타르어로 써서 폴로 형제에게 내주었다. 또한 황제는 신하에게 명해 그들에게 제왕의 상징이 적힌 금패(원대에는 금호패, 금패, 은패, 해청패, 원패 등이 있었다)를 내주었다.

몽골 황제 쿠빌라이가 폴로 형제에게 기독교인의 협조를 요청했다는 것은 당시 상황으로 볼 때 매우 놀라운 일이다. 학자들은 중국에 오랫동안 기독교 일파인 네스토리우스파(431년 이단으로 낙인찍힘)가 있었고 쿠빌라이 자신이 여러 종교에 호의적이었기 때문에 이들의 이야기가 결코 과장이 아니라고 믿는다.

과장된 선교 의무

마르코 폴로의 이야기가 진실이라고 믿는 사람들이 결정적인 증거로 제시하는 것은 바로 그들이 갖고 온 금패다. 당대에 원나라를 여행하는 것은 쉽지 않은 일이었지만 마르코 폴로 형제는 분명 원나라의 금패를 갖고 돌아왔다. 사실 금패가 있으면 제국 안에서 어디를 가든 지방관리의 호위 아래 한 지방에서 다른 지방까지 안전하게 갈 수 있고, 식량을 비롯해 모든 필수품을 받을 권리가 부여되었기 때문에 그들의 귀향은 그리 어려운 일이 아니었다.

정작 귀향하는 마르코 폴로 형제를 괴롭힌 것은 홍수, 폭풍우, 눈, 빙하 등의 악조건이었다. 어쨌든 이들은 3년에 걸쳐 소아르메니아 연안에 있는 레이아스(알렉산드레타 만에 있는 아이아스이지만 폴로 형제의 귀로는 불명) 항을 거쳐 팔레스티나의 아크레(Acre)에 도착했다(1269년 4월). 이때 그들은 교황 클레멘스 4세가 사망했다는 소식을 들었고 후계자는 아직 결정되지 않은 상태였다. 그곳에서 그들은 교황을 보좌하는 피아첸차(Piacenza : 포 강 연안의 도시)의 테오발도(Teobaldo)를 만났다.

새로운 교황이 선출될 때까지 기다리기 위해 그들이 베네치아의 집으로 돌아왔을 때 니콜로의 아내는 이미 사망한 뒤였고 한 친척이 마르코 폴로를 키우고 있었다. 마르코 폴로가 어떤 교육을 받았는지는 알려지지 않았지만, 대체로 장사에 필요한 실용적인 계산과 베네치아의 뱃사람 혹은 장사꾼들로부터 세상살이를 터득했을 것으로 보인다.

그런데 공교롭게도 1271년에 마르코 폴로 형제가 만나 쿠빌라이의 이야기를 전해 준 테오발도(그레고리 10세)가 교황으로 선출되었다. 마침 폴로 형제의 이야기에 흥미를 갖고 있던 그레고리 10세는 폴로 형제에게 아크레 항에 방문해 줄 것을 요청했다. 이렇게 해서 교황의 전폭적인 지원을 받은 마르코 폴로의 형제들은 당시 열일곱 살이던 마르코 폴로를 데리고 두 번째 여행길에 올랐다.

하지만 교황은 당대 사절단의 기본인 100명을 보내지 않고 단

두 명의 수도사, 즉 빈첸차(Vincenza)의 니콜로와 트리폴리(Tripoli)의 프라 구일렐모(Fra Guilemo)를 동행하게 했다. 교황은 두 수도사에게 사제 임면과 사교(司敎) 수계(受戒) 권한을 주고 교황 자신과 같이 죄를 과하고 용서할 수 있는 자격을 인정했으며 황제에게 축복의 뜻을 전해 주도록 부탁했다. 현대의 개념으로 보면 교황청특권 전권대사, 즉 서양을 대표하는 모든 특권을 부여받은 것이다.

원래 그들은 레이스 항구를 향해 아르메니아 왕국을 횡단하려 했다. 그런데 그곳에서 바빌로니아의 대군이 아르메니아에 침입했다는 소식을 들은 두 수도사는 여행을 포기하고 마르코 폴로 일행에게 교황으로부터 받은 서한과 선물을 준 후 돌아가 버렸다. 물론 이것은 마르코 폴로의 이야기다.

크리스티안 후프는 『동방견문록』에 적힌 그 이야기를 두고 "한마디로 있을 수 없는 일"이라고 일축했다. 물론 교황청의 사정으로 100명의 수도사가 아니라 2명의 학식 있는 수도사를 파견했다는 것은 이해할 수 있다고 했다. 하지만 교황의 엄중한 밀명을 받은 두 수도사가 전쟁이 일어났다고 교황에게 받은 모든 서한과 선물을 두 명의 상인과 아들에게 내준다는 것은 있을 수 없는 일이라는 것이다.

마르코 폴로 일행이 쿠빌라이가 준 금패를 소지해 여행에 지장이 없었다면 두 수도사 역시 위험에 빠지는 일은 없을 것이라고 추정할 수 있지 않을까? 나아가 두 수도사가 만약 자신들이 부여받은 모든 권한을 마르코 폴로 가족에게 주었다면 선교사로서의 임무를 부탁한 셈이다. 그런데 마르코 폴로 가족은 24년간 교황에게 상황을 보고하는 서신 한 통 보내지 않았다.

학자들은 상식적으로 이것은 이해할 수 없는 부분이라고 꼬집는다. 특히 이들은 실제로 교황청으로부터 임명을 받은 기욤 드 루브룩은 몽골의 풍습과 의식, 종교에 대해 풍부한 정보를 전달했음을 지적했다. 반면 마르코 폴로는 『동방견문록』에서 자신이 부여받은 어마어마한 임무에 대해 더 이상 언급하지 않았다.

더 큰 문제는 기독교 논리로 똘똘 뭉친 당시의 사회에서 교황청의 특사가 교황의 지시를 묵살하면서 자신이 부여받은 임무를 수행하지 않는 것이 정말로 가능한가 하는 점이다. 바로 이런 점에서 『동방견문록』에 기록된 마르코 폴로의 여러 가지 행동은 원천적으로 포장되었다는 지적을 받는다.

크리스티안 후프와 마이클 에드워즈는 각각 마르코 폴로가 기록한 여행로를 따라 카슈가르(신장 웨이우얼 자치구에 있는 도시)부터 대사막과 오아시스를 거쳐 베이징까지 일일이 답사했다. 그들은 마르코 폴로가 실제로 무엇을 보았고 무엇을 지나쳤는지에 주목했다. 특히 크리스티안 후프는 마르코 폴로가 중국을 방문하지 않았다는 데 중점을 두었고 마이크 에드워즈는 마르코 폴로의 과장을 인정하면서도 여행 자체는 긍정적으로 생각했다.

마르코 폴로가 고위 직급인 지방관에 봉직했다?

마르코 폴로의 여정을 꼼꼼하게 확인하던 크리스티안 후프는 이상한 점을 발견했다. 마르코 폴로가 카슈가르를 지나 중국으로 들

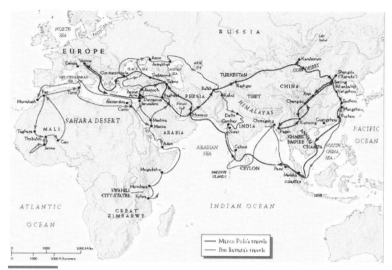

마르코 폴로 이동경로 많은 학자들이 그가 기록한 이동경로로 판단해 볼 때 실제로 그가 중국을 방문한 적도 없다고 추측한다.

어가려면 당연히 둔황(중국과 중앙아시아를 잇는 실크로드의 관문)을 거쳐 야 하는데, 그가 그 지역을 거론하지 않았던 것이다. 여행기를 쓰 면서 가장 중요한 지점, 특히 무역의 요충지를 제외했다는 것은 이 해하기 어렵다. 당시 둔황은 서역 북도와 남도의 분기점으로 문화 적으로도 중요한 요충지였다. 마르코 폴로가 둔황을 방문했다면 그의 일정에서 가장 중요한 그곳의 이야기를 빠뜨렸을 리 없다는 지적이다.

물론 여기에 대한 반론도 있다. 마르코 폴로는 제1편 제40장에 다음과 같이 적었다.

"사막을 횡단하는 30일간의 여행이 끝나면 쿠빌라이 황제가 지 배하는 사치우(Sachiu, 사차우Sachau라고도 부른다)에 도착한다. 이 지방을 탕구트(Tangut)라고도 한다. 주민은 대개 우상숭배자들이며 그 밖에 투르크만족도 있고 소수지만 네스토리우스파의 기독교도와 마호메트교도들도 있다. 우상숭배자들은 다른 사람들과 다른 국어를 쓰고 있다. 탕구트 시는 동북동쪽에 있고 주민은 주로 농부이며 밀을 많이 생산한다. 이곳에는 많은 수도원과 사원이 있는데 모두 여러 가지 우상을 안치하고 있다. 주민들은 이러한 우상들을 깊이 존경하는 나머지 희생을 바치며 아들을 낳으면 그 우상 중 어느 한 우상의 보호를 빈다."

고대사 전문가인 정운용 박사는 사치우 또는 사차우가 사주(沙州)로 지금의 둔황이라고 설명했다. 특히 탕구트는 감숙성 지역의 당고특(唐古特)을 뜻하는데 이는 『당서唐書』에서 말하는 당항(黨項)이 와전된 것으로 추정했고, 이곳에는 당시 선비족이 살고 있었으며 우상숭배자란 라마교도들을 의미한다고 설명했다. 또한 투르크만족은 'Turk'에서 유래한 말로 'Turkoman'이란 유목민이 자신들을 부를 때 쓰는 고유명사이며 이들은 티베트어를 쓴다고 했다. 더불어 이 지방에서 지금도 행하는 장례법(화장)에 대해서도 기록했음을 지적했다.

그렇지만 크리스티안 후프는 명사산(鳴沙山)의 동쪽 끝 절벽에 남북 약 1,600미터에 걸쳐 여러 층으로 뚫린 막고굴(莫高窟)의 492개(현 중국의 공식적인 발표)에 달하는 굴을 설명하지 않았다는 것을 의아하게 생각한다. 특히 당나라 때 건조된 158굴(중국에서의 분류)의 72개의 작은 석상들 사이에 비스듬히 누운 16미터 길이의 와불(臥佛)에 대한 기록이 없는 것을 볼 때 마르코 폴로가 이 지역을 지나지 않았다고 확신했다.

마이크 에드워즈는 마르코 폴로가 둔황의 석굴을 아예 못 보았거나 아니면 낯선 종교예술의 장관에 압도되어 적지 않았을지도 모른다고 지적했다. 무엇보다 학자들을 혼란스럽게 만드는 것은 마르크 폴로가 다음 여행지로 하미(哈密)라는 도시를 언급한다는 점이다. 하미 수박으로 유명한 이 도시는 원나라로 들어가는 도중에 있는 것이 아니라 서역북도에 있는 도시로 훨씬 북쪽에 있다. 이에 대해 정운용 박사도 마르코 폴로가 아버지와 삼촌에게서 1차 중국 여행담을 듣고 적은 것이라고 설명할 정도다.[4]

이 부분에 대해서는 다소 두둔하는 설명도 있다. 마르코 폴로 일행은 어디까지나 상인이었기 때문에 무역상을 위한 무역안내서를 쓰려고 했다는 것이다. 따라서 마르코 폴로의 이야기에서 루스티켈로가 각색한 부분을 제외하면 그다지 모순이 없다는 얘기다.

사실 『동방견문록』은 거리와 가격, 음식, 무역 물품을 이야기하는 데 많은 부분을 할애했다. 그러면서도 둔황처럼 무역에 중요한 지역을 제외했다는 것은 석연치 않긴 하다.

『동방견문록』의 신빙성을 따질 때 가장 크게 지적되는 것은 『동방견문록』에 사용된 언어다. 일부 학자는 마르코 폴로가 터키어, 페르시아어를 알고 있고 또한 중국에서 상당 기간 살았으므로 최소한의 중국어를 터득하는 것은 당연하다고 생각한다(니콜로와 마페오는 중국어를 잘 숙지하고 있었다). 하지만 『동방견문록』을 엄밀히 검증한 학자들은 마르코 폴로가 중국어를 하지 못했다고 단언한다. 그 이유는 『동방견문록』에서 60여 군데의 지명이 언급되는데 단 세

곳의 이름만 중국어로 되어 있기 때문이다. 베이징을 가리키는 '칸발리크(Khanbalik)'도 '왕이 있는 도시'라는 뜻의 터키어에서 나온 이름이다.

마르코 폴로가 정말로 자신이 거론한 도시들을 여행했다면 그 지역 사람들을 많이 만났을 것이며 적어도 지명을 정확히 거론했을 거라는 설명이다. 바로 이 점이 마르코 폴로가 그 이전에 몽골을 여행한 터키인이나 페르시아인의 여행기를 차용해 마치 자신이 직접 여행한 것처럼 설명한 것이 틀림없다는 주장이 나오게 된 결정적인 이유다.

유명한 중국학자인 헤르베르트 프랑케(Herbert Franke)는 마르코 폴로의 『동방견문록』을 의심한 최초의 사람이다. 그는 『동방견문록』의 여러 부분이 마르코 폴로가 경험하지 않은 내용을 전한 것이라고 단언했다. 또한 마르코 폴로가 말하는 내용 중 대부분이 페르시아 원전에서 유래했다고 지적했다.

마르코 폴로는 당대의 강국인 원나라 궁에서 쿠빌라이 칸을 직접 만났고 17년간 황제의 신하로 지방관 벼슬을 했다고 설명했다. 하지만 그는 단 한 번도 중국의 문자체계를 언급하지 않았다. 중국의 고위직급인 지방관에 봉직했다고 자랑스럽게 기록했으면서도 말이다.

양주(楊洲)는 24개의 읍이 있는 대도시인데 이 도시 사람들은 우상숭배자들로 상업과 수공업으로 생활하고 있다. 이 지방에는 많은 군대가 주둔하고 있으며 사람들은 무기와 군 장비를 많이 만든다. 양주는 황제가 임명한 12인의 귀족 중 한 사람이 황제의 명을 받아 지방 행정을 맡아보고 있는데, 마르코 폴로도 황제의 특명으로 3년간 그 도시의 행정관으로 일했다.

이 말이 사실이라면 적어도 그에게 주어진 서류를 검토하거나 결재했음이 틀림없다. 그런데 그가 가장 자랑스러워했을 지방관으로서의 역할에 대해 아무런 언급이 없다. 이는 그가 지방관으로 근무한 적이 없음을 의미한다는 설명에 무게를 실어 준다.

물론 일부 학자들은 마르코 폴로가 중국인 통치자의 명단에 들어가지 않은 사실을 근거로 그의 직책이 매우 낮았을 것으로 추정하기도 한다. 또한 그가 3년이나 봉직했음에도 다른 도시보다 짧게 기록한 것은 그가 매우 비인격적인 생활을 했거나 당시의 일을 거론하고 싶지 않았기 때문일 것이라고 두둔한다. 그렇지만 행정을 담당하는 관리가 중국의 글자체계에 관심을 두지 않았다는 것은 그가 글자를 몰랐다는 증거가 된다는 설명에는 반박이 궁색해질 수밖에 없다.

마르코 폴로의 과장벽

마르코 폴로가 아시아를 여행할 때 이슬람 제국은 이미 몽골의 지배 아래에 있었다. 학자들을 괴롭힌 것은 마르코 폴로 가족이 몽골인을 위해 투석기를 제작했다고 기록했다는 점이다. 마르코 폴로는 몽골인이 자신이 개발한 투석기를 이용해 중국의 도시 상양

원나라 지폐 마르코 폴로는 원나라에서 지폐를 사용했다고 말함으로써 유럽인들을 놀라게 했다.

(襄陽)을 정복했다고 적었다.

    상양은 열두 개의 크고 부유한 도시를 관할하는 만지 지방의 큰 도시로 상업과 광범위한 제조업의 대중심지다. 이곳 주민들은 시체를 화장하고 우상을 숭배하며 타타르 황제의 지배를 받는 것은 물론 황제가 발행한 지폐를 사용한다. 이곳은 대도시답게 모든 물건이 충분히 공급돼 만지 지방이 점령된 다음에도 황제에게 항복하기를 거부하고 3년간 포위 공격을 견뎌냈다. 이 포위전에서 가장 곤란했던 점은 공격군이 주로 북쪽으로만 접근할 수 있다는 것이다.

    당시 궁정에 있던 니콜로 폴로와 마페오 폴로 형제는 황제에게 나아가 유럽에서 사용하는 투석기, 즉 무게 300파운드의 큰 돌을 멀리 던질 수 있는 기계를 만들라고 제안했다. 황제는 그들의 설명을 듣고 유능한 대장장이와 목수들을 모아 그들의 명령에 따라 일하도록 명했다. (중략) 수일 안에 그들은 마르코 폴로 형제의 지시를 받아 여러 대의 투석기를 만들었다. (중략) 이 기계가 샹양의 전면에 설치되어 첫 번째 돌이 발사되자 무서운 힘과 상당한 무게를 가진 돌이 어느 건물 위에 떨어져 그 대부분을 파괴했다. 주민들은 마치 하늘에서 벼락이 떨어진 것으로 생각하고 크게 두려워해 곧바로 항복했다. 마르코 폴로 형제의 고안이 성공하자 두 형제에 대한 명성과 신용은 더욱 높아졌다.

그런데 중국과 페르시아의 원전에는 몽골군이 샹양성을 공격할 때 사용한 샹양포(회회포)를 누가 만들었는지가 적혀 있다. 기록에는 페르시아 건축가 탈리브와 그의 세 아들이다. 더욱이 샹양이 정복된 것은 1273년 2월로 폴로 가족이 몽골에 도착하기 1년 전이다. 물론 송나라가 멸망한 다음에도 샹양이 저항했음을 저자가 강조하고 있는 것을 볼 때 샹양이 결정적으로 항복한 것은 1274년 이후의 일로 추정하는 학자들도 있다.

많은 학자가 폴로 가족의 투석기 제조에 의문을 품는 이유는『동방견문록』의 기록처럼 그들이 몽골을 위해 중요한 전투 장비를 만들어 주었음에도 유럽에는 화약무기에 대해 말하지 않았기 때문이다. 당대에 몽골은 유럽이 알지 못하는 화약무기로 공격해 유럽인을 공포의 도가니로 몰아넣었다. 마르코 폴로 가족이 정말로 몽골을 위한 군사전문가로 활약했다면 몽골의 군 체계나 장비를 몰랐을 리가 없다. 그들이 베네치아로 돌아와 화약무기에 대해 이야기했다면 환대를 받았을 것이 틀림없다.

마르코 폴로는 자신이 가 본 적 없는 몽골의 옛 수도 카라코룸에 대해서도 묘사했다. 그가 그곳을 방문하지 못한 것은 그 시대에 황제가 겨울에는 칸발리크(북경)에 머물렀고 여름에는 상도(上都, 북경에서 북서쪽으로 300킬로미터 떨어진 네이멍구(內蒙古) 자치구에 있음)에 있었기 때문으로 이해할 수도 있다.

상두의 몽골식 이름은 '108개 사원의 도시'이며 중국인은 쿠빌라이의 궁전이 밝게 빛난다고 해서 수정궁이라고 부른다. 스물한 살 무렵, 마르코 폴로는 상두 궁전에서 환대를 받았으며 황제가 특별히 마르코 폴로를 마음에 들어 했다고 적었다.

그들이 쿠빌라이 황제의 궁전에 도착하자 황제는 중신을 모두 좌우에 불러 세우고 정중한 예절을 갖추어 접견했다. 그들은 황제 앞에 나아가 무릎을 꿇고 엎드려 경의를 표했다. 황제는 즉시 그들을 일어나게 하고 여행 사정과 로마교황과의 교섭 내용 및 그 결과를 이야기하도록 명했다. (중략)

그들은 그레고리 10세의 친서와 선물을 황제 앞에 내놓았고, 서한의 내용을 들은 황제는 그들의 충성과 노력을 크게 칭찬했다. 그런 다음 예수의 무덤에서 가져온 신성한 기름을 경건하게 받고 잘 보존하도록 신하에게 명령했다. 이어 황제는 마르코 폴로를 가리키며 "이 소년은 누구인가"라고 물었다. 니콜로는 이렇게 대답했다. "제 아들 놈이지요. 폐하의 신하입니다. 온갖 위험을 무릅쓰고 데려온 가장 사랑스러운 선물로 소인의 나라에서 함께 온 폐하의 신하입니다. 이 아이는 폐하께 충성스러운 신하가 될 것입니다."

황제는 반가운 낮으로 잘 왔다고 말한 후 마르코 폴로를 그의 명예로운 근신 중 한 사람으로 삼았다. 그리고 그들이 돌아온 것을 축하하는 잔치를 베풀도록 했다. 그 뒤 마르코 폴로 가족이 황제의 궁정에서 벼슬을 살고 있는 동안 황제의 모든 신하로부터 존경과 대접을 받았다. (중략) 마르코 폴로는 황제에게 봉사하고 있던 17년간 유용한 인물로 인정받아 제국 내의 각지와 속령에 비밀 사명을 띠고 자주 파견되었다.

특이한 것은 마르코 폴로가 누구나 보았음직한 만리장성에 대해 이야기하지 않았다는 점이다. 마르코 폴로는 중국으로 가는 여정 중에 여러 번 지나쳐야 하는 만리장성에 대해 왜 침묵했던 것일까? 이는 마르코가 중국에 다녀갔다는 사실 자체를 의심하거나, 그의 기록을 다른 여행자의 이야기를 수집한 것쯤으로 여기는 사람들이 가장 먼저 제시하는 증거다.

『동방견문록』을 철저하게 연구한 헨리 율도 마르코 폴로가 여행 중에 몇 번이고 넘었을 만리장성에 대해 설명하지 않고 있다는 점에 의문을 표시했다. 물론 만리장성을 언급하지 않은 마르코 폴로를 두둔하는 학자들도 있다. 중국의 역사학자 리정유 교수도 그중 한 명으로 마르코 폴로가 만리장성을 언급하지 않은 데는 충분한 근거가 있다고 설명한다.

현재 잘 알려진 만리장성, 즉 벽돌과 돌로 쌓아올린 성벽으로 이루어진 만리장성은 몽골제국 멸망 후 명나라 때 지어진 것으로 마르코 폴로 시대에는 존재하지 않았다.

하지만 이들 지역에는 한나라 때 쌓은 만리장성이 존재한다. 원래 높이는 10미터 정도였지만 지금은 약 3미터다. 마르코 폴로를 두둔하는 학자들은 당시 이들 장성이 허물어져 방치됐기 때문에 언급할 필요성이 없었거나 너무 흔해 생략했을 수도 있다고 말한다. 나아가 마르코 폴로가 본 중앙아시아의 여러 도시와 마찬가지로 유럽의 많은 도시가 벽으로 둘러 싸여 있으므로 큰 호기심을 느끼지 못했을 수도 있다는 것이다.

어쨌든 마르코 폴로의 여정에는 의문점이 많이 있다. 특히 '마르코 폴로 다리'로 알려진 베이징 근교의 루거우차오(蘆溝矯, 노구교)에 대해 그는 홍예문이 24개 있다고 설명했다.

칸발리크 시를 떠나 10마일쯤 가면 풀리산간 강(북경 바로 아래에 있는 훈강渾江)이 있는데 이 강은 큰 바다로 물이 흘러 들어가며 물건을

노구교 전경 마르코 폴로는 노구교의 11개 아치를 24개라고 적었는데, 학자들은 이것만 봐도 그가 이 다리를 실제로 본 적이 없다고 추정한다.

가득 실은 배가 많다. 이 강에는 세계에 비할 바 없는 인상적인 돌다리(노구교)도 있다. 그 길이는 300보, 넓이가 800보로 말머리를 나란히 하고 10명의 기사가 달려도 불편하지 않다. 교묘하게 세운 25개의 교각 위에는 24개의 대리석 아치가 서 있다. 다리 양편에는 끝에서 끝까지 대리석의 석판과 석주를 교묘하게 배열한 아름다운 난간이 있다.

루거우차오에는 실제로 11개의 아치밖에 없다. 학자들은 11개의 아치를 24개로 적은 것으로 보아 이 다리도 직접 보지 않았음이 틀림없다고 주장한다.

그는 과연 쿠빌라이를 만났을까?

학자들이 신뢰할 수 없다고 지적하는 또 다른 부분은 마르코 폴로가 쿠빌라이에 대해 기록한 내용이다. 마르코 폴로는 쿠빌라이를 여러 번 친견했고 유럽 최초로 쿠빌라이를 묘사했다.

대칸 또는 왕중왕이라고 불리는 쿠빌라이의 키는 보통이다. 사지가 고르고 모양이 좋으며 전체적으로 균형이 잡혀 있다. 그의 얼굴은 하얗고 때로 붉은 빛이 돌면 빛나는 장밋빛 같아 용모가 더욱 우아해 보인다. 그의 눈은 검고 아름답다. 코도 알맞게 높다.

마르코 폴로가 정말로 쿠빌라이를 만났다면 그에 대해 여러 가지 사실을 기록했을 것이다. 하지만 실제 기록은 중세시대 유럽 군주를 설명할 때 쓰는 상투적 문구에 지나지 않는다. 특히 중국 사서에는 칭기즈칸의 자손은 대개 벽안(碧眼), 홍발(紅髮)로 적혀 있어 쿠빌라이의 눈이 검다는 말조차 의심스럽다는 견해가 많다. 다시 말해 쿠빌라이를 직접 본 사람의 설명이 아니라는 얘기다.

그뿐 아니라 그가 자주 보았을 중국인의 기본적인 풍습을 기록하지 않은 것도 의심을 받는다. 그중에서도 중국에서 무엇보다 유명한 차와 찻집에 대한 이야기가 전혀 없다. 중국인은 이미 한왕조 때부터 차를 마셨고 8세기부터 차는 북중국에서 중요한 관심사였다. 그런데 마르코 폴로가 자세히 묘사한 항저우(송나라의 수도)는 오늘날에도 녹차로 유명한 도시임에도, 중국인이 일상적으로 마신 차에 대한 기록이 없다.

또한 젓가락 사용에 대한 설명도 없다. 지금도 서양인은 동양인이 젓가락을 자유자재로 사용하는 것을 신기하게 생각한다. 따라서 13세기의 유럽인이 그것을 신기하게 여기지 않았다면 오히려 이상한 일이라고 할 수 있다. 물론 그가 포도나 대추야자, 말 젖, 야자즙 등으로 만든 지방 고유의 온갖 독주는 자주 언급했으면서도 젓가락을 언급하지 않은 것은 젓가락에 별다른 관심이 없었기 때문이라고 두둔하는 학자도 있다.

마르코 폴로가 주로 몽골인이나 페르시아인과 함께 지냈고, 이들과 식사할 때는 자신이 먹던 습관 그대로 먹었기 때문에 젓가락을 몰랐을 수도 있다는 해석도 있다. 하지만 마르코 폴로는 자신이 3년간이나 양저우를 통치했다고 하지 않았는가! 그러면서도 중국인의 기본 풍습인 젓가락을 보지 못했다는 것이 과연 타당한 주장일까?

젓가락뿐 아니라 전족도 유럽인에게 상당히 이상하게 보였음직한 중국 고유의 문화다. 여성의 발을 고의적으로 작게 만드는 전족은 유럽인에게 비정상적으로 보이는 것이 정상적이다. 그럼에도 이에 대한 언급이 없었다는 것은 마르코 폴로가 중국인의 기본적인 풍습을 알지 못했다는 뜻이 된다. 나아가 이는 마르코 폴로가 중국을 여행하지 않았다는 결론으로 이어진다.

마르코 폴로의 중국 여행을 의심할 수밖에 없도록 만드는 증거는 또 있다. 원나라의 공식 사서에는 외국인에 대한 기록이 매우 많은데, 이상하게도 마르코 폴로에 대한 흔적이 보이지 않는다. 중국의 역사책과 바티칸의 문서보관실에는 마르코 폴로 가족에 관한 기록이 없다. 반면 1260년 11월에 상도로 간 유럽의 사절단이 몽골에 도착해 환영받았다는 사실은 중국 연대기에 적혀 있다.

학자들이 가장 의아하게 생각하는 것은 마르코 폴로를 포함한 폴로 가족이 원나라로 들어가는 여행로다. 『동방견문록』에 따르면 폴로 가족은 페르시아와 아프가니스탄을 통과해 카라코람 산맥을 거쳐 카슈가르(원나라의 서쪽 관문)에 도착했다. 가연성 기름을 생산하는 바쿠 지역의 유전을 통과하면서 몽골 유목민을 만났고 모술을 지나쳤다. 마르코 폴로는 노아의 방주가 있다는 아라라트 산에 대해 곁가지로 이야기하면서 1년간 앓아누웠고 유명한 캐시미르 지방을 통과해 원나라의 영토로 들어갔다고 설명한다. 중국의 심장부에 접근하면서 쿠빌라이가 그들이 도착했다는 것을 알고 호위병을 보내줘 마지막 40여 일간 황제의 빈객으로 여행할 수 있었다는 것이 마르코 폴로의 얘기다.

물론 마르코 폴로에 대한 중국 측의 기록이 없는 것은 쿠빌라이 시대의 기록이 원나라 멸망 후 많이 파괴되었기 때문이라고 반박하는 학자도 있다.

현장에 있지 않고는 불가능한 설명

마르코 폴로의 여행에 대해서는 부정적 견해 못지않게 긍정적인 자료도 많다. 우선 학자들은 마르코 폴로가 여행기를 다소 과장했을 수도 있지만, 모든 것을 소설처럼 상상으로만 쓰지는 않았을 거라고 설명한다. 실제로 그의 여행기에는 직접 보거나 현장에서 듣지 않으면 알 수 없는 개인적이고 구체적인 설명이 포함되어 있다.

마르코 폴로의 행적을 두둔하는 사람이 제시하는 대표적 사례는 자세히 기록된 원나라의 아크마트가 살해된 사건이다. 사라센인(페르시아의 회교도)인 아크마트(또는 아마드)는 쿠빌라이의 12명의 대신 중 한 명으로 황제에게 신임을 받아 각지의 관청과 중앙정부의 관직 인사권 및 죄인을 처벌할 수 있는 권한을 갖고 있었다. 특히 그는 재정적 수완이 뛰어나 원의 재정을 일으킨 공신으로 수상급에 오른 입지전적 인물이다.

그런 그의 가장 큰 약점은 여자였다. 그는 아름다운 여자가 있다는 소문만 들으면 강제적으로 자기 아내로 삼았고, 심지어 기혼녀에게까지도 손을 뻗쳤다. 25명이나 되는 그의 아들 역시 아버지를 믿고 전횡을 일삼아 원성이 자자했다.

마르코폴로와 그의 여행기

　결국 아크마트에게 아내와 딸을 빼앗긴 치엔후라는 카타이인이 완후라는 중국인과 함께 그를 살해하기로 작정했다. 결국 치엔후가 아크마트를 살해했는데, 마침 그들의 동정을 살피던 사령관 코카타이가 반란이 일어난 것으로 알고 완후를 사살하고 계엄령을 선포했다. 이후 아크마트에 대해 전면적인 조사를 실시한 쿠빌라이는 그의 악행이 드러나자 전 재산을 몰수하고 아들들에게 산 채로 피부를 벗기는 형을 언도했다. 『동방견문록』에는 마르코 폴로가 그곳에 있을 때 생긴 일이라고 기록돼 있다. 원나라의 역사서 『원사元史』에 보면 아크마트와 관련된 내용이 기록되어 있다.

　아크마트가 죽었다. 황제는 그가 간통했다는 사실을 알지 못했지만 추밀부사 박라에게 심문하게 해 그 죄상을 다 알게 되었다. 비로소 크게 노해 왕저(王蕃)가 아크마트를 죽인 것은 실로 충성된 일이니, 그의 무덤을 파헤쳐 관을 열고 시체를 통원문 밖에 내다 버려 개가 뜯어먹게 하라고 명하였다. 백성들은 모두 쾌재를 불렀다.

여기서 말하는 추밀부사 박라가 바로 마르코 폴로라고 한다. 그렇다고 마르코가 범죄조사위원으로 활약했다는 구체적인 증거가 있는 것은 아니다.

프랑스 학자로 천불동에서 신라 승려 혜초의 『왕호천축국전』 요약본을 발견한 폴 펠리오(1878~1945년)는 원나라 때의 문서보관소에서 폴로라는 이름을 발견했다고 주장했다. 그러나 중국인 학자 양 치지우는 몽골에서 마르코 폴로라는 명칭은 개인의 이름이 아니라 관직의 명칭을 의미한다고 말했다.

학자들은 마르코 폴로가 설명한 내용 중 일부는 정확한 관찰에 의한 것이 분명하지만, 그 당사자가 마르코 폴로라고 단정하는 데는 신중하다. 마르코 폴로가 3년 반 동안 지방관으로 있었다는 양저우(양주)는 대도시로 13세기에도 외국인이 많이 있었다. 이탈리아 상인들도 이곳에서 귀중품을 거래했고 프란체스코회 선교사로 포르데노 출신의 오도리크(Odoric)는 양저우에서 베네치아인을 몇 명 만났다고 했다. 실제로 제노바인 카테리나 데 비그리오네(Caterina de Viglione)의 비석도 발견되었다.

마르코 폴로가 정말로 양저우에서 지방관으로 있었다면 그를 만난 유럽인도 있었을 것이며 그에 대한 자료도 발견되어야 한다. 하지만 중국에 살았던 유럽 상인 몇 명에 대한 자료는 있지만 고위관직에 있었다는 마르코 폴로의 흔적은 찾을 수 없다.

마르코 폴로는 17년간 동방에서 체류한 후 쿠빌라이에게 고향으로 돌아가겠다고 청했으나 그는 귀환을 허용하지 않았다고 적었다. 여기서는 일단 마르코 폴로가 중국을 방문했다는 것을 전제로 설명한다.

마르코 폴로는 쿠빌라이가 자신과 자신의 일행을 매우 총애했기 때문이라고 적었다. 사실은 마르코 폴로 가족의 후원자인 쿠빌라이가 나이가 먹어감에 따라 마르코 폴로 가족이 위기감을 느꼈다는 것은 사실로 보인다. 특히 몽골제국에 대한 한족들의 반감이 거세지면서 외국인이 위협을 느낀 것은 당연한 일로 볼 수 있다.

그런데 그들에게 예기치 않은 기회가 찾아왔다. 쿠빌라이가 아내를 잃은 페르시아 왕 아르군 2세(쿠빌라이 조카의 아들)를 위해 코카친 공주를 시집보내기로 결정했던 것이다. 그런데 여행 도중에 일어난 전투로 공주 일행이 목적지인 페르시아로 가지 못하고 되돌아오자, 마침 인디(인도나 동인도로 추정) 지방을 여행하고 돌아온 폴로 일행은 해로로 공주 일행을 페르시아까지 안내하는 임무를 자신들이 맡겠다고 제안했다.

쿠빌라이는 이를 허락했고 선체 길이가 30미터에 이르고 네 개의 돛대가 세워진 14척의 선박과 항해를 도울 손바닥만 한 금패 2개를 주었다. 그렇게 해서 천주(泉州) 항을 떠난 그들은 2년 반의 여정 끝에(마르코 폴로는 당초 600여 명이 출발했고 18명만 살아남았다고 했는데, 그의 가족은 모두 무사했다) 페르시아의 호르무즈에 도착했다.

그들이 도착했을 때 아르군 2세는 이미 사망한 후였지만 다행히 그에게 성장한 아들 가잔이 있어 코카친 공주를 맞아들였다. 페르시아에서 융숭한 대접과 함께 금패 4개를 더 받은 마르코 폴로 가족은 기마병의 호위를 받으며 터키를 가로질러 북쪽으로 달렸다.

몽골 제국을 벗어나 흑해 연안에 있는 소왕국 트라브존(Trabzon)에 진입할 때까지는 만사가 순조로웠다. 하지만 그곳부터는 몽골로부터 받은 금패 통행증이 아무런 소용이 없었다. 마르코 폴로 일행은 비잔틴 제국의 화폐 4,000히페르페론에 상당하는 재물을 바쳐야 했는데, 그것은 500킬로그램 정도의 생사(生絲)를 살 수 있는 엄청난 액수다.

마르코 폴로는 『동방견문록』에 이 내용을 적지 않았지만 마페오가 유언장에 적어 놓은 집안의 빚 내역에 포함되어 세상에 알려진 것이다. 마이크 에드워즈는 마르코 폴로의 이야기를 쓴 루스티켈로가 폴로 일행이 강탈당한 사건을 하찮은 것으로 여겨 생략했을지도 모른다고 적었다. 어쨌든 마르코 폴로 일행은 잘 알려지지 않은 호르무즈에서 9개월간 체류한 뒤 콘스탄티노플을 거쳐 베네치아에 도착했다. 열일곱 살에 그곳을 떠난 마르코 폴로는 벌써 마흔한 살이 되었다.

마르코 폴로 일행의 베네치아 도착은 그야말로 전설적이다. 베네치아의 저술가 라무시오에 따르면 마르코 폴로의 친척들은 24년간 고향을 떠나 있던 마르코 폴로 일행이 모두 사망했다고 여겼으며, 1295년 그들이 돌아왔을 때 알아보지 못했다. 심지어 자기 집 하인들까지도 그들이 집으로 들어가려는 것을 가로막았다.

그들은 누더기 차림이었고 말투와 태도에는 어딘지 모르게 타타르족의 분위기가 풍겼다. 그들은 사람들에게 자신들이 협잡꾼이 아니라는 것을 납득시키기 위해 친척들을 모아놓고 입고 있던 누더기를 칼로 뜯어냈다. 그러자 어마어마한 양의 루비와 다이아몬드, 에메랄드가 쏟아져 나왔다. 바로 그것이 마르코 폴로 일행의 주장을 입증해 주는 결정적 증거가 되었다. 사람들은 중국의 황제가 아니라면 어느 누가 그런 보물을 줄 수 있겠느냐고 생각했던 것이다. 라무시오는 모든 베네치아인이 그들을 환영하기 위해 집으로 몰려들었다고 적었다.[5]

허풍쟁이 마르코 폴로의 행적

마르코 폴로가 『동방견문록』에 기록된 모든 곳을 방문하지 않았다는 것은 사실이다. 더욱이 마르코 폴로가 직접 글을 쓴 것이 아니라 루스티켈로가 받아쓴 것이기 때문에 여행기라기보다 정보지의 성향도 크다. 루스티켈로가 지리, 인구, 교역 등에 관한 마르코의 방대한 기록과 구술을 토대로 영웅담 분위기를 가미해 새 작품으로 탄생시켰다는 얘기다. 몽골 군주간의 전쟁 장면을 삽입하고 마르코 폴로가 요란하게 묘사한 쿠빌라이 궁전을 더욱 현란하게 치장한 것도 마르코 폴로가 아니라 루스티켈로이며, 쿠빌라이 군대에게 폴로 일행이 투석기를 만들어 주었다며 졸지에 그들을 병기제조기술자로 둔갑시킨 것도 루스티켈로라는 설명이다.[6]

『동방견문록』의 진위에 대해서는 많은 논쟁이 있지만, 1940년에 코카친 공주(칭기즈칸의 손녀) 일행에 대한 이야기를 적은 1290년의 중국 고문서가 발견됨으로써 마르코 폴로의 설명이 사실이라는 것은 확인되었다. 고문서에는 세 명의 아르군 사절단과 함께 출발하는 일행에게 할당된 식량에 대해 적혀 있다. 또한 『동방견문록』에 기록된 아르군 2세의 사절단 이름도 적혀 있다. 『동방견문록』에서는 이들의 이름을 울라타이(Oulatai), 아푸스카(Apousca), 코자(Coja)라고 적고 있다. 물론 고문서에는 마르코 폴로 일행에 대한 언급이 없지만 이 문서를 마르코 폴로 일행이 중국에 머물렀던 증거로 여기기도 한다. 그렇지 않다면 그가 잘 알려지지 않은 사람들의 이름을 알 수 없었을 것이기 때문이다.[7]

하지만 크리스티안 후프는 그것이 마르코 폴로가 중국에 있었다는 증거가 되지 못한다고 주장했다. 그는 자신이 중국학자 양 치지우에게 마르코 폴로가 중국에 체류한 증거가 있는지를 묻자, 그가 이렇게 대답했다고 했다.

"마르코 폴로는 여행기에 자신이 17년간 중국에 있었고 귀향을 원했지만 쿠빌라이 칸이 허락하지 않았다고 기록했습니다. 당시 코카친 공주를 광저우에서 페르시아로 데려갈 때 사신 세 명이 파견됐다고 합니다. 이들 세 사신은 바다를 경험한 적이 없기 때문에 쿠빌라이는 마르코 폴로와 그의 아버지 니콜로 폴로, 그리고 숙부 마페오 폴로에게 동행하도록 했다고 합니다. 나는 세 사신의 이름을 『영락대전永樂大典』에서 찾아냈습니다. 코카친 공주에 관한 내용은 사실임이 틀림없습니다. 그런데 『영락대전』에서 확인한 세 사람은 마르코 폴로의 가족이 아닙니다."

중요한 것은 마르코 폴로의 유언장에 그가 쿠빌라이의 왕궁에 체류했다는 것을 추론할 수 있는 기록이 없다는 점이다. 더욱이 그가 재산을 모았다는 흔적도 없다. 이에 따라 마르코 폴로는 동시대인에게 거짓말쟁이 백작 혹은 허풍쟁이로 비웃음을 샀다.

물론 마르코 폴로를 두둔하는 자료도 있다. 그는 유언으로 동양에서 데려온 타타르인 노예 페트루스 타르타리노(Petrus Tartarino)에게 자유를 주는 것은 물론 100리라라는 거액의 돈도 남겨 주었다. 이러한 사실은 마르코 폴로가 동방과 영 상관없는 사람이 아니라는 것을 증명해 준다. 페트루스 타르타리노는 자신을 페트루스 슐리만이라고 했는데, 정황으로 볼 때 페르시아 출신 이슬람교도로 추정된다.

여전히 건재한 마르코 폴로의 영향력

마르코 폴로는 베네치아와 제노바의 해전에서 포로가 되어 감옥에 갇혔지만, 양 도시의 협정에 따라 1298년 말에 석방되어 집으로 돌아갔다고 한다(1299년 8월에 석방되었다는 설도 있음). 그가 집으로 돌아간 후의 정황은 비교적 자세히 알려져 있다. 우선 그는 베네치아에서 도나타 바도어(Donata Badoer)와 결혼했고 세 명의 딸을 두었다. 세 딸의 세례명은 판티나, 베레타, 모레타이이다. 마르코 폴로에 대한 기록은 거의 없지만 당시의 소송 기록으로 어느 정도 그의 행적을 파악할 수 있다.

마르코 폴로는 말년까지 베니스 상인답게 상업에 종사했는데, 이 때문에 그는 여러 가지 소송 사건에 연루되었다. 특히 삼촌인 마페오 폴로와 친척들에게 고리로 자금을 빌려 준 그는 자금이 회수되지 않으면 곧바로 소송을 했다. 재판기록에는 마르코 폴로의 종형

제인 마르코리노 폴로에게 승소해 그로부터 원금에 상당하는 물품과 2할의 이자, 그 이자의 2배에 달하는 금액을 배상받을 권리를 확보했다. 이후에도 마르코리노가 소유하고 있던 산 조반니 크리소스토모에 있는 재산 2건을 추가로 확보했다.

또한 마르코 폴로가 파울로 지랄드라는 상인에게 1파운드 반의 약재를 팔아달라고 위탁했는데, 그는 반 파운드만 팔고 마르코 폴로에게 돌려주었다. 이때 지랄드는 대금을 지불하지 않았고 돌려준 약재의 분량도 1/6온스가 적었다. 마르코 폴로는 곧바로 소송을 했으며 지랄드에게 대금과 재판 비용을 지불하라는 판결이 내려졌다. 그의 몇 가지 행적으로 보아 마르코 폴로는 아량과 거리가 멀고 욕심이 많아 자주 싸움을 걸었음을 알 수 있다.

주위 사람들에게 마르코 폴로의 개인생활과 상관없이 『동방견문록』은 커다란 반향을 불러일으켰다. 필경사들은 그의 책을 필사하느라 정신이 없었다. 책이 발간된 지 20년도 지나지 않아 『동방견문록』은 라틴어, 이탈리아의 투스카나 방언과 베네치아 방언으로 필사되었고 독일어 필사본도 나왔다. 1477년에는 뉘른베르크에서 최초의 인쇄본이 등장했지만, 지금도 무려 150여 개의 필사본이 있다.

근래에 학자들은 도미니쿠스회 수도사였던 프란체스코 피피노(Francesco Pipino)가 베네치아 언어인 롬바르디아어로 쓰인 판본을 입수했다는 기록을 근거로 "마르코 폴로가 쓴 원본이 존재한다"고 주장한다. 또한 마르코 폴로가 한 개 이상의 판본을 썼거나 몇 년에 걸쳐 내용을 보완했다고 생각하는 학자들도 있다. 피피노는 도미니쿠스회 수도사들에게 동방에 대한 정보를 알려주기 위해 라틴어 번역판을 만들라는 지시를 받았고, 실제로 도미니쿠스회는 얼마 후 동방에 선교기지를 설립했다.

마르코 폴로는 1323년 혹은 1324년에 사망한 것으로 추정되며 그의 유언에 따라 유해는 아버지 니콜로 폴로가 있는 산 로렌소 사원에 묻혔다. 라무시오는 250년 후에 니콜로 폴로의 묘가 사원에 있다고 적었지만 마르코 폴로의 묘에 대해서는 언급하지 않았다.

1581년의 한 기록에는 산 로렌소 사원에 "신세계의 여행담을 쓰고 콜럼버스가 새로운 나라를 탐험하는 데 도움을 준 백만이라는 별명을 가진 마르코 폴로의 묘가 있다"고 적혀 있다. 1592년에 사원을 보수할 때도 마르코 폴로의 묘에 관한 이야기가 나오고, 1765년에도 그의 묘에 대해 적혀 있다. 하지만 1827년에 간행된 베네치아의 묘비명을 모아 놓은 자료에서는 마르코 폴로의 묘비명이 발견되지 않았고, 이후에는 기록이 전혀 없다. 나중에 이 사원에서 마르코 폴로의 묘가 있었던 곳을 발굴했지만 끝내 아무것도 발견하지 못했다.

마르코 폴로의 여행기를 가장 신랄하게 비판하는 영국의 역사가 프랜시스 우드(Frances Wood)는 마르코 폴로가 쿠빌라이의 궁전은커녕 중국에도 가지 않았다고 확신하며 다음과 같이 말했다.

나는 마르코 폴로가 그때 중국에 있었다고 믿지 않습니다. 그는 가족의 해외무역 거점과 크림 반도, 콘스탄티노플, 베네치아 사이를 다니며 무역을 했을 것으로 보입니다. 그 범위를 넘어서서 여행했다고는 믿지 않습니다. 여행 중에 그는 몽골의 역사를 알려 주는 페르시아 원전을 쉽게 접했을 것이고, 무수한 정보가 들어 있는 상인들의 필사본을 많이 보았을 것입니다.

세계사를 보면 주객이 전도되고 거짓이 사실로 둔갑하는 경우도 적지 않지만, 마르코 폴로가 중국조차 방문하지 않았을지도 모른다는 것처럼 놀라운 일은 많지 않다. 하지만 마르코 폴로가 중세시대 사람들에게 결정적인 영향을 미친 것만은 사실이다. 마르코 폴로의 중국 여행에 부정적인 학자들이 제시하는 시나리오는 다음과 같다.

마르코 폴로가 중국을 여행하지는 않았지만 중국을 여행한 사람들을 많이 만나 그들로부터 상세한 정보를 들을 수 있는 환경에 있었다. 특히 아버지 니콜로 폴로와 삼촌 마페오 폴로로부터 중국에 대해 상세한 정보를 들었을 것이다. 그가 무역에 종사하면서 들은 여러 가지 이야기를 루스티켈로에게 이야기하자 그가 작가답게 번안하거나 윤문했다. 또한 14세기에 그의 책을 필사하거나 번역하는 과정에서 마르코 폴로가 썼던 내용이 왜곡되고, 15세기에 책을 찍어내기 시작했던 인쇄업자들도 이에 한몫했을지 모른다. 이들은 내용을 고치고 삭제했으며 철자도 틀렸고 오역까지 했다. 결과적으로 오늘날 150개의 판본이 존재하게 되었다.[8]

실제로 일부 학자는 마르코 폴로와 루스티켈로가 도용했을지도 모르는 아랍인이나 페르시아인의 원전이 언젠가 발견될 수 있을지도 모른다고 추정한다. 그럼에도 불구하고 학자들은 마르코 폴로의 여행기 『동방견문록』의 가치에 높은 점수를 주는 데 주저하지 않는다. 마르코 폴로의 믿을 수 없는 이야기에 반한 콜럼버스는 황금 건물이 있다는 지팡구(황금 건물은 한국의 기둥과 단청 등을 의미한다는 것이 정설임)를 찾아 나섰고, 결국 아메리카 대륙까지 가게 되었다. 이는 마르코 폴로의 환상적인 여행과 콜럼버스의 착각이 빚어 낸 결과이긴 하지만 어쨌든 그의 이야기가 지구인에게 잊을 수 없는 영향을 준 것만은 사실이다. 콜럼버스를 환상에 빠지도록 한 마르코 폴로의 지팡구 이야기는 다음과 같다.

지팡구는 대륙 또는 만지 해안에서 1,500마일 가량 떨어진 동해에 있는 섬이다. 상당히 큰 지팡구 섬에 사는 주민들의 피부는 희고 체격이 좋으며 그들의 풍습은 개화된 편이다. 그들은 우상을 숭배하며 어떠한 외부세력의 간섭도 받지 않고 왕이 나라를 다스린다. 이곳에는 금이 매우 많지만 왕의 명으로 수출이 금지되어 있기 때문에 소수의 상인만 이곳을 방문한다. 따라서 타국에서 배가 기항하는 일도 적다.

놀랄 만큼 호화로운 왕의 궁전은 그곳에 가본 사람의 말에 따르면 매우 훌륭하다고 한다. 지붕 전체가 마치 교회의 지붕을 함석으로 씌워 놓은 것처럼 금으로 되어 있고 홀의 천정도 같은 귀금속판으로 씌워 놓았다. 무수히 많은 방에는 두터운 순금으로 만든 작은 테이블이 있으며 들창도 금으로 장식해 놓았다. 그 궁전의 화려함은 이루 말로 표현하기 어려울 정도로 훌륭하다. 또 이 섬에는 대량의 진주가 있는데 빛깔은 분홍빛으로 모양이 둥글고 크다. 이것은 백진주만 하거나 그 이상의 가치가 있다.[910]

TIP 세계 제패의 비결 역참제도

인류 역사상 최대의 영역을 자랑했던 몽골 제국의 출현으로 유라시아 대륙은 하나의 나라가 되었다. 두 대륙을 연결하는 육로나 해로가 몽골 제국에 의해 뚫린 것은 아니지만 두 세계간의 거리는 크게 단축되었고 왕래자도 큰 폭으로 늘어났다.

동양사학자 박한제 교수는 몽골 제국의 역사가 1260년을 경계로 양분된다고 말한다. 몽골군이 동쪽의 한반도에서부터 서쪽의 도나우 강 하구, 지중해 연안에 이르기까지 그 영역을 넓혔던 시기를 전기로 보고, 쿠빌라이(재위 1260~1294년) 이후를 후기로 보는 것이다.

쿠빌라이는 광대한 몽골 제국을 하나로 통치하는 것이 만만한 일이 아님을 느꼈다. 국가가 원활하게 돌아가려면 경제와 유통을 통제해야 하는데, 넓은 영토를 관리하는 것은 결코 쉽지 않았다. 결국 그는 군사적 확장을 다소 자제하며 안정화를 이루기 위한 경제 중시 정책을 펼쳤다.

쿠빌라이가 만든 통치의 근간 중 하나가 바로 역참제도다. 그는 애초에 군사 및 정치 목적으로 도입된 역참제도를 중국 내지와 유라시아 전역의 육상·수상·해상에 각종 편의를 제공해 경제·유통의 활로로 삼는 데 활용했다. 이를 현대적 의미로 말하면 초광역 네트워크라고 할 수 있다.

물론 쿠빌라이는 육로에 만족하지 않고 동쪽의 천주, 광주를 통해 동남아시아의 팔렘방과 브루나이, 인도 남단의 여러 항구를 거쳐 서쪽 페르시아 만의 호르무즈까지 해상로를 개통했다. 이곳에서 북쪽 흑해 연안의 수다크, 지중해의 베네치아·제노바 등 서유럽의 항구 도시로 연결되었는데 마르코 폴로가 돌아간 길도 바로 이 항로였다.

몽골 제국의 수도 카라코룸에서 북경까지는 1,500킬로미터, 타슈켄트는 3,000킬로미터, 바그다드나 모스크바까지는 5,000킬로미터나 떨어져 있었다. 이후에 수도를 현재의 북경 근처로 옮김으로써 수도에서 다른 지역과의 거리는 더욱 멀어졌다. 당시의 기록에 따르면 제국의 동쪽 끝에서 서쪽 끝까지 말을 타고 아무리 빨리 달려도 최소한 200일이 걸렸다고 한다.

역참제는 칭기즈칸의 뒤를 이어 2대 칸이 된 우구데이(오고타이)로부터 착수됐다. 그는 엄청나게 확대된 제국의 각 지점에서 카라코룸까지 신속하게 교통이 가능할 수 있도록 중요한 노선을 따라 일정한 간격으로 역참을 배치했다. 이 역참을 몽골어로 '잠(jam)'이라 불렀다. 잠에는 간단한 숙박 시설, 수레나 말, 필요한 식량 등이 준비되어 있었고 잠치(jamchi)라고 불리는 관리인이 관리했다. 오늘날 중국에서 정거장을 '짠'이라 부르고 한자로 '참(站)'이라 표기하는데 이 말은 몽골어 '잠'에서 기원한 것이다.

그렇다고 지금의 호텔처럼 아무나 돈을 내면 사용할 수 있는 것은 아니었다. 역사학자 김호동 박사에 따르면 역참은 공무로 여행하는 전령이나 관리 혹은 외국의 사신에게만 사용이 허가되었고 이들은 반드시 패자(牌子)라는 증명서를 보여 주어야 했다고 한다. 몽골 제국이 얼마나 많은 역참을 설치했는지를 알려주는 자료는 없지만 중국 안에 설치된 숫자는 1,519개소에 이른다. 그곳에 비치된 말과 노새는 5만 마리, 소 9,000마리, 수레 4,000량, 배 6,000척이었다.

몽골 제국의 역참제도는 제국을 방문했던 유럽인에게 깊은 인상을 남겼다. 마르코 폴로는 『동방견문록』 제2편 26장에서 상당히 많은 지면을 할애해 역참에 대해 기록하고 있다. 이는 세계를 많이 여행한 마르코 폴로에게조차 역참이 매우 인상적이었음을 짐작할 수 있다.

"칸발리크 시로부터 여러 지방으로 통하는 길이 매우 많은데, 큰 도로에는 어느 곳이나 25마일에서 30마일마다 여행자를 위한 숙박시설과 역이 있다. (중략) 각 역에는 언제나 400필의 좋은 말이 준비되어 있어 황제의 명령으로 여행하는 사자 또는 사절들은 여기서 지친 말을 버리고 새로운 말로 바꿔 탈 수 있다. 황제는 촌락도 없고 읍에서 멀리 떨어져 있는 산악지대에도 같은 건물을 세워 같은 수의 역마를 상비해 두었다. 특히 그곳에 농사를 짓거나 역전 사무를 맡아보는 사람들을 이주시켰다. 덕분에 역사를 중심으로 촌락이 생겼다. (중략)

황제의 영토 안에서는 24만 필 이상의 말이 역전(驛傳)에 사용되고 있으며 또한 상당한 시설을 갖춘 역사가 1만 개소나 된다. 이것은 실로 놀라운 제도로 그 효과는 표현하기 힘들 정도로 뛰어나다. (중략) 역사 사이에는 작은 마을이 있으며 3마일마다 약 40호의 농가가 있는데, 그곳에는 걸어서 황제의 심부름을 하는 사람들이 있다. 그들은 허리에 작은 방울을 달고 있기 때문에 그들이 달려오는 것이 멀리서도 들린다.

그들은 한 역에서 다음 역까지 3마일만 달렸고, 그들이 가까이 오면 다음 역에서 새로운 급사가 달릴 준비를 하고 있다가 서류를 받아 계속 달린다. 이러한 제도 때문에 황제는 보통 10일 이상 걸리는 지방으로부터의 정보를 단 이틀 밤낮 동안에 받을 수 있다. 과일이 익을 무렵이면 칸발리크에서 아침에 딴 과일이 다음 날 저녁 상도에 있는 황제에게 도달하기도 했다. (중략)

역에는 서기가 있어 한 급사가 도착한 일시와 다른 급사가 그곳을 떠난 일시를 기록한다. 이들 급사는 세금을 면제받을 뿐 아니라 황제에게 상당한 봉급을 받는다. 역전 사무에 동원되는 경비는 황제가 직접 지불하지 않는다. 부근에 있는 시·읍·촌이 말도 바치고 기르는 비용도 댄다. (중략) 물론 400필의 말도 늘 역에서 기르고 있는 것은 아니다. 200필이 한 달간 근무하는 동안 나머지 200필은 방목한다. 월초에 이제까지 근무하고 있던 말을 방목해 쉬게 하고 방목하던 말은 다시 근무하는 것이다.

급사나 역마를 탄 사람이 건너야 할 강이나 호수가 있으면 부근의 도시는 언제나 3, 4척의 나룻배를 준비해 두어야 한다. 또한 횡단하는 데 수일이 걸리며 인가도 전혀 없는 사막 곁의 도시는 궁정으로 오가는 사절이나 수행원이 무사히 사막을 지날 수 있도록 말이나 그 밖의 것을 공급해야 한다. 이처럼 특수한 곳은 황제가 경비를 하사한다. (중략)

매우 급한 일, 예를 들어 폭동이 일어났거나 귀족이 반역을 꾀했을 때, 그밖에 중대한 돌발사태가 발생했을 때 황제에게 보고할 서류는 하루에 200~250마일을 주파한다. 이 경우에는 임무가 긴급해 되도록 빨리 달려야 한다는 것을 표시하기 위해 사자는 큰 매가 새겨진 패부(牌符)를 지참한다. (중략) 특별히 긴급한 일이면 사자는 밤에도 말을 타고 달린다. 이때 만약 달이 떠 있지 않으면 역에서 다음 역까지 등불을 든 사람이 말 앞에 서서 달린다. 등불을 든 사람을 앞질러 갈 수 없어 낮과 같이 빨리 달릴 수는 없지만 임무를 수행한 사자는 크게 포상을 받는다."

역참제도에 대한 마르코 폴로의 기록은 상당히 구체적이다. 따라서 마르코 폴로의 여행담이 진실이라고 믿는 사람들은 역참에 대한 설명을 가장 강력한 증거로 내세운다. 직접 경험하지 않으면 결코 적을 수 없는 내용까지 담겨 있기 때문이다.

어쨌든 원나라의 역참제도는 적어도 500년간 시행된 것으로 보인다. 명(明)나라의 왕기(王圻)가 찬집(撰集)한 『속문헌통고續文獻通考』에 나오는 기록을 보면 다음과 같다.

원나라 때 문서를 사방으로 왕래케 했는데 이를 통원포(通遠布) 또는 급체포(急遞鋪)라 한다. 쿠빌라이 때 연경으로부터 개평부에 이르다가 다시 개평부에서 경조에 이르렀다. 처음에 거리의 원근, 인구의 다소를 살펴 급체포를 세웠다. 10리 혹은 15리마다 하나씩 만들어 각 주·현 소관의 누적호(漏籍戶)를 조사해 포병(鋪兵)을 조직했다. 중통(中通) 원년 여러 지방의 관리에게 명해 전체포역을 만들고 포마다 5명을 두어 1주야 400리를 가게 했다. 각 노선의 총관(總管)에 대해서는 부(府)는 유급 정관(正官) 1인에게 위임하고 춘하추동 각각 1회씩 친히 가서 점검하며 주현(州縣)도 유급말직 정관에게 위임하여 상하반월(1일과 15일)에 점검한다.

여기에서 하루에 달릴 수 있다는 400리란 중국의 리(里)의 거리를 말한다.[11]

몽골 제국의 역참제와 중국 왕조의 역참제는 근본적인 차이가 있다. 후자는 도로를 전제로 성립한 것으로 역참은 도로망의 효율적인 이용을 위해 고안된 것이다. 반면 몽골 제국의 역참은 도로가 존재하지 않는 초원에 도입된 것으로 도로는 이차적인 중요성밖에 지니지 않는다. 김호동 교수는 다른 국가의 역참제가 도로를 근간으로 하는 '선(線)'의 네트워크였다면, 몽골 제국의 역참제는 도로가 존재하는 농경 지역은 물론 도로가 존재하지 않는 사막과 초원까지도 포함하는 '점(點)'의 네트워크라고 했다.

몽골의 이러한 역참제도는 세계를 장기간 지배할 수 있는 중요한 요소가 되었다. 예를 들어 어느 지역에 전쟁이 벌어졌을 경우 그곳을 피해 우회하는 곳에 역참들을 배치함으로써 새로운 교통망을 구축할 수 있었다.[12]

그러면 여기서 마르코 폴로의 금패 문제를 생각해 보자. 금패는 역참에 대한 기록과 함께 마르코 폴로의 탐험이 진실임을 증명하는 가장 강력한 증거다. 마르코 폴로는 원나라 여행에 사용했다는 금패 세 개를 갖고 왔는데, 금패에 대해서는 그의 아버지 마페오 폴로와 마르코 폴로의 유언장에도 언급되어 있다.

그런데 마르코 폴로의 일정을 면밀하게 검토한 일부 학자는 그 금패가 마르코 폴로보다 먼저 중국을 방문한 니콜로와 마페오 폴로의 첫 번째 여행 때 카라코룸에서 가져온 것일 수도 있다고 추정한다. 마르코 폴로의 여행을 둘러싸고 벌어진 가장 큰 의문점 중 하나도 진실이 아닐 가능성이 있다는 설명이다.

놀랍게도 역참제도는 남아메리카의 잉카 제국에서 더욱 효과적으로 운용되었다. 잉카인은 컬럼비아로부터 칠레까지 길이 5,230킬로미터에 달하는 도로를 닦았다. '왕의 길'이라고 불리는 그 길은 인간이 시공한 토목공사 중 가장 큰 공사로 거론되고 있으며, 오늘날까지도 자동차와 트럭이 다닐 수 있을 만큼 잘 닦여져 있다.

잉카의 우편제도는 19세기 중엽까지 세계에서 가장 빨랐다. 그들은 차스키 (chasqui)라고 부르는 전령 시스템으로 키토(Quito)로부터 쿠스코(Cuzco)까지 2,011킬로미터를 5일만에 주파해 메시지를 전달했다. 놀랍게도 그 길은 대부분 고도 3,000미터였다. 고대 로마 역시 훌륭한 도로 시스템으로 메시지를 전달했지만, 그들은 같은 거리를 10배나 더 걸려 전달했다.

잉카인은 전보도 활용했다. 이는 불과 연기의 신호법으로 3,200킬로미터나 떨어진 곳에 도달하는 데 3시간밖에 걸리지 않았다. 앤드루 토머스는 잉카 사회에서의 전보가 현대의 사회주의보다 더욱 능률적으로 기능을 발휘했다고 적었다.[13]

참고 문헌

1장

1. 조동일·김흥규 편, 『판소리의 이해』, 창작과 비평사, 1996.

2. 조동일·김흥규 편, 『판소리의 이해』, 창작과 비평사, 1996.

3. 양산췬·정자룽, 『중국을 말한다 7』, 신원문화사, 2008.

4. 제갈량편집팀, 『제갈량 문화유산답사기』, 에버리치홀딩스, 2007.

5. 배영대·이에스더, 〈적벽대전 실제 기록은 1페이지도 안 돼〉, 중앙일보, 2008. 5. 16.

6. 제갈량편집팀, 『제갈량 문화유산답사기』, 에버리치홀딩스, 2007.

7. 양산췬·정자룽, 『중국을 말한다 7』, 신원문화사, 2008.

8. 제갈량편집팀, 『제갈량 문화유산답사기』, 에버리치홀딩스, 2007.

9. 이중톈, 『삼국지 강의』, 김영사, 2007.

10. 제갈량편집팀, 『제갈량 문화유산답사기』, 에버리치홀딩스, 2007.

11. 진순신 외, 『영웅의 역사 5』, 솔, 2000.

12. 제갈량편집팀, 『제갈량 문화유산답사기』, 에버리치홀딩스, 2007.

13. 제갈량편집팀, 『제갈량 문화유산답사기』, 에버리치홀딩스, 2007.

14. 양산췬·정자룽, 『중국을 말한다 7』, 신원문화사, 2008.

15. 양산췬·정자룽, 『중국을 말한다 7』, 신원문화사, 2008.

16. 제갈량편집팀, 『제갈량 문화유산답사기』, 에버리치홀딩스, 2007.

17. 제갈량편집팀, 『제갈량 문화유산답사기』, 에버리치홀딩스, 2007.

18. 제갈량편집팀, 『제갈량 문화유산답사기』, 에버리치홀딩스, 2007.

19. 제갈량편집팀, 『제갈량 문화유산답사기』, 에버리치홀딩스, 2007.

20. 이중톈, 『삼국지 강의』, 김영사, 2007.

21. http://kin.naver.com/open100/db_detail.php?d1id=11&dir_id=110107&eid=h1d
YSkSK+ZGC1dUxaT7C0NGrWjRt70Cq&qb=sPy/7MDHIMitv+u1tQ=네티즌
sy661207

22. 진순신 외, 『영웅의 역사 5』, 솔, 2000.

23. 진순신 외, 『영웅의 역사 5』, 솔, 2000.

24. 크리스 피어스, 『전쟁으로 보는 중국사』, 수막새, 2005.

25. 제갈량편집팀, 『제갈량 문화유산답사기』, 에버리치홀딩스, 2007.

26. 이중톈, 『삼국지 강의』, 김영사, 2007.

27. 진순신 외, 『영웅의 역사 5』, 솔, 2000.

28. 진순신 외, 『영웅의 역사 5』, 솔, 2000.

29. 제갈량편집팀, 『제갈량 문화유산답사기』, 에버리치홀딩스, 2007.

30. 유광종, 〈이중톈, 삼국지를 다시 말하다〉, 중앙일보, 2008. 5. 16.

31. 나관중, 『본 삼국지 11』, 금토, 2005.

32. 제갈량편집팀, 『제갈량 문화유산답사기』, 에버리치홀딩스, 2007.

33. 제갈량편집팀, 『제갈량 문화유산답사기』, 에버리치홀딩스, 2007.

2장

1. 스티븐 버트먼(Stephen Bertman), 『낭만과 모험의 고고학 여행』, 루비박스, 2008.

2. 케니스 페이더(Kenneth L. Feder), 『사기, 신화 그리고 불가사의』, 서경문화사, 2008.

3. 프랜시스 히칭(Francis Hitching), 『미스터리 세계사』, 가람기획, 1995.

4. 케니스 페이더, 『사기, 신화 그리고 불가사의』, 서경문화사, 2008.

5. 랜드 플렘 아스 외, 『문명의 종말』, 넥서스, 1997.

6. 케니스 페이더, 『사기, 신화 그리고 불가사의』, 서경문화사, 2008.

7. 이종호, 『과학으로 여는 세계의 불가사의』, 문화유람, 2007.

8. 이종호, 『과학으로 찾아간 아틀란티스』, 월드북, 2005.

9. 빌 브라이슨(Bill Bryson), 『거의 모든 것의 역사』, 까치, 2005.

10. 빌 브라이슨, 『거의 모든 것의 역사』, 까치, 2005.

11. 핼 헬먼(Hal Hellman), 『과학사 속의 대논쟁 10』, 가람기획, 2007.

12. 핼 헬먼, 『과학사 속의 대논쟁 10』, 가람기획, 2007.

13. 레슬리 앨런 호비츠(Leslie Alan Horvitz), 『유레카』, 생각의 나무, 2002.

14. 빌 브라이슨, 『거의 모든 것의 역사』, 까치, 2005.

15. 핼 헬먼, 『과학사 속의 대논쟁 10』, 가람기획, 2007.

16. 레슬리 앨런 호비츠, 『유레카』, 생각의 나무, 2002.

17. 빌 브라이슨, 『거의 모든 것의 역사』, 까치, 2005.

18. 빌 브라이슨, 『거의 모든 것의 역사』, 까치, 2005.

19. 로버트 M. 헤이즌(Robert M. Hazen) · 제임스 트레필(James Trefil), 『교과서에서 배우지 못한 과학 이야기』, 고려원미디어, 1996.

20. 로버트 M. 헤이즌 · 제임스 트레필, 『교과서에서 배우지 못한 과학 이야기』, 고려원미디어, 1996.

21. 빌 브라이슨, 『거의 모든 것의 역사』, 까치, 2005.

22. 그레이엄 핸콕, 『신의 봉인』, 까치, 2004.

23. 그레이엄 핸콕, 『신의 봉인』, 까치, 2004.

24. 데이비드 차일드레스, 『신들의 문명』, 대원출판, 2002.

25. 케니스 페이더, 『사기, 신화 그리고 불가사의』, 서경문화사, 2008.

26. 케니스 페이더, 『사기, 신화 그리고 불가사의』, 서경문화사, 2008.

27. 그레이엄 핸콕, 『신의 봉인』, 까치, 2004.

28. 피터 제임스(Peter James), 『옛 문명의 풀리지 않는 의문들』, 까치, 2002.

29. 그레이엄 핸콕, 『신의 봉인』, 까치, 2004.

30. 프랜시스 히칭, 『미스터리 세계사』, 가람기획, 1995.

31. 그레이엄 핸콕, 『신의 봉인』, 까치, 2004.

32. 그레이엄 핸콕, 『신의 봉인』, 까치, 2004.

33. 이종호, 『과학으로 찾아간 아틀란티스』, 월드북, 2005.

34. 이종호, 『과학으로 찾아간 아틀란티스』, 월드북, 2005.

35. 케니스 페이더, 『사기, 신화 그리고 불가사의』, 서경문화사, 2008.

36. 그레이엄 핸콕, 『신의 봉인』, 까치, 2004.

37. 케니스 페이더, 『사기, 신화 그리고 불가사의』, 서경문화사, 2008.

38. 케니스 페이더, 『사기, 신화 그리고 불가사의』, 서경문화사, 2008.

39. 게릿 L. 버슈(Gerrit L. Verschuur), 『대충돌』, 영림카디널, 2004.

3장
1. 천징, 『진시황평전』, 미다스북스, 2001.

2. 천징, 『진시황평전』, 미다스북스, 2001.

3. 천징, 『진시황평전』, 미다스북스, 2001.

4. 천징, 『진시황평전』, 미다스북스, 2001.

5. 앤 팔루던(Ann Paluden), 『중국 황제』, 갑인공방, 2004.

6. 천징, 『진시황평전』, 미다스북스, 2001.

7. 천징, 『진시황평전』, 미다스북스, 2001.

8. 이규조, 『어, 그래? 세계사』, 일빛, 1998.

9. 스티븐 버트먼, 『낭만과 모험의 고고학 여행』, 루비박스, 2008.

10. 이종호, 『세계 불가사의 여행』, 북카라반, 2007.

11. 신형식·이종호, 〈중화 5천 년, 홍산문명의 재조명〉, 백산학보, 2006. 4. 제77호

12. 줄리아 로벨(Julia Lovell), 『장성, 중국사를 말하다』, 웅진지식하우스, 2007.

13. 이종호, 〈고구려와 흉노의 친연성에 관한 연구〉, 백산학보, 2003. 제67호.

14. 이희수, 『터키사』, 대한교과서주식회사, 2005.

15. 클라우스 라이홀트(Klaus Reichold) 외, 『세상을 바꾼 건축』, 예담, 2006.

16. http://www.ohmynews.com/articleview/article_view.asp?at_code=388358&
    portal=portal

17. 줄리아 로벨, 『장성, 중국사를 말하다』, 웅진지식하우스, 2007.

18. 곽민영, 〈中 진시황릉 묘실은 지하궁전〉, 동아일보, 2003. 11. 29.

19. http://www.ohmynews.com/articleview/article_view.asp?at_code=388358&portal
    =portal

20. 스티븐 버트먼, 『낭만과 모험의 고고학 여행』, 루비박스, 2008.

21. 스티븐 버트먼, 『낭만과 모험의 고고학 여행』, 루비박스, 2008.

22. 앤 팔루던(Ann Paluden), 『중국 황제』, 갑인공방, 2004.

23. 윤명애, 〈병마용갱·진시황릉〉, http://blog.naver.com/tcasuk, 2004. 7. 24.

4장

1. 한스 크리스티안 후프, 『역사의 비밀 2』, 오늘의책, 2001.

2. 마이크 에드워즈 〈마르코 폴로의 대여정〉, 내셔널지오그래픽, 2001. 5.

3. 이종호, 『천재를 이긴 천재들』, 글항아리, 2007.

4. 마르코 폴로, 『동방견문록』, 을유문화사, 1974.

5. 『세계상식백과』, 리더스다이제스트, 1983.

6. 마이크 에드워즈, 〈마르코 폴로의 대여정 제3부〉, 내셔널지오그래픽, 2001. 7.

7. 마이크 에드워즈, 〈마르코 폴로의 대여정 제2부〉, 내셔널지오그래픽, 2001. 6.

8. 마이크 에드워즈, 〈마르코 폴로의 대여정〉, 내셔널지오그래픽, 2001. 5.

9. 마르코 폴로, 『동방견문록』, 을유문화사, 1974.

10. 한스 크리스티안 후프, 『역사의 비밀 2』, 오늘의책, 2004.

11. 마르코 폴로, 『동방견문록』, 을유문화사, 1974.

12. 박한제 외, 『유라시아 천년을 가다』, 사계절, 2004.

13 . 앤드루 토머스, 『우리가 처음은 아니다』, 전파과학사, 1988.

세계를 속인 거짓말

문명과
전쟁 편